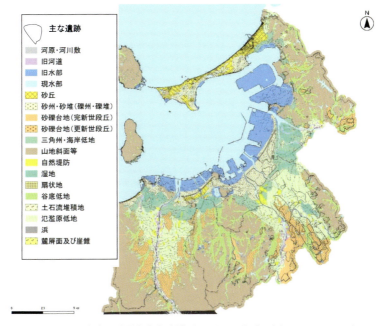

図 1-1　福岡市内の地形と主な遺跡（福岡市史編集委員会編，2020．による）

写真 1-1　三苫遺跡第 5 次調査全景（福岡市埋蔵文化財センター所蔵）

（本田浩二郎編，2003『三苫 4 —三苫遺跡群第 5 次発掘調査報告—』
福岡市埋蔵文化財調査報告 773 集．福岡市教育委員会．による）

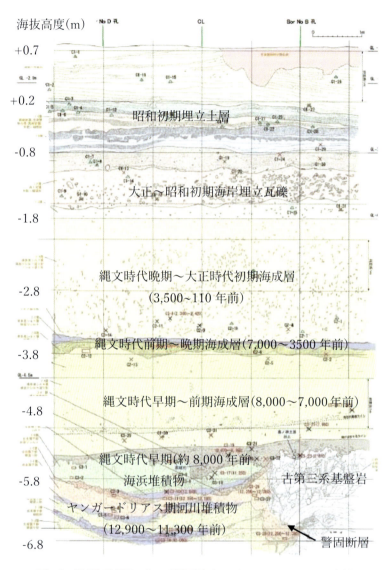

図1-3 浜の町貝塚のスケッチ断面図（下山正一ほか，2013．の図に加筆）

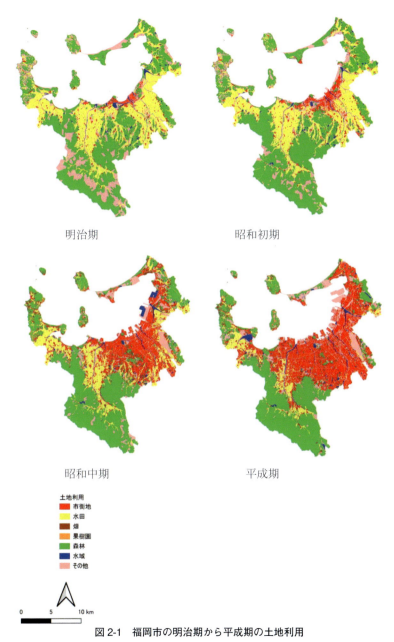

図 2-1 福岡市の明治期から平成期の土地利用

宗・磯(2023)掲載図を一部改変

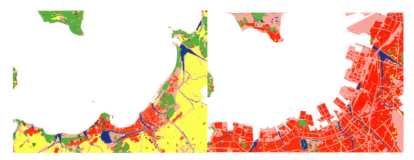

図 2-2　明治（左）と平成（右）の海岸線変化

宗・磯（2023）掲載図を一部改変

写真 3-1　浸水深の調査風景

写真 3-2　博多駅からみた大博通りと浸水の限界線

写真 3-3　御笠川の洪水痕跡

写真 3-4　海の中道海浜公園の被災状況

写真 3-5　丘陵地の人工改変地の被害

写真 3-6　被災した菱野の三連水車

写真 3-7　宮園の高木神社の地形条件

写真 3-8　玄界島の小鷹神社の鳥居復旧

写真3-9　埋没樹木が出現した露頭

図4-1　福岡市関連の水源と水道施設

「福岡市の水道」（令和5年版）による

写真10-4 天神交差点の様子（左：2019年10月，右：2023年4月撮影）

写真 10-6　博多駅前の様子（左：2019 年 10 月、右：2021 年 10 月撮影）

図 13-6 「光の道」(2010 年 10 月撮影.宮地嶽神社提供)

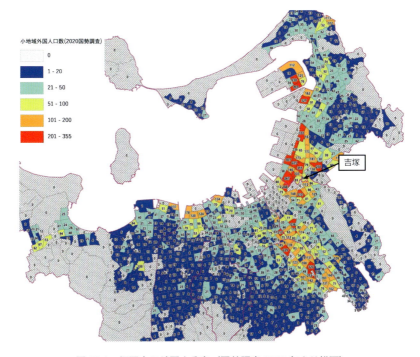

図 15-1 福岡市の外国人分布（国勢調査 2020 年より描画）.

出典）水内（2023）より引用.
注）朱澤川作成.

地理学視点の福岡

── 都市圏成長の背景 ──

福岡地理学会設立 75 周年記念出版

阿部康久・磯 望・芳賀博文 編著

序　文

　日本は今世紀に入り少子高齢化社会が顕在化して，東京圏を除くほとんどの都市で人口の停滞あるいは減少が進行している．そうした中で地方にある福岡市の人口の伸びの高さは異色であり，全国から熱い視線を浴びていることは言うに及ばない．そこに住む（関連する）地理学者の集まりである「福岡地理学会」としては，地元の成長に目を向けることは半ば責務であると感じている．折しも2024年は当学会の設立から75年の節目を迎え，全国に福岡（市，都市圏，県）のことを発信しようという気運が高まってきた．本書は，当学会に在籍する研究者によって，福岡市および周辺地域を地理学的な視点で考究したものである．

　本書は3部に分かれる．最初の第Ⅰ部「自然・環境編」は，福岡市とその周辺地域の地形の成り立ちと居住との関係，地形と降雨に関連する自然災害の状況把握と土地利用の課題，福岡市と周辺地域の水資源利用とその課題，福岡都市圏地域に連なる海岸砂丘の松林の意義とその保全についての論考を中心に掲載した．

　第1章の磯論文では，福岡平野における阿蘇火山巨大噴火の影響，縄文時代を中心に生じた気候変動に伴う海水準の上昇と停滞，それに伴う福岡平野の遺跡の埋没と新たな遺跡の形成，弥生時代以降の海水準安定期の小規模な海水準変化に対応した博多の海岸線と湊の変化について論じ，今後の地球温暖化への対応にも触れている．

　第2章の宗論文は，福岡市の土地利用の変化を，縄文時代から現代までの傾向を概括し，明治時代から平成期までの詳細な土地利用の変化や，海岸埋め立ての状況を示した．その中復元で，特に，第2次大戦後に生じた流域人口の変化が水被害を拡大した状況や，都市化がもたらした洪水流量の増加を指摘し，自然環境とのバランスの取れた都市化の必要性を論じた．

　第3章の黒木論文では，今世紀に生じた福岡市とその周辺地域の洪水状況の復元，空中写真判読を中心とした洪水流速の復元事例を示した．また，山地隣接地域での土石流被害を免れた集落の立地特性や神社奉納物を利用した災害時期や被害地域の特定，洪水侵食で出現した阿蘇火砕流中の炭化木の保存，福岡県西方沖地震の被害程度の地図化等の災害被害可視化など，多様な地理学的手法で防災事業への活用手法を提示した．

第 4 章の山下論文は，市域面積が限られ大規模な河川の流入しない福岡市で生じた渇水問題から，行政を中心とした水資源の確保の状況について資料を中心に調査した結果を報告した．福岡市の水道の水源を，近郊河川，福岡地区水道事業団による取水，福岡市および福岡県設置のダム取水，さらに海水淡水化事業に分けて解説し，福岡地区水道事業団による筑後川導水の意義の大きさを示し，福岡市の都市化に，筑後川水系が不可欠であったことを示した．

　第 5 章の近藤論文は，福岡市の海の中道をはじめ，玄界灘に沿う砂丘地帯の海岸マツ林の成立とその変化に関する調査検討である．海岸マツ林の利用目的は古代～中世，近世，近代～現代と時代とともに変化した状況を明らかにしている．また現代の海岸マツ林保存の意義の景観保全だけではなく，防災上の意義なども再評価し，地域住民による保全活動の必要性を明らかにし，また都市近郊の海岸マツ林の可能性と意義を示した．

　これらの論考は福岡市周辺の都市形成が自然と環境と住民とのかかわりの中にあること，またそれによる自然環境に依拠した防災や都市空間のアメニティへの活用の必要性についても示唆のある内容になっている．

　続く第 II 部の「都市・経済編」では，都市研究の視点から福岡市および福岡都市圏の成長・変容に焦点を当てた．交通，開発，産業，行政といった多様な観点により，分析対象の空間スケールを九州，福岡都市圏，福岡市，都心部と変えつつ近年における変容の分析を行っている．

　第 6 章の田代論文では交通に着目して，福岡市の発展を後背地となる九州 7 県とのつながりから考察した．他の広域中心都市と比べ福岡市の後背地人口は多く，新幹線や高速道路といった広域交通網の整備，市内の大規模ターミナルの建設が後背地とのつながりを強め，交通結節点としての機能が福岡市成長の基盤となっている点を明確に指摘している．さらには，輸送を担う地場の大手企業の存在が大きいことも述べられる．

　第 7 章の石丸論文は国連が推進する SDGs に焦点を当て，ローカルな視点での福岡都市圏内の開発行政について取り上げた．まずは国連の提唱する開発目標と日本政府の提示した行動指針を解説した後で，これらが地方自治体の開発行政にどのような影響を与えているかを論証する．事例としては，「SDGs 未来都市」に選定された福津市，宗像市，糸島市において実施されている個別の取り組みについて検討している．

　第 8 章の輿倉論文では，サービス業など都市を志向する産業（都市型産業）

の集積が福岡市の人口増加を生み出す要因であるとし，それらの事業所が市内においてどのように立地しているかを分析した．研究対象とした情報通信，研究・技術サービス，卸売・小売，宿泊・飲食業からの分析では，都心部の限られた地区への集中立地，とりわけ天神地区と博多地区への二極化が顕著となっている実態が浮き彫りとなった．

第9章の加藤論文では，第8章でみた都市型産業の集積が進む天神地区を対象に，当地区における再開発プロジェクトである「ソラリア計画」の影響を他都市との比較から議論している．日本の主な都市における駅ビル建設では，駅ビル自体が完結型の施設となっているため周辺への回遊が抑止されてしまっているが，天神では西鉄が駅からの回遊性の向上を目指した再開発を行ったことで，周辺の大きな活性化につながったと結論付ける．

第10章の芳賀論文では，福岡市の発展を陰で支える行政の役割と中心部における再生プロジェクト（天神ビッグバンと博多コネクティッド）について詳述した．福岡市は世界でも稀なほど都心から空港が近い都市であるが，アクセスに便利な反面，建物の高さ制限の存在が長らく再開発の障害となってきた．市は国の特区制度を利用して雇用を推進するとともに，中心部の高さ制限の規制緩和などで民間の建て替えを支援する様子が描かれる．

当部に収めた福岡市，福岡都市圏の成長（人口増加）やそれに対する官民の対応についての検証は，斯学における都市研究のさらなる発展につながるほか，他都市，他地域における今後の取り組みにも大いに役立つ参考事例となることだろう．

最後の第Ⅲ部の「社会・文化編」の内容としては，観光化や国内移住者及び外国人の受け入れ策の展開を通した地域振興のあり方について論じた論考が多く収録されている．

第11章の寄藤論文では，福岡都市圏の那珂川市の中で，人口減少がみられていた南部の中山間地域を事例とした移住者の受け入れへの取り組みについて紹介している．続く第12章の岡論文でも，地域外人材が比較的多いとみられる糸島市と福津市を事例として取り上げ，特に地域外人材のうち，移住・起業し，新たな地域活動を起こすイノベーション人材が地域に定住し，事業を継続している背景について検討している．

福岡県（大都市圏）の魅力は，都市的生活と自然との近さにあるとも言われている．両論文とも，大都市圏郊外地域が単なるベッドタウンではなく福岡都市圏の魅力と持続的発展を支えている個性ある地域になっている背景が

論じられている．具体的には，寄藤論文では市民のための文化的事業の創造などが，岡論文では移住・起業者の定住や事業継続を図るための，地域社会による起業相談や人材紹介などの支援活動に注目した考察がなされている．

さらに第13章の藤村論文では，観光化との関わりの中で，福岡都市圏における4つの神社を事例として「軽い宗教」としてのパワースポットや宗教観光の流行を論じている．これらの神社では，パワースポットブームに伴う新たな信仰形態の萌芽がみられ，境内の空間に対するみずからの見解に基づかない意味づけをある程度許容することで「軽い宗教」を選択的に受け入れていることを指摘している．

第14章の阿部論文では，福岡県を事例にして，留学経験者の就業と定着の状況を検討している．留学生の卒業後の進路をみると，近年では受け入れた留学生のうち，福岡県で就職・定住する人も一定数はみられる．特に，地域での生活満足度の高さを福岡県での就職の理由として挙げる人もいることや，出入国管理局での就労ビザ取得の要件が緩和されている点も留学経験者が福岡県に定着する要因である可能性が示唆されている．

第15章のコルナトウスキ論文では，博多区吉塚市場リトルアジアマーケットの事例を取り上げ，現在必要とされている在留外国人の受入インフラの整備形成を明らかにしている．とりわけ「民衆の地理学」の観点から，戦後福岡のインナーシティで展開されてきた様々な流入人口への受入対応を考察している．具体的には，本マーケットでの受入インフラ整備のきっかけとして，地域周辺部に増えていた在留外国人の様々な社会的ニーズに対応していったことが指摘されており，このような支援体制の構築が地域の活性化に貢献しうることを論じている．

第16章の美谷論文では，福岡都市圏における市町村の行財政の課題を，第2次世界大戦後の市町村区域の再編成と財政構造の観点から検討している．その結果として，福岡都市圏では，「昭和の大合併」や「平成の大合併」を経た現在でも，福岡市に隣接する狭域の町が多く残存していることや，今後，少子高齢化などの課題に対応するために，計画的な行政運営をいっそう推し進め，市町村間での連携を強化することが求められることを指摘している．

以上で紹介した地域振興策や外国人受入策については，必ずしも福岡都市圏独自の取り組みとは言えず，他の地域においても同様な取組みがなされている可能性はある．しかしながら，これらの取り組みも，福岡都市圏の魅力を増進する要素の一つになっていることは指摘できるだろう．また，福岡市

に隣接する市町における行財政のあり方など，課題も存在している点も明らかになった．

　本書は，同じ地理学の中でも専門の異なる分野（地形，環境，災害，水文，交通，行政，産業，開発，人口，宗教，観光，エスニック等）の研究者による，福岡という場所に関する研究の成果である．各研究者の有するバックグランドの違いにより，地域研究にはありがちな細部での不統一や見解の違いなども生じたが，極力統一感を持たせることに腐心した．同様の課題を抱える地域などにとっては，福岡を多角的に分析している本書から学べることは少なくないものと思われる．本書が，少しでもわが国の地域問題の改善や地方再生への一助となることができれば，著者一同にとって何よりの喜びである．

　末筆ながら，当学会記念編纂本である本書の出版を快く引き受けて頂いた花書院の仲西佳文氏に深くお礼を申し上げたい．

編者一同

＊　編者名はあいうえお順にて記載している．

目　　　　次

序文 ……………………………………………………………………………………… i

第Ⅰ部　自然・環境編

第1章　福岡平野の考古遺跡と地形環境の変化
……………………………… 磯　　望（西南学院大学（名））… 2

第2章　福岡市の土地利用変化と水害
……………………………… 宗　　建郎（志學館大学）… 16

第3章　最近の自然災害への地理的アプローチ
……………………………… 黒木　貴一（関西大学）… 28

第4章　節水都市福岡を考える
　　　　　─筑後川水系に依存度のたかい福岡都市圏─
……………………………… 山下　　功（三潴高校（元））… 42

第5章　福岡都市圏における海岸マツ林の変化と人間との関わり
……………………………… 近藤　祐磨（福岡大学）… 51

第Ⅱ部　都市・経済編

第6章　福岡市の成長要因としての後背地「九州」
……………………………… 田代　雅彦（九州産業大学）… 66

第7章　福岡都市圏におけるSDGs政策 ─SDGs未来都市を事例として─
……………………………… 石丸　哲史（福岡教育大学）… 77

第8章　福岡市における都市型産業の空間構造 ─都心部を中心に─
……………………………… 與倉　　豊（九州大学）… 91

第9章　福岡市都心再開発「ソラリア計画」とその影響
　　　　　─商業・飲食業の変化を中心に─
……………………………… 加藤　要一（九州産業大学）… 102

第10章　福岡市中心部の再生
　　　　　─天神ビッグバンと博多コネクティッドの経緯と現状─
……………………………… 芳賀　博文（九州産業大学）… 116

コラム 1 ：北九州市と福岡市 ………… 石黒　正紀（福岡教育大学（名）） … 131

コラム 2 ：博多と福岡 ………………………… 芳賀　博文（九州産業大学） … 134

第Ⅲ部　社会・文化編

第 11 章　福岡都市圏と中山間地域 ―那珂川市の取り組みから―
　　　　 ………………………………… 寄藤　晶子（福岡女学院大学（元）） … 140

第 12 章　大都市近郊地域における観光まちづくりと地域外人材
　　　　 ……………………………………… 岡　　祐輔（福岡大学） … 149

第 13 章　福岡都市圏の宗教文化と現代社会
　　　　 ……………………………………… 藤村　健一（福岡大学） … 162

第 14 章　福岡県における留学経験者の就業と定着の状況
　　　　 ―中国人留学経験者を事例にして―
　　　　 ……………………………………… 阿部　康久（九州大学） … 176

第 15 章　福岡市の都市空間構造からみた外国人向けの
　　　　 受入インフラの発展過程
　　　　 ………………… コルナトウスキ・ヒェラルド（九州大学） … 189

第 16 章　福岡都市圏における市町村の再編成と行財政の課題
　　　　 ……………………………………… 美谷　　薫（大分大学） … 201

あとがき

ix

第Ⅰ部　自然・環境編

第1章

福岡平野の考古遺跡と地形環境の変化

磯 　 　 望

1．はじめに

　福岡市の中心市街地は，古代の湊から発展した博多と近世の黒田藩の城下町として発展した福岡の二つの起源の異なる街が結合して構成されていることはよく知られている．博多は，玄界灘や朝鮮海峡を挟んで大陸と近い位置にあり，博多湾（福岡湾も同義）[1] とこれに接する那珂川の河口干潟が，湊として交易の拠点となり，都市としての発展の基礎を築いたことなどの地理的特性が，博多遺跡群などの考古学的調査や地形・地質学的調査などによっても明らかにされてきた[2]．

　ここでは，博多遺跡群とその周辺地域の福岡平野を中心に，主として博多湾にそそぐ那珂川や御笠川沿いの低地と博多湾岸の低地の形成と，考古〜歴史時代の暮らしにかかわる地形環境との関連について検討する．

2．旧石器時代の地形環境と遺跡

　福岡平野の旧石器時代以前の更新世後期[3] の地形環境の変化では，約9万年前に生じた阿蘇火山の巨大噴火に伴う大規模な火砕流（Aso-4 火砕流）[4] に当時の福岡平野が覆いつくされた事件が特筆される．この火砕流は，阿蘇

1）国土地理院や海上保安庁の地図は福岡湾の名称を使用しているが，ここでは古来親しまれた博多湾の名称を使用する（磯望，2021 参照）．

2）遺跡立地研究会（1986-1991）を開催し，福岡市とその周辺の考古学・歴史学・地質学・地理学の研究者が一堂に会して学際的な議論を重ねた（小林茂ほか，1998 参照）．

3）更新世後期は地質時代区分で新生代第四紀更新世後期のことで，最終間氷期の始まりの約13万5千年前〜最終氷期の終わりの約1万1千5百年前までの期間（遠藤邦彦ほか，2012 参照）を指す．

4）Aso-4 火砕流の非溶結部は福岡市周辺では「八女粘土」「鳥栖ローム」の名で知られていた（町田洋ほか，2003 参照）．

第 1 章　福岡平野の考古遺跡と地形環境の変化

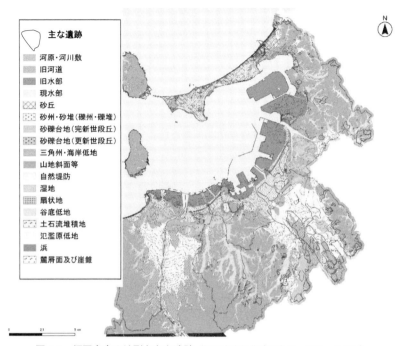

図 1-1　福岡市内の地形と主な遺跡（福岡市史編集委員会編，2020．による）

火山の 4 回目の巨大噴火に伴うもので，九州の中北部の大半を覆い山口県の瀬戸内海沿岸宇部市の周辺にまで達している．

　福岡市内では，早良区有田周辺の台地などにこの火砕流堆積物が残されており，火砕流の一部は背振山地を乗り越えるほどの高さで通過したことがわかる．しかし福岡市方向に向かった火砕流の主部は，より低平な筑紫平野から二日市付近の低地帯を通過して博多湾に達した．那珂川市の安徳台はこの火砕流によって作られた火砕流台地である．博多湾の北部を限る海の中道の古砂丘中にも火砕流堆積物が見いだされる[5]．この当時もし福岡市周辺に人類が居住していたらば全滅に近い大惨事となったであろうが，この時期に人類が日本列島に居住していた痕跡は確認されていない．

　Aso-4 火砕流の噴出は，更新世後期の最終間氷期後期で，地球が次第に寒

5）海の中道の古砂丘を構成する奈多砂層の一部の露頭で見られることがある（下山正一ほか，1989 参照）．

3

冷化に向かう時期に生じた．その後の地球は，約7万～1万1千年前までは寒冷な最終氷期となる（図1-2）．最終氷期には，北半球を中心に大規模な大陸氷河が形成された．大陸氷河の氷雪をもたらした水蒸気の大部分は当時の海洋からもたらされた．氷河として陸地に堆積した水分は海に戻らず，その分海水量が減り海面（海水準）は低下した．東シナ海では最大で−140 mまで海水準が下がり[6]，短期間ではあるが，北部九州から朝鮮半島まで陸続きになった[7]．およそ2万年前の最終氷期最寒冷期のイベントである．

　那珂川および御笠川流域の福岡平野を覆ったAso-4火砕流堆積物は，現在はほとんど河川の側方浸食などによって失われ，福岡市内では限られた場所にしか残存していない．最終氷期は時にやや温暖化した亜間氷期を含んでおり，海水準は変動した．福岡平野では，最終氷期の海水準変化などに伴って河床の上昇や低下を数回繰り返した．これらの変化は河川沿岸の堆積や下方浸食などをもたらし，那珂川沿岸などでAso-4火砕流堆積以降数段の更新世段丘を形成した．

　Aso-4火砕流台地やそれ以降に形成された更新世段丘面や緩やかな丘陵地からは縄文時代以前の旧石器遺跡が発見されることがある．福岡市内の海の

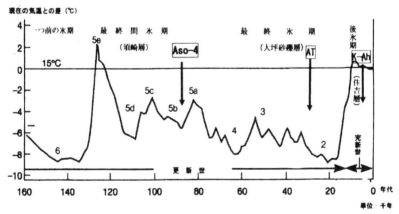

図1-2　16万年前から現在までの気温の変化傾向と福岡平野の地層および火山灰層
　　　　（Aso-4, AT, K-Ah）の堆積時期との関係

（Mackenzie（1998）に加筆．なお，数値2～4は最終氷期，5a～5eは最終間氷期の酸素同位体ステージ）

6）王靖泰ほか（1980）による．
7）下山正一ほか（2013）による．

第1章　福岡平野の考古遺跡と地形環境の変化

写真 1-1　三苫遺跡第 5 次調査全景（福岡市埋蔵文化財センター所蔵）

(本田浩二郎編, 2003『三苫 4—三苫遺跡群第 5 次発掘調査報告—』福岡市埋蔵文化財調査報告 773 集, 福岡市教育委員会掲載)

　中道東端に接する三苫遺跡[8]は, その一つである. なだらかな丘陵の南斜面に位置し, 遺物は古第三系堆積岩の上部の古土壌と, これを覆う鹿児島湾奥の姶良カルデラの巨大噴火に伴う約 2 万 9 千年前の火山灰（AT 火山灰), [9]およびその上部の風成砂質古土壌から出土する. この遺跡では AT 火山灰の降下の前後の時期に, 旧石器遺跡が形成され続けていたことを示す.

　この時期の海水準は地球規模で現在の海水準より 100 ～ 120 m 程度低いとされ, 博多湾はもちろん玄界灘も広く陸化していたことになり, 旧石器遺跡形成の当時には, 写真 1-1 上方に見える海域部分に陸地が広がっていたことになる. 福岡市周辺の旧石器遺跡は, 丘陵地の尾根周辺や更新世段丘面などの地形に位置し, 完新世に形成され低地の主部を構成する沖積平野からは発見されていない. 沖積平野の旧石器遺跡はかつて存在したとしても, 沖積層に覆

---

8) 山口譲治（2020）のまとめなどによる.
9) AT（姶良－丹沢）火山灰の噴出年代ついて, 下山ほか（2013）では 2 万 7 千年前としたが, ここでは遠藤邦彦ほか（2012）で記載した 2 万 9 千年前を採用した.

第Ⅰ部　自然・環境編

われて埋没したり，浸食で失われたりしたためである．なお図1-2に更新世の
約16万年前以降の地球規模の気温の変化と，北部九州の主要な火山灰層の降
灰時期との関係を示しておく．海水準は温暖化で上昇，寒冷化で低下する．

3．縄文時代の遺跡と環境の変化

(1) 縄文時代の環境変化

　縄文時代[10]は更新世末の約16,500年前から始まり，約2,800年前に弥生
時代が始まるまで継続した．この時期は地質時代としては，更新世末から完
新世[11]にかけての最終氷期から後氷期へと移行した時期で，地球の温暖化
が進み，海水準の上昇とこれに続く安定的な高海水準への移行期である．更
新世はヤンガードリアス期と呼ばれる約1,500年間継続した寒冷期の終わり
によって終了した．それは今から約11,500年前の出来事で，その後現在ま
では，地質時代区分では完新世，氷期・間氷期サイクルでは後氷期となる．

　縄文時代の前半は最終氷期から後氷期にかけての気候温暖化と海水準の上
昇という激しい環境変化を経た時期でもあった．福岡市を特徴づける海の中
道や博多湾などの地形の概形は，この時期の海水準の上昇とそれに続く高海
水準安定期の存在によって形成された．これらの大規模な自然環境の変化は，
福岡平野の縄文時代の遺跡にも大きな変化をもたらしたであろう．ここでは
その一端を，地理・地質・考古の各分野の共同調査などから検討してみよう．

　現在の博多湾最深部は，海面下の−23m程度である．後氷期初期の海水
準の上昇により当時の博多湾内に海が侵入し始めた時期は，9,300年前頃の
縄文時代早期に相当すると推定される．この時期の福岡市内の遺跡は主とし
て丘陵地の麓や更新世台地周辺に分布し，那珂川下流の低地では，ほとんど
発見されてこなかった．しかし最近の遺跡調査などで縄文時代早期や縄文時
代前期の遺跡が河川や海底の堆積物の中からも発見されてきた．

---

10) 縄文時代の区分と年代については，宮本一夫（2013）と本田浩二郎（2013）に準拠した．

11) 完新世は地質時代の最後の区分で，ここでは約11,500年前から現在までの時期の名称．完
　　新世とその前の更新世の境界についてはヤンガードリアス期末も含めて多くの論議がある．
　　遠藤邦彦ほか（2012）などを参照されたい．

第 1 章　福岡平野の考古遺跡と地形環境の変化

（2）浜の町貝塚の形成と海進

　浜の町貝塚[12]は，福岡市中央区の浜の町公園で実施された警固断層トレンチ調査の際に標高 −5.4 〜 −6.0 m の海面下の高度で発掘された遺跡である．ここは，約 8,000 年前に海水が侵入し始めた場所で，貝殻密集層のほか，黒曜石片や縄文時代早期後半塞ノ神式土器の破片などが確認され，地層の特色などから当時は波打ち際であったことがわかる．

　貝塚遺物は，縄文海進の進行に伴って堆積した 8,000 年以降の海成堆積物に覆われている．この海成層には K-Ah 火山灰（約 7,300 年前）由来の火山ガラスも含まれるが，その上の約 7,000 〜 3,500 年前の地層は薄く，海水準上昇が停滞したことを示している（図 1-3）．

　ここでは縄文海進が進行することにより，この場所が陸域から海域に変わり，遺跡は放棄されたことがわかる．同様に海底に埋没した遺跡は，海水準上昇期に多数存在していたであろうことは想像に難くない．

（3）那珂川沿岸低地の縄文時代遺跡

　那珂川沿岸の低地では，川によって埋没した遺跡や，河川の離水に伴い形成された遺跡が存在する（図 1-4）[13]．これらは海水準の変動と関連して，河川沿岸でも洪水氾濫や段丘化が生じたことを示している．

　中村町遺跡は，福岡市南区野間付近の丘陵東端の小谷の谷底部分に縄文時代早期〜前期前半の遺物や遺構がみられ生活面があった．この生活面は，小河川のもたらした砂礫層に覆われ，縄文時代前期後半〜中期前半の遺物が混入するが，これらは周辺から投棄されたものと理解されている．このため，規模は小さいものの縄文時代前期前半までに形成された遺構が，縄文時代前期後半には小河川の流入によって埋没したものと判断される．

　井相田遺跡は，御笠川に近い福岡市博多区西月隈〜井相田に位置する．河川堆積物の下に埋没林が見いだされ，関連遺物として縄文時代の早期〜前期前半の轟式土器が出土している．埋没林の埋積は縄文海進のピークの 7,000 年前後に生じたと考えられ，海水準の上昇で周辺の陸域では大規模な洪水が生じ，遺跡は砂質の洪水堆積物に埋もれて放棄された．

12）浜の町貝塚は磯ほか（2013）と米倉秀紀（2020）などで記載されている埋没遺跡である．
13）那珂川沿岸低地の縄文時代の遺跡の環境については福岡市史編集委員会（2020）の各論および磯（2021）を参照．

7

第Ⅰ部　自然・環境編

　同様の洪水堆積物は，浜の町貝塚より 1.5km ほど内陸側に位置する薬院交差点の東側で，地下鉄七隈線工事中の警固断層調査でも見いだされた[14]．砂礫に含まれる大量の木片は 7,500 ～ 7,000 年前の年代値を示している．これらの遺跡等の地層から，縄文時代前期初頭まで継続した海水準の急激な上昇の極期に，当時の河口近くで大規模な洪水を繰り返す環境が存在したことがここでも確認された．

　日佐遺跡は，福岡市南区日佐の那珂川中流右岸に位置する．ここでは，縄文時代前期～中期の土器が砂礫層中に混在し，洪水等により 2 次的に堆積して

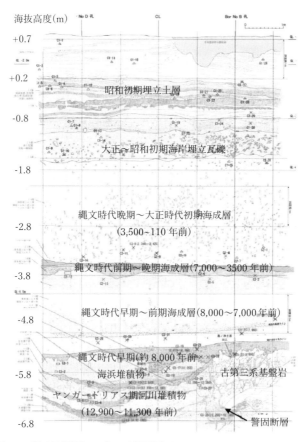

図 1-3　浜の町貝塚のスケッチ断面図（下山正一ほか，2013．の図に加筆）

14）下山正一ほか（2005）参照．

いた．しかし，縄文時代後期（4,500 年前頃）以降の遺跡では，住居址などの遺
構が残り，洪水被害を受けにくくなったことがわかる．日佐では縄文時代後
期の前に若干の海水準低下の影響があり，那珂川の下刻が生じて遺跡は離水
し沖積段丘化したと考えられる．

　野多目 C 遺跡は，福岡市南区野多目～老司にかけて分布する更新世段丘
を中心とするが，低地に埋没した小河川も見いだされ，そこには縄文時代中
期末～後期初頭の貯蔵穴群が見いだされた．この遺跡では縄文時代中期末ま
でに小河川の水流が失われ，旧河道に穴を掘れる環境が生じたことがわかる．
日佐遺跡の事例と合わせると，縄文時代中期末頃までに，那珂川沿岸低地の
離水が生じたことを示唆している．

　福岡市内の那珂川低地では海面上昇のピークの縄文時代前期に大規模な河
川の洪水氾濫が生じ，それ以前に形成された遺跡を埋没させた．また縄文時
代中期末頃に，河川からの離水がみられ，この時期の小規模な海退が生じた
であろう．縄文時代後期以降になると，那珂川沿岸低地に新たな遺跡が成立
し，この時期の洪水減少を示唆している．

　弥生時代に入ると，那珂川沿岸低地にも水路や柵や畦畔を伴う水田遺構が
形成された．これらの遺構は洪水堆積物に覆われているが，福岡市博多区那
珂の那珂君休遺跡のように，洪水堆積物の上に床土を入れ水田の復旧を繰り
返した遺跡も少なくない．縄文時代後期に若干低下した海水準は，弥生時代
中頃からは高めに移行した[15]．その環境への影響についても今後詳細な検討
が必要であろう．

4．博多遺跡群における海岸線変化

　弥生時代以降現在までの期間は，海水準は比較的安定的に推移している．
　このため，河川から博多湾へ流入した土砂は次第に湾内に堆積して陸域を
広げた．湾内では，沿岸流によって河口付近に堆積した土砂が湾岸に沿って
運ばれ，沿岸州が形成される．これらの沿岸州は次第に陸化し，博多湾岸に
砂州および砂丘を形成し，その内陸側に砂州で閉塞された干潟を形成した．
　那珂川と石堂川に挟まれた博多遺跡群は，海岸線にほぼ並行する 3 列の砂

---

15) 博多湾の縄文時代～弥生時代の海水準変化については，下山正一（1989）および下山正一
　　ほか（1991）を参照．

第Ⅰ部　自然・環境編

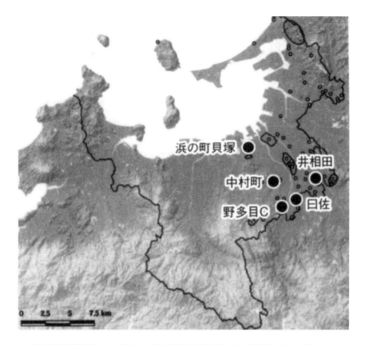

図 1-4　那珂川沿岸低地における，縄文時代中期以前の主な遺跡（宗・磯（2023）による）

丘列（内陸側から砂丘Ⅰ・砂丘Ⅱ・砂丘Ⅲと称す）と砂丘間低地から形成されている（図 1-5）．

　この地区は縄文時代には海面下にあった時期があり，縄文時代の遺構は未発見である．縄文時代前期頃に那珂川水系は大量の土砂を供給しており，砂丘Ⅰと砂丘Ⅱ起源となる沿岸州はこの時期に形成され始めた可能性が高い．

　弥生時代に入ると，竪穴住居や甕棺墓などの遺構が，博多浜とも呼ばれる砂丘Ⅰと砂丘Ⅱから出土する．弥生時代には，この沿岸州は陸化して居住可能となったことがわかる．

　砂丘Ⅱの北側は明治通り（貫線）に向かって下り坂になる．ここは出土遺物と埋没地形から，5 世紀ごろの海岸線と推定した．また下り坂の周辺では，8 世紀以降の古代以降の遺構が形成されている．この頃には砂丘Ⅲの起源となる砂州が成長して砂丘Ⅱの北側は波浪から守られるようになり，居住地域が拡大したのであろう．

　明治通り（貫線）と重なる凹地の北側は，昭和通りと斜交する砂丘Ⅲの高まりがある．息浜（おきのはま）とよばれる砂丘Ⅲに遺跡が出土するのは平

10

第 1 章　福岡平野の考古遺跡と地形環境の変化

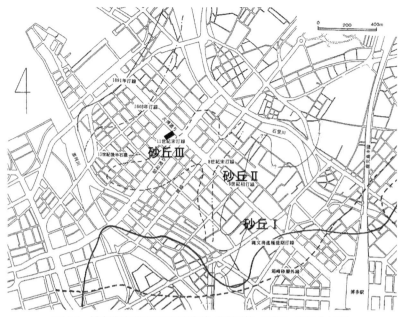

図 1-5　博多遺跡群周辺の旧海岸線（旧汀線）の変化（磯ほか 1998）

安時代の 11 世紀以降であり，その後は近世以降まで北側に陸域が拡大する．その様子は 1646 年の正保図・1699 年の元禄図・1891 年の明治図などの実測に基づいた市街図[16]から海岸線が北側に移動した様子を確認できる．

これらの歴史時代の気候変化について，10 世紀から 13 世紀にかけては「中世温暖期」，15 世紀から 19 世紀にかけては「小氷期」と呼ばれる地球規模の気温変化が知られており，前者では温暖化に伴う海水準の上昇，後者では寒冷化に伴う海水準の低下が生じた可能性が高い[17]．

博多遺跡群では 13 世紀後半の元寇に関連する石塁遺構が 2 ヶ所発掘された．古門戸町の老人ホーム建築工事当時と奈良屋町の博多小学校で，後者は一部保存展示されている．古門戸町の発掘では海岸護岸と思われる石塁の断面が確認できた（図 1-6）．

元寇の時期は 13 世紀の後半で，中世温暖期の終わりごろに相当する．図 1-6 の遺構は，石塁から海側に伸びる護岸機能を持つ石積があり，その下端

---

16) 正保図は，「福博惣絵図」，「元禄図」は，「福岡御城下絵図」，明治図は「福岡市全図」，小林茂ほか（1998）参照．
17) 歴史時代の気候環境変化は，下山正一ほか（2013）および Mackenzie（1998）の図を参照．

第Ⅰ部　自然・環境編

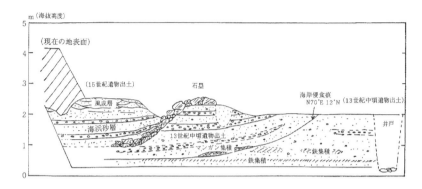

図1-6　博多区古門戸町で出土した石塁遺構断面スケッチ図（磯ほか1998による）

が海抜＋1m程度で終わっている．石積の下限が低潮位を示すものであれば，現在の大潮の低潮位の高度約＋0.5mより，0.5m程度海水準が高かった可能性がある．また，この石積護岸の海側には石塁に打ち寄せた海浜堆積物が海抜2m程度の高さまで埋めており，この時期の石積護岸は，元寇の有無にかかわらず海岸浸食を防ぐために必要であったと考えられる．

5．海水準変化と都市形成のかかわり

　福岡平野の完新世の海水準変動を中心とした環境変動が考古・歴史時代を通して集落や都市形成等に与えた影響を検討すると，以下のような特徴をあげることができる．
1）縄文時代早期〜前期にかけての約8,000〜7,000年前の年平均数mmオーダーの海面上昇では，海面下となって放棄された遺跡が少なくない．河川沿岸でも洪水が頻発し，大量の土砂を流出して遺跡は埋没した．洪水の一部は温暖化に伴う降水量の増加が原因になった可能性もある．またその後も縄文後期の海水準低下に転ずるまで，沖積低地への進出は困難であった．
2）縄文時代後期〜弥生時代前半（約3,500年前〜2,000年前）
　　海水準低下に伴い沖積低地にも遺跡が形成され，大規模な集落も形成された．さらに水田化も始まった．
3）弥生時代後半〜古墳時代（1世紀〜6世紀）
　　海水準は多少上昇傾向で河川沿岸では洪水氾濫が生じた．このため水路や柵，古墳などの土木技術が発達し，ある程度洪水被害から復旧すること

が可能となった.

4）古代〜中世（7世紀〜14世紀）

　ほぼ中世温暖期で，博多は交易の拠点として栄えた．温暖期で海水準は多少上昇しているが，石積護岸や排水路の掘削等で自然災害を抑制し，砂州や砂丘に市街地を拡大した.

5）近世〜近代（15世紀〜19世紀）

　小氷期のやや寒冷な状況になり，海水準は若干低下した．博多では海側に市街地が伸び，博多湾周辺では干潟の干拓が進んだ.

6）近現代（20世紀〜現在）

　後半は温暖化と海水準の上昇が続いた．海岸は埋め立てが進み護岸が作られた．近年は年間1mm程度の海水準上昇はあるが，技術的な対応が可能である．それでも近年降水強度が増し，御笠川や那珂川など福岡市周辺河川の洪水が頻発していることも事実である.

7）将来の温暖化への課題

　将来の地球温暖化と海水準の上昇傾向が加速する方向は避けられない．福岡市では洪水対策が進んできているが，さらなる豪雨にも対策が必要になる．海岸部では，海水準の上昇で高潮被害が発生し始める可能性がある．なお，海水準上昇が長期的に継続し1〜2mに達すると現在の港湾都市機能の維持は困難になる．地震対策とともに高潮や洪水対策も進めつつ，地球温暖化防止にも取り組むことは，福岡市に限らず，海岸沿いの都市の維持発展のための長期的な課題として今後重要となるであろう.

文献

磯望 2021,「博多湾を守る自然のゆりかご」,『西日本文化』500号，10-11.

磯望 2021,「福岡市東部における古墳時代以前の遺跡立地と地形環境」『市史研究ふくおか』16号，109-126.

磯望・下山正一・大庭康時・池崎譲二・小林茂・佐伯弘次 1998,「博多遺跡群をめぐる環境変化—弥生時代から近代まで，博多はどう変わったか—」『福岡平野の古環境と遺跡立地』九州大学出版会，69-112.

磯望・下山正一・黒木貴一・宗建郎 2013,「災害と環境」『新修福岡市史特別編，自然と遺跡からみた福岡の歴史』福岡市史編集委員会，74-103.

遠藤邦彦・小林哲夫 2012,『第四紀』共立出版，231.

王靖泰・汪品先 1980,「中国東部晩更新世以来海面昇降与気候変化的関係」『地

第Ⅰ部　自然・環境編

理学報』35 巻，299-312．科学出版社．

小林茂・磯望・佐伯弘次・高倉洋彰編 1998，『福岡平野の古環境と遺跡立地』
　　九州大学出版会，289．

小林茂・佐伯弘次 1998，「近世の福岡・博多市街絵図—公用図について—」：
　　『福岡平野の古環境と遺跡立地』九州大学出版会，235-237．

下山正一 1989，「福岡平野における縄文海進の規模と第四紀層」『九州大学
　　理学部研究報告（地質学）』16 巻，1 号，37-58．

下山正一・磯望・黒木貴一 2013，「地形と景観の変遷」『新修福岡市史特別編，
　　自然と遺跡からみた福岡の歴史』福岡市史編集委員会，60-73．

下山正一・磯望・野井英明・高塚潔・小林茂・佐伯弘次 1991，「福岡市鳥飼
　　低地の海成第四系と更新世後期以降の地形形成過程」『九州大学理学部
　　研究報告地球惑星科学』17 巻，1 号，1-23．

下山正一・磯望・松田時彦・市原季彦・千田昇・岡村眞・茂木透・鈴木貞臣・
　　落合英俊・長沢新一・今西肇・川畑史子・矢ヶ部秀美・樗木正昭・松浦
　　一樹 2005．「警固断層，薬院地区（福岡市）でのトレンチ調査報告」『活
　　断層研究』25 号．117-128．

下山正一・溝田智俊・新井房夫 1989，「福岡で確認された第四紀広域テフラ
　　層について」，『第四紀研究』28 巻，199-205．

宗建郎・磯望 2023，「福岡平野の自然環境の変遷と遺跡—博多湾沿岸と那珂
　　川流域を中心に—」『市史研究ふくおか』18 号，114-127．

福岡市史編集委員会編 2013，『新修福岡市史特別編，自然と遺跡からみた福
　　岡の歴史』471．

福岡市史編集委員会編 2020，『新修福岡市史資料編考古 2，遺跡からみた福
　　岡の歴史—東部編—』897．

本田浩二郎 2013，「縄文時代」『新修福岡市史特別編，自然と遺跡からみた
　　福岡の歴史』福岡市史編集委員会，120-127．

町田洋・新井房夫 2003，『新編火山灰アトラス［日本列島とその周辺］』東
　　京大学出版会，336．

宮本一夫 2013，「総論—遺跡分布からみた福岡の歴史」『新修福岡市史特別編，
　　自然と遺跡からみた福岡の歴史』福岡市史編集委員会，107-113．

山口譲治 2020，「旧石器時代 1 三苫遺跡」『新修福岡市史資料編考古 2，遺
　　跡からみた福岡の歴史—東部編—』福岡市史編集委員会，42-45．

米倉秀紀 2020，「浜の町貝塚」『新修福岡市史資料編考古 2，遺跡からみた

福岡の歴史―東部編―』福岡市史編集委員会，70-73.

Mackenzie F. T, 1998, Our Changing Planet: an introduction to earth system science and global environmental change – 2nd ed. Prentice Hall Inc.

第2章

福岡市の土地利用変化と水害

宗　　建　郎

1．はじめに

　福岡市は三郡山地や背振山地に囲まれた福岡平野を中心に発展してきた．福岡平野が面する博多湾は海の中道や志賀島，能古島に囲まれた穏やかな海で，福岡平野の沿岸部は砂州や砂丘，河口干潟，三角州などが見られる．その背後の平野は御笠川，那珂川，室見川などの河成平野で，各河川沿岸には沖積低地が広がっている（磯・黒田，2013: 14-15）．

　こうした地形の特徴は，福岡市の発展に大きな貢献をしてきた．波が穏やかな博多湾と，その沿岸の砂丘や砂州は天然の良港として古代から活用されてきた．7世紀には大宰府の外交施設として鴻臚館が設置され，11世紀前半まで，その役割や姿を変えながら日本の海外への玄関口としての役割を果たしていた（菅波，2013: 227-228）．

　鴻臚館に代わって貿易拠点となった博多は，砂丘上に築かれた都市だった．博多は三列並ぶ砂丘上にあり，内陸側の砂丘には縄文晩期の遺物や弥生時代中期前半の遺構が見られるが，11世紀後半に遺構や遺物の数は爆発的に増加しており，この頃から博多は都市化していったと考えられる（大庭，2013: 233-234）．その後も近世福岡城が築かれ，そして近代都市福岡，現代都市福岡へと続いていったその中心は，鴻臚館や中世都市博多があった博多湾南岸であった．

　内陸に目を向けると，御笠川や那珂川などが形成した河成平野は水田耕作の適地であった．縄文時代晩期には平野の河川上流部や山間部に遺跡が集中していた．しかし縄文時代から弥生時代に向けて，遺跡立地は大きく変化し，弥生時代になると沖積低地に畦畔を伴う水田が広がっていった．板付遺跡をはじめとした複数の遺跡では沖積低地の水田，集団墓地，環濠集落を備えた灌漑農耕社会の確立が見られるようになる（宮本，2013: 128-130）．こうした水田耕作の適地としての福岡平野の姿は明治期の土地利用にも明確に現れ

ている（後述）.

このように福岡市の基礎を作り出した福岡平野の地形は，河川と海が運んだ大量の土砂が作り出したものである．博多では近代以降の大規模な埋め立てが始まるまで，平均して毎年0.4mから0.7m程度の速度で海岸線が前進していった（磯他，1998: 109）．沖積低地が河川によって作られるということは，大量の土砂が平地へと堆積していった結果であり，純粋にその現象だけを捉えれば河川プロセスのひとつである．しかし，この河川プロセスが人々の生活や社会にダメージを与えたとき，災害と呼ばれることになるのである.

2．近代化と都市

近代以降，福岡市はその都市的土地利用面積を大きく拡大させてきた．図2-1は明治期・昭和初期・昭和中期・平成期の福岡市の土地利用を，地形図を基に分類，作成したものである[1]．明治から平成にかけて市街地が大きく拡大していることが一見して読み取れる.

明治期には福岡市はまだあまり市街地は広がっておらず，まとまった市街地は博多から福岡城周辺を抜けて唐人町や西新付近までの沿岸部に見られる他，姪浜や箱崎にもややまとまった市街地が見える．しかし，それ以外の市街地は水田の中や丘陵，山地の麓に点在しており，土地利用の大きな部分を水田と森林が占めている.

昭和初期になると市街地が広がる範囲は明治期の市街地よりやや内陸に広がり，六本松周辺や那珂川沿いに竹下付近まで市街地が広がっている．その他現在の大野城市に隣接する地域にやや大きな面積で市街地がまとまっている.

昭和中期になると市街地の面積は大きく広がる．特に御笠川，那珂川，樋井川の周辺には市街地が大きく広がり，沖積低地から平尾丘陵や春日原台地にも市街地が広がった．また市街地は東にも大きく広がり，香椎など博多湾沿岸の市街化が進んだ.

平成には御笠川や那珂川，樋井川の周辺には水田はほとんど見られなくな

1）明治期は正式二万分の一地形図，それ以外は二万五千分の一地形図より作成したもの．明治期と昭和初期は一部を五万分の一地形図で補っている．明治期は明治33年，昭和初期は昭和11～13年，昭和中期は昭和44～47年，平成期は平成8～17年の地図から作成されたものである.

第Ⅰ部　自然・環境編

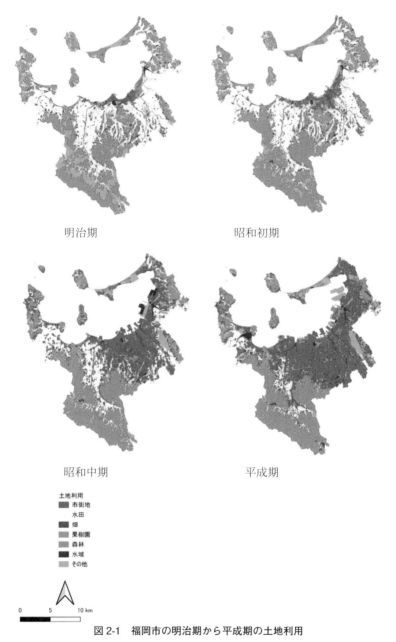

図 2-1　福岡市の明治期から平成期の土地利用

宗・磯（2023）掲載図を一部改変

第 2 章　福岡市の土地利用変化と水害

図 2-2　明治（左）と平成（右）の海岸線変化
宗・磯（2023）掲載図を一部改変

り，室見川周辺でも河川の中流域まで市街地が伸びている．沖積低地だけでなく，山麓部や丘陵部も市街化が進み，市街地と水田の面積は明治期と比べて逆転した．

　こうした近代化に伴う都市化の進展の中で，土地利用と共に大きく変化したのは海岸線である．古代から中世に鴻臚館や博多といった外交や交易の拠点が築かれた博多湾南岸は，穏やかな海に砂丘や砂州によって守られた天然の良港であった．しかし近代以降に船舶の大型化が進むと，土砂が堆積した遠浅の海は大型船の入港を阻害する要因となった．そのため湾岸部は埋め立てによる海上交通の確保が必要となった．また都市の様々な機能を配置するためにも湾岸部の埋め立ては必要とされ，かつての砂丘や砂州は海岸部ではなく内陸部へとその位置づけを代えていった（図 2-2）．

　また，都市化の進展と共に福岡市に流れ込む河川の流域で生活する人々も大きく増加していった．福岡市に流れ込む主な河川である多々良川，御笠川，那珂川，樋井川，室見川，瑞梅寺川の流域にかかる市町村の人口変化を見てみると，昭和 25 年には 70 万であった流域の人口は昭和 40 年に 100 万人を超え，平成 22 年には 220 万人に達している（宗，2014: 45）[2]．人口増加率を見ると，特に昭和 40 年から 55 年にかけて全体に大きな人口増加を見せており，中でも南部地域は人口増加率が 25% を超えている（図 2-3）．このような近代以降の土地利用の大きな変化は河川周辺の環境の大きな変化となり，福岡市は何度も水害に悩まされることになる．

2）流域の市町村は福岡市，筑紫野市，春日市，大野城市，太宰府市，糸島市の旧前原市，古賀市，那珂川市，宇美町，篠栗町，志免町，須惠町，久山町，糟屋町の 8 市 6 町で，このうち筑紫野市，春日市，大野城市，太宰府市，那珂川市を南部地域として再集計している．

第Ⅰ部　自然・環境編

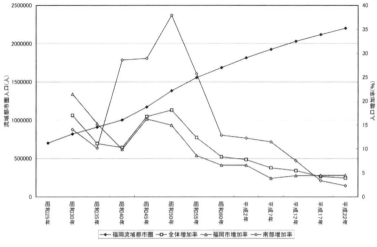

図 2-3　流域の人口と人口増加率

国勢調査より作成．原典は宗（2014）掲載図

3．福岡市と水害

　福岡市域での河川の氾濫は有史以前から繰り返し続いており，その地形営力が沖積低地を作り上げてきた．考古学的な発掘においても洪水跡は多数見つかっており，雀居遺跡や下月隈 C 遺跡などでは洪水によって埋まった古代の水田跡が大規模に見つかっている（福岡市史編集委員会編，2020: 624-635）．坂上（2022）はこれらの遺跡を含む複数の発掘調査報告と文献資料を合わせて，御笠川沿岸の古代集落の衰退と水害の関係について明らかにしている．

　近代以降になると，前述したように河川周辺の沖積低地に市街地が拡大していき，市街地が水害に遭うようになってくる．昭和 28 年には「昭和 28 年西日本水害」（以下「昭和 28 年災害」）が発生した（図 2-4）．この災害は 6 月 26 日から 29 日にかけての断続的な大雨によってもたらされたもので，福岡市よりもむしろ筑後川流域での浸水被害や，糸島や北九州での土砂災害の被害が大きく，福岡県全体で 286 名の死者を出した．福岡市でも 1 名の死者と共に，当時に市域だけで 2 万 7 千戸を超える浸水被害があった[3]．

　この災害は突然現れたものではなく，戦災復興事業が進展し，多くの人々

3）福岡近代水害史年表（宗，2014: 39）による．

第 2 章　福岡市の土地利用変化と水害

図 2-4　昭和 28 年災害の浸水範囲
磯他（2013）掲載図を一部改変

が都市部へと流入した市街地の整備が進む中で現れてきた都市の排水機能の不備が原因であった．昭和 28 年災害が起こる直前の 6 月 4 日から 7 日，福岡県は梅雨前線による豪雨に見舞われている．福岡市でも連日の豪雨で多数の浸水被害があったことが西日本新聞に取り上げられている．その見出しは「水浸しという名の名所」「雨の度にウンザリ」と書かれており，この水害が初めてのことではなく，何度も繰り返し浸水被害が起こっていることがわかる[4]．

また，この水害は福岡市の自然地形がもたらした問題でもあった（宗，2014: 45）．博多湾岸の微地形（図 2-5）とこの水害の浸水被害範囲（図 2-6）とを比較してみると，砂丘の内陸側が浸水していることがわかる．海岸部に発達した砂丘の内側の湾入部の低湿地であったところが市街化したことが，たびたび繰り返す浸水被害の原因となっているのである．

その後昭和中期（図 2-1）にかけて市街地が急速に南進していく中で，福岡市で発生した水害の中でも大きなものが二つある．昭和 38 年 6 月 29 日から 7 月 2 日の梅雨前線による豪雨災害（以下「昭和 38 年災害」）と，昭和 48 年 7 月 30 日から 31 日にかけて引き起こされた寒冷前線による豪雨災害（以

4）『西日本新聞』，昭和 28 年 6 月 7 日 6 面，市内版

第Ⅰ部　自然・環境編

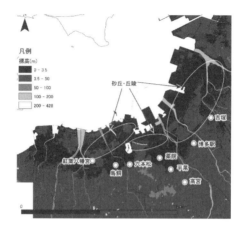

図 2-5　博多湾岸の微地形

原典は宗（2014）掲載図

図 2-6　博多湾岸の微地形と昭和 28 年災害の浸水被害地

原典は宗（2014）掲載図

下「昭和 48 年災害」）である．

　昭和 38 年災害は福岡市に大きな被害を与えた災害で，福岡市での死者・行方不明者が 1 名に加え，家屋全壊が 14 棟，床上・床下浸水が当時の市域で 2 万戸を超えた[5]．この災害についての新聞報道では「排水施設の整備が

5）福岡近代水害史年表（宗，2014: 37）による．

第 2 章　福岡市の土地利用変化と水害

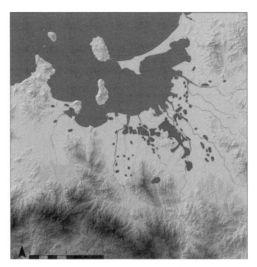

図 2-7　昭和 38 年災害の浸水範囲
磯他（2013）掲載図を一部改変

根本の問題」と語られている[6]．

　昭和 48 年災害は御笠川沿いで特に大きな被害があり，福岡市の上流にある太宰府市で特に大きな土砂災害があった．福岡市では多数の河川で溢水があり，死者・行方不明者 2 名の他，約 1 万 8 千棟の床上・床下浸水があった．このときの新聞報道では，「追いつかぬ防災工事　水害にショックの福岡県　本格的な再点検へ」と書かれており，河川改修を急ぐ必要性が述べられている[7]．

　図 2-7 と図 2-8 はそれぞれ昭和 38 年災害と昭和 48 年災害の浸水被害範囲を示したものである．図 2-7 を見ると昭和 38 年災害の浸水範囲で特に大きなものは那珂川の左岸に広がっている．この浸水範囲は平尾丘陵の麓に大きく広がっており，昭和中期の市街地拡大範囲と重なっている．また，那珂川左岸以外にも多数の小さな浸水被害地が広がっている．

　昭和 48 年災害の浸水被害範囲は御笠川の中流域の両岸と下流の砂丘の内側，そして多々良川の河口にあるかつての干潟の跡が大きな浸水被害地になっている（図 2-8）．その他平尾丘陵から春日原台地にかけて小さな浸水被害地が多数広がっている．

6）『西日本新聞』，昭和 38 年 7 月 1 日 7 面
7）『西日本新聞』，昭和 48 年 8 月 1 日 3 面

第Ⅰ部　自然・環境編

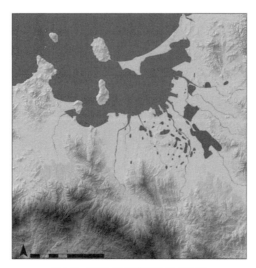

図2-8　昭和48年災害の浸水範囲
磯他（2013）掲載図を一部改変

　これらの状況は，前述の新聞記事で報じられているように，河川改修の必要性と排水設備の整備の必要性を物語っている．なぜそのような状況が起こっているのか．それは急速な都市化と，当時の安全基準の問題など様々な問題が考えられるが，一つには市街地面積が拡大したことによって引き起こされた河川流量の増加が挙げられる．磯他（2013）は土地利用図に降雨の流出係数を当てはめ，樋井川と室見川の流域における河川流量のシミュレーションを行い，明治と平成で比較を行った．その結果，河口付近では明治期に比べ平成では115〜120％の水量となることが明らかとなったほか，市街地付近から明らかに河川流量が増えることを示した（磯他，2013: 95-99）．
　また，多数の小さな浸水被害地が多数点在している点や，市街化が進んだ丘陵で浸水被害が現れていることからも，市街地での排水機能が流量に追いついていないことや河川の水位が上がったことで河川に流れるべき雨水が流れることができずに引き起こされる内水氾濫が起こっていることが見て取れる．
　こうした水害は，平成に入っても起こっている．平成11年6月29日には梅雨前線による豪雨で多くの被害があった．博多駅周辺などでは浸水被害が起こり，地下鉄は一部不通，ビルの地下街で1名が水死した[8]．そして平成

--

8）福岡近代水害史年表（宗，2014: 34）による．

第 2 章　福岡市の土地利用変化と水害

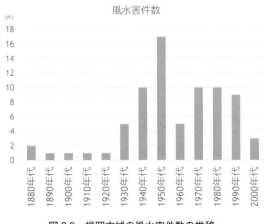

図 2-9　福岡市域の風水害件数の推移

宗・磯（2023）掲載図を一部改変

15 年 7 月 18 日から 19 日にかけても梅雨前線による豪雨により浸水被害が起きている．このときは御笠川上流の太宰府市などで多くの被害があったが，福岡市でもやはり博多駅周辺で冠水し，地下鉄が一部不通となったほか家屋の浸水被害があった．

　博多駅周辺は砂丘の内側の沖積低地であり，明治期には水田地帯であった．もともと水に沈みやすい土地が市街化しているのである．また，この付近の御笠川左岸は西側が低く，溢水した水は御笠川から西にある博多駅に向かい，そこから那珂川方向に向かって流れていく地形をしているが，博多駅と高架ができたことで水をせき止めてしまったことが浸水被害を拡大させていることが指摘されている（磯他，2013: 99-101）．

　こうした水害の増加は市街地の拡大が大きく関係している（図 2-9）．1880 年代から 1920 年代は風水害の被害件数は非常に少ない．ところが 1930 年代以降増加していき，1950 年代にピークを迎える．これは 1920 年代以前には雨があまり降っていなかったことを示しているのではない．水田が大きく広がっていた昭和初期以前は，河川が氾濫して溢水が起こったとしても，水につかっているのは水田だけであり，あまり水害として報道されていなかった．ところが，沖積低地の浸水しやすいところに人が住むようになったことで，災害として取り上げられる件数が増えていったのだ．

　また，前述したように市街地が拡大したことによって雨水の流下量が増加

第Ⅰ部　自然・環境編

していることも，水害件数が増えている大きな要因である．市街地の急速な
拡大は河川改修や下水道整備の速度を上回り，水害を引き起こしている．

4．おわりに

　福岡市は波が穏やかな博多湾に面した福岡平野を中心に発展してきた．博
多湾に面した砂丘や砂州は，鴻臚館や中世都市博多の基盤となり，背後の沖
積低地は豊かな水田地帯を形成していた．ところが，市街化が進んでいく中
で，砂丘や砂州は水害時の水をせき止める障害となり，豊かな水田地帯は市
街化の適地として活用されたことで，水に沈みやすい市街地を生み出す基と
なってしまった．
　急速な市街化は自然環境とのバランスを崩してしまう原因となっている．
自然環境は社会の在り方の様々な側面で利点になることもあれば弱点になる
こともある．自分自身が生活している町の自然環境と自分たちの生活の関係
性を考える事が，自然環境を守っていく上でも，災害から身を守る上でも重
要なことであると思われる．

参考文献

磯望・下山正一・大庭康時・池崎譲二・小林茂・佐伯弘次（1998）：「博多遺
　　跡群をめぐる環境変化―弥生時代から近代まで，博多はどう変わったか
　　―」，小林茂・磯望・佐伯弘次・高倉洋彰編『福岡平野の古環境と遺跡
　　立地―環境としての遺跡との共存のために―』，九州大学出版会，69-
　　112．

磯望・黒田圭介（2013）：「福岡市の自然環境」，福岡市史編集委員会編『自
　　然と遺跡から見た福岡市の歴史』，福岡市，13-31．

磯望・下山正一・黒木貴一・宗建郎（2013）：「災害と環境」，福岡市史編集
　　委員会編『自然と遺跡から見た福岡市の歴史』，福岡市，74-103．

大庭康時（2013）：「中世博多の地割りと地形変遷」，福岡市史編集委員会編『自
　　然と遺跡から見た福岡市の歴史』，福岡市，232-241．

坂上康俊（2022）：「福岡市域における8〜9世紀集落の変貌とその背景」，『国
　　立歴史民俗博物館研究報告』第232集，59-112．

菅波正人（2013）：「律令成立期前後の福岡」，福岡市史編集委員会編『自然
　　と遺跡から見た福岡市の歴史』，福岡市，218-231．

宗建郎(2014)：「災害記録に見る福岡市の都市問題―福岡近代水害史年表―」，『市史研究ふくおか』第9号，33-48.

宗建郎・磯望（2023）：「講演　福岡平野の自然環境の変遷と遺跡―博多湾沿岸と那珂川流域を中心に―」，『市史研究ふくおか』第18号，114-127.

福岡市史編集委員会編（2020）：『福岡市史資料編　考古2　遺跡から見た福岡の歴史―東部編―』，福岡市，p.897.

宮本一夫（2013）：「縄文から弥生へ」，福岡市史編集委員会編『自然と遺跡から見た福岡市の歴史』，福岡市，128-131.

第3章

最近の自然災害への地理的アプローチ

黒 木 貴 一

　福岡県，福岡市では，2000年以降に多くの自然災害が生じた．ここでは，主要な災害とその実態解明への地理的な取り組みについて紹介する．

1．2003年九州豪雨の場合

(1) 博多駅周辺の浸水深と土砂－道路網を利用したデータ収集－

　2003年九州豪雨は，梅雨前線に伴う梅雨末期の豪雨であり，太宰府市では，時間雨量99mmを観測した．この時，福岡市での博多駅周辺の浸水（黒木ほか，2005）や太宰府市での斜面崩壊（黒木ほか，2007）が見られた．発災後，氾濫水が消えた博多駅周辺では，土砂やトラッシュが至る所に残された．ただ，その土砂量は場所により大きな差が見られた．この差の原因を探るために，道路網を活用して浸水深と土砂を観察した．道路からトラッシュラインまでの浸水深を折尺で，残された土砂を草刈鎌で掘削し，その層厚を折尺で計測した．写真3-1は，山王放水路付近の金網に付着したトラッシュまで

写真3-1　浸水深の調査風景

の高さ，約 40cm を計測している調査風景である．山王放水路から溢流した氾濫水は，主として博多駅のある北に向かった．一部の土砂は持ち帰り，流れの強さを検討するために粒度分布と灼熱損量を求めた．

図 3-1 に，博多駅周辺の浸水深分布（黒木ほか，2005）を紹介する．まず浸水深は博多駅の東で深く，西で浅いことは明らかで，鹿児島本線が氾濫水の流れを滞らせている．特に氾濫水は空港通りと鹿児島本線の交差部を通じて西に抜けたため，その直前の博多駅東付近に氾濫水が集中し水位が高まった．また山王放水路と御笠川近傍では，越流・溢流地点付近で浸水深は深かった．土砂は，浸水深の深い場所に多く残されたが，比較すれば博多駅付近は細粒で，山王放水路と御笠川近傍では粗粒だった．これは，都市の人工地形に影響を受け，元々水田地帯だった氾濫原の場所で，前者では三角州や後背湿地が，後者では自然堤防の形成が進んだことを示していた．

写真 3-2 は博多駅から北に大博通りを望んだもので，浸水範囲の北の限界線は，海岸までに博多浜，息浜と称される微高地を持つ砂丘の縁部になる．つまり大博通りに直交する方向に，博多駅から中州に向け延びる砂丘より低い地盤が続いており，以前の御笠川は那珂川に合流していたと考えられている．また北の限界線付近には，房州堀が，限界線の向こう側の祇園付近には博多遺跡群や櫛田神社があり（小林ほか，1998），博多駅付近は氾濫危険性と合わせて地形や歴史を効果的に学習できる場でもある．

なおこの氾濫の後，福岡市では山王雨水調整池の整備がなされ，平成 18 年から運用が開始された（福岡市道路下水道局計画部下水道計画課，2022）．

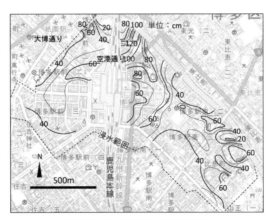

図 3-1　博多駅の浸水深の分布

第Ⅰ部　自然・環境編

写真 3-2　博多駅からみた大博通りと浸水の限界線

ただ豪雨による洪水が懸念されながらも，福岡市は時に渇水に見舞われ，人口増加も続いているため，洪水対策と共に水資源確保のため那珂川上流には五ケ山ダムも建設され 2021 年に運用が開始されている（黒木 2021）．

(2) 御笠川の河川環境と流速－空中写真からのデータ収集－

2003 年九州豪雨に伴う博多駅周辺の浸水は，主に御笠川の氾濫が要因である．氾濫は洪水位が高まり河水が堤防を越流すると生じる．福岡県土木部の内部資料では，御笠川に約 100m 延長の越流区間が多数記録されており，都市河川特有の氾濫条件が伺われた．写真 3-3 は，山王放水路傍の比恵橋で，堤防高を越える高さで橋桁にトラッシュが付着する様子を示す．御笠川の堤防に土嚢は積まれているが，洪水位は堤防を越え，その氾濫水は北西に向かった．

黒木ほか（2006）では，その越流場所の持つ河川条件に関し空中写真の判読から検討した．氾濫直後に国際航業株式会社により撮影された 1/3000 空

写真 3-3　御笠川の洪水痕跡

中写真は，河道方向に一定の時間間隔で撮影された好条件を備えていた．実体視での判読中，河面が板かまぼこのように凸型の盛り上がりとして観察されることに気付いた．その原因は河面の濁り模様が撮影の間に移動するカメロン効果だった．そこで微小な移動距離を視差測定桿で計測し，撮影の時間間隔で除算することで流速を求めた．その計測点を基に流速分布を描いたところ，図3-2のモデルのように整理された．横断方向（1）で見ると，河川中央部が速く外側の河岸では遅い．また（2）川幅が広がると流速が低下し，低下した場所で砂州ができやすくなる．縦断方向（3）で見ると，橋の近傍で遅く，橋と橋の間では流速の速い場所が約80m間隔で繰り返し現れる．海に洪水が合流する場所では流速が低下し，時には逆流も現れる．そして，流速が低下する場所で，河水の越流が生じやすく氾濫することを示した．この御笠川の洪水時の流速と洪水位の関係は，堤防改修での参考になると考える．

　2006年当時，河面模様の移動を捉えそれより流速を求める手法は，垂直撮影の空中写真と視差測定桿を用い計測し，トレーシングペーパーに等流速線を手書き製図する従来手法を用いた．ただ直線的河川に適用できたカメロン効果は，屈曲する河川には，ましてや斜め空中写真では対応できなかった．そして2003年九州豪雨から約20年が経過しGISの発達と新ソフトが登場し，私たちは空中写真を使ってオルソ画像を作成できる便利な写真解析ソフトを使えるようになった．したがって2020年7月豪雨後に実施した，空中写真から流速を求める作業は，地理院地図の斜め空中写真などの地理情報を活用したSfM（Structure from Motion）によるオルソ空中写真作成とGIS解析での作業へと変化し，屈曲する球磨川の流速分布を明らかにできた（黒木，

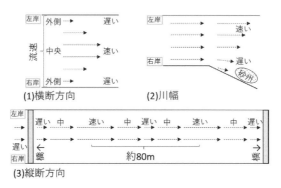

図3-2　御笠川の洪水時の流速分布モデル

第Ⅰ部　自然・環境編

2022a)．その中で，河道延長方向に現れる流速の周期的緩急が御笠川と同様に地図化されたことは興味深い．

2．2005年福岡県西方沖地震

(1) 市街地での被害程度分布－構造物から得た定量的データ－

「福岡では地震が少ない」神話は，2005年福岡県西方沖地震（マグニチュード7.0，最大震度6弱）の発生で，1898年糸島地震（伊木，1899）後の約100年で崩壊した．この時，震源に近かった福岡市の特に玄界島での斜面崩壊と博多湾沿岸埋立地での液状化被害は顕著で，逆に福岡平野全体で見ると建物倒壊程の被害はなく，再び歴史に埋没することが心配された．そこで市街地について亀裂の定量的データに基づき被害分布図を作成した(黒木ほか，2009) ことを紹介する．地震では建物倒壊は玄界島を除き，九州本島側ではほとんどなかったが，建物や道路等の構造物には多くの亀裂が観察された．写真3-4は海の中道海浜公園で見られた地震に伴って亀裂が生じた景観である．アスファルトの路面に多数の亀裂が生じ，そこから液状化に伴う砂が噴出している．また液状化に伴う建物の傾動が示すように地盤の変形に合わせ建物の不等沈下も確認できる．このような噴砂を伴う亀裂は，博多湾に近い埋立地を中心に多く見られた．全体的に被害が甚大な場所の亀裂は大きく，逆に軽微な場所のものは小さかった．そこで木造建物，コンクリート建物，壁，床や路面に類型化して，開口量に応じた5段階で亀裂程度を評価した．その

写真3-4　海の中道海浜公園の被災状況

第 3 章　最近の自然災害への地理的アプローチ

亀裂情報は 1 万分の 1 地形図を基図に，最低 1 ブロック毎に市街地の踏査で確認し紙地図上に記録し，GIS のポイントデータで保存した．類型別の亀裂情報は，近接する異類型の情報と比較対象の上，基準とする程度順序に読み替えた．それをそのポイントデータに結合した上で，GIS の空間補間のIDW 法で解析し亀裂程度分布とし被害分布と解釈した．

　そして亀裂程度分布に基盤深度を重ねた時，湾岸付近の液状化に伴う被害，天神凹地（赤坂－高宮－石城町をつなぐ三角形の凹地）（向山・福岡地盤図作成グループ，1981）の軟弱地盤での揺れの増幅と考えられる被害の大きさが目立った．加えて現在は六本松から西新に屈曲する樋井川は，直線的に大濠公園へ向かう地域，旧樋井川と思われる場所で被害が大きかった．逆に基盤が現れる警固断層の西で被害は小さく，天神付近と対照的に基盤深度が浅くなる博多駅付近で被害が小さかった．

　なお，この亀裂の種類や開口量を捉え定量化する手法は，地質調査でボーリングコアの品質を示すために実施される評価法（建設大臣官房技術調査室監修，1999）を地表面に応用したものだった．

(2) 福岡平野の震度分布－アンケートから得た定量的データ－

　踏査は市街地が限界なので，福岡平野全体の震度分布を求める試みは別手法で行われた（黒木ほか，2010）．そこでは約 50 問のアンケート調査結果を震度に換算する（太田ほか，1998）という手法を参考とした．実際各個人データは階級の設定された地震時の印象や観察の記憶などで構成される多項目の主観的データから構成されるが，総合化すると客観的な震度，アンケート震度に変換できる．この地震では西南学院大，福岡大，九州産業大学，九大，福岡教育大の 5 大学の共同作業が行われた．ただこの時，回答者の地震に遭遇した場所の経緯度 XY 座標が問題だった．そこで当時提供が始まっていたCSV アドレスマッチングサービスを活用した．これは住所を csv ファイルで送信すると瞬時に XY 座標を自動返信する東京大学空間情報科学研究センターが提供するサービスである．GIS で XY 座標はポイントデータに加工でき，そのデータにはアンケート震度を結合させられる．そして各アンケート震度は GIS による空間補間を通じて推定震度の分布図へ展開する．

　図 3-3 は福岡県を中心とする北部九州の推定震度分布である．春休み期間に地震が発生したため，回答者は全国に散在していたため福岡平野に止まらず，図は北部九州一円に対し作成できた．震源に近い糸島半島の北部や志賀

第Ⅰ部　自然・環境編

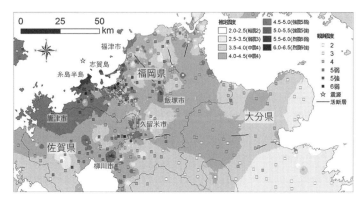

図 3-3　九州北部の推定震度と観測震度

写真 3-5　丘陵地の人工改変地の被害

島にかけて6強，唐津市，福岡市そして福津市沿岸にかけて震度5，そして佐賀県から大分県北部にかけて震度4の範囲が，震源から見て同心円状に広がる．その中で，久留米市，柳川市，飯塚市付近で震度が大きくなる島状の範囲が現れた．散点的な分布となる気象庁の観測点を図に重ね，その周囲の推定震度を比べると，全体及び島状の傾向がほぼ同じため，アンケートからその震度を生む地理条件を検討可能な記録が残せたと考えている．

　福岡市街地を拡大して観察すると，亀裂程度の分析結果と同様，博多湾近傍や天神付近で震度が高く求められている．また福岡市東区等で宅地化された丘陵地や脊振山地北麓の帯状の範囲で，震度が周囲より大きくなった．たとえば写真3-5は，福岡市東区美和台の地震直後の景観を示す．丘陵地の人

工改変地である美和台では，擁壁ブロックのずれや屋根瓦の破損が多く生じた．後者に対し，雨水の浸入を防ぐためのブルーシートに覆われた家屋が多数見られた．推定震度は4～5にあるが，場所による被害の大小が生じた．旧版地形図と当時の地形図から標高差分を求め地図化した結果，被害は，盛土地と切盛境界で大きいことも判明している（磯ほか，2013）．

当時，アンケート震度は，性別や年齢別さらに建物階層別にも試作され，震度分布に現れる地域の自然条件の差とともに建物条件や社会条件の差までが示せることが興味深かった．

3．2017年九州北部豪雨

(1) 斜面崩壊と氾濫－安全な場所を求めて－

2017年九州北部豪雨は，梅雨前線に伴う梅雨末期の豪雨であり，多い所で総雨量500mmを越えた．特に朝倉市では多数の斜面崩壊と土石流が発生し，道路や鉄道が寸断され，水田や果樹園は広く土砂に埋没した（黒木ほか，2018a）．三郡山地を刻む谷を通じて南に排出された土石流は，大量の土砂や流木を谷の出口付近に残しつつ，細粒土砂やトラッシュを含む氾濫水は筑後川の旧河道ともいえる桂川に沿って下流に向かい，長田付近で本流に入った．その時，奈良ヶ谷川の出口に近い国の史跡，堀川用水には大量の土砂が堆積し，三連水車はトラッシュが付着し機能を停止した（写真3-6）．

その中，少なからず被害を免れた場所が見られたため，治水地形分類図を参考にその地形条件を確認した（黒木ほか，2018b，黒木，2019）．低地では段丘と沖積平野の被害の有無が明瞭で，後者に被害は集中しており，離水地

写真3-6　被災した菱野の三連水車

第Ⅰ部　自然・環境編

図3-4　山地内集落の安全な地形と景観

形は安全で未離水の地形は水害への備えが必要という決まり通りだった．また後者の氾濫原でも，従来から言われている通り，自然堤防で浸水深は浅く後背湿地で深いという微地形に対応する被害の大小が観察された．なお山田堰から取り込んだ用水を通す堀川運河など，この付近の水利関連施設は，中村哲氏のNGO「ペシャワール会」によるアフガニスタン支援で参考にされたと言われ，これら一連の水利景観は良い地理教材となる．またこの被害範囲は，山田堰に限らず，柿畑の広がる山地斜面や扇状地，五庄屋遺跡，阿蘇4の含まれる段丘，水田にある樹木畑，そして水縄断層など地理教材が集積する巡検の好条件地でもある．

　さて一方，斜面崩壊や土石流で孤立しやすい山地内では，傾斜地特有の地形条件が被災の明暗を分けていた．図3-4は朝倉市黒川の馬場集落の地理院地図であり，右に集落内で無被害だった場所の独特の景観を示す．

　朝倉市黒川の馬場集落は，等高線が西に円弧を描くため一見すると土石流扇状地である．そこに陰影図を重ねると等高線に示せない段差があり実際は開析扇状地となっている．扇状地の中央に東から張り出す段丘があり，その軸中心は郵便局付近に達している．この扇状地の南北にある谷を土石流は西に流れ，扇状地両翼の家屋は多数被災したが，郵便局付近は無事だった．この無被害の地域は馬場集落の中心であり，そこに図3-4右の琺瑯看板が残されていた．つまり昭和時代の遺物の残存は，扇状地のように見える山地内の傾斜地でも，周囲より微妙に高い段丘が介在し，そこを見極めて人々は集落の中心機能を置き，これまで代々引き継いできたことを示している．

(2) 山地内の神社の安全性と災害の記録

　黒川の馬場集落から1km程南に宮園集落があり，その東端の治水地形分

類図では段丘とされる場所に高木神社がある（写真 3-7）．その時，この地形では土石流が生じ集落に被害が出ている．このためその段丘は，完新世の短期間に離水状態にある土石流扇状地と判断される．また扇端に積み上げられた土嚢は，手前の黒川の河岸侵食への対応である．2017年九州北部豪雨の際，土石流扇状地にあるこの高木神社は，黒川の氾濫による浸水被害はなく，また扇状地の縁部の為に土石流の直撃を避けられ無被害だった．このように地形学の時間感覚では未離水の土石流扇状地でも，自然堤防あるいは完新世段丘のように比較的安全な場所が潜在することが分かった．

調査を進めた所，三郡山地内に同名の高木神社が多く，その大半は被災を免れていた（黒木・品川，2018）．高木神社は，英彦山（彦山）神領の鎮護目的で設置された48鎮守社（大行事社）を起源とし，そこは政務も行う地域の中心機関で，その大行事社は明治維新期に高木神社と名称が改められたとされる．このように古くから引き継がれた高木神社の設置場所は，地すべり（土塊），山地・丘陵の尾根，崖錐などにあり，現在の侵食基準面より上に位置する非河成地形が多かった．また未離水の地形でも，土石流扇状地の縁部，谷底低地のより高位に設置されていた．つまり山地内の高木神社群は，非河成地形あるいは河成地形の端という安全な場所を求めていた．神社は津波到達に対し，標高が高い場所にあり安全という報告は多いが，一歩踏み込み，自然災害に対し後氷期の地形プロセスが及びにくい場所にあり安全，と整理したい所である．

ところで社殿は無被害ながら奉納物が被災し復旧が図られた疣目集落の高

写真 3-7　宮園の高木神社の地形条件

木神社もあったため，被災復旧が古くから繰り返され，奉納物にその記録が残される可能性を追究した．奉納物は，灯篭，石碑，鳥居，狛犬，幟枠石，手水舎，その他に区分し，そこに記載された奉納の目的及び年を記録した（黒木・品川，2020）．奉納年が確認できた数は95個で1727年〜1995年間に奉納されていた．10年毎の奉納物数を計上し，時系列でグラフ化し推移を見たが，明治維新から1945年の終戦までの期間が，他の期間に比べその数が多かった．しかし1951年以降では，1989年平成改元を除き，「昭和28年西日本水害」が入る1951年〜1960年と「1991年台風19号」が入る1991年〜2000年までの数が多かった．江戸時代にも，奉納物数の多い1841年〜1850年，1851年〜1860年が見られたため，より広域で奉納物を調査する必要が生じた．このため，筑後川下流域の福岡県側で，昭和28年の浸水範囲に重なる朝倉市から柳川市までの範囲で139社の1940奉納物を調査した．その結果，確かに被害復旧を示す奉納数の増加が，特に地震と風を伴う豪雨による被災後に数年間現れていた（黒木・杉村，2021）．

　神社被災後の復旧奉納が短期間に集中する現象は，自然災害伝承碑の設置と共通する．また神社が自然災害に対し，安全な場所に維持されてきた歴史も思えば，その奉納物は，自然災害伝承碑に勝るとも劣らないだろう．写真3-8は玄界島の自然災害伝承碑であり，2005年福岡県西方沖地震時に落下し壊れた小鷹神社の鳥居（笠木・島木）が展示されている姿である．同様の展示方法は，1995年兵庫県南部地震の被災地の神社でも多数見られ，それらは奉納物として境内に設置されるとともに，今日，地理院地図では，それらが自然災害伝承碑として掲載される例が増えた．もちろん新しい鳥居や灯篭は復旧のために奉納されている．これまで全く注目されなかった神社の奉納物を，自然災害の時空間情報を持つ面から追究する好機が来ているように思われる．

写真 3-8　玄界島の小鷹神社の鳥居復旧

(3) 天然記念物の誕生－焼けた樹木は古かった－

　2017年九州北部豪雨では，朝倉市の東，東峰村で，僅か1日に800mm以上の降雨があった．斜面崩壊と土石流が頻発し，多くの集落への交通が遮断された．特に大肥川沿いでは氾濫と土石流の被害が甚大だった．この時，宝珠山駅西側の支流の松ヶ平川で侵食された河岸に，礫層に埋没する巨木が水田の僅か2m程下位に現れた（写真3-9）．巨木は直径約70cmでその表面が焼けており，流木とは明らかに特徴が異なっていた．その異常な巨木情報は当村教育委員会へ，福岡県へ，そして文化庁にまで流れた．その後，踏査による地質確認，ドローンでの地形モデル作成，衛星データによる阿蘇から現地までの地形・植生解析，詳細なDEMによる火砕流の地形判読などが行われた．写真3-9の露頭では，阿蘇4火砕流が厚さ約2mの砂礫層下にあり，横倒しの樹木が阿蘇4火砕流に取り込まれており，阿蘇4火砕流には炭化した木片や脱ガスパイプが多数みられた．さらにトレンチ調査や露頭資料による火山灰分析や花粉分析も実施され，9万年前の寒冷な時期に阿蘇4火砕流に直撃されそのまま埋没した樹木であることが分かった（東峰村教育委員会，2021）．そしてその成果は「阿蘇4火砕流堆積物と地域の人々の生活や文化には強い関連がある．自然災害の痕跡と地域文化の成り立ちや特徴を示す貴重な地域教材としても利用できる」，「露頭や埋没樹木などは，阿蘇4火砕流と拡散のプロセスを示す重要な学術資料としての価値がある」と整理された．そして文化財保護法に基づき「阿蘇4火砕流堆積物及び埋没樹木」は天然記念物に指定された（黒木，2022b）．

　このように2017年豪雨により九州北部は甚大な被害を受けつらい歴史を

写真3-9　埋没樹木が出現した露頭

第Ⅰ部　自然・環境編

刻んだ．しかし，その被災から地理的な見方・考え方を通じて，復旧の力となる文化財が誕生した出来事は心に強く刻まれた．なお2023年現在，東峰村では，その保存と活用に向けた検討の段階にある（黒木，2022b）．

参考文献

伊木常誠（1899）：福岡地震調査報告．震災予防調査會報告，29，5-10.

磯　望・下山正一・黒木貴一・宗　建郎（2013）：第Ⅰ部，第5章，災害と環境．自然と遺跡から見た福岡の歴史，新修「福岡市史」特別編，74-103.

太田　裕・小山真紀・中川康一（1998）：アンケート震度算定法の改訂 —高震度領域．自然災害科学，16-4，307-323.

黒木貴一（2019）：2017年九州北部豪雨による北野平野とその周辺における各種被害と学校防災．福岡教育大学紀要，68-2，1-11.

黒木貴一（2021）：地理情報から福岡市の水利用を測る．地理，66-6，76-71.

黒木貴一（2022a）：令和2年7月豪雨時の球磨川洪水流の流速と被害．応用地質，62-5，1-8.

黒木貴一（2022b）：地域の誇りを展示できる幸運 —福岡県東峰村の例—．阡陵，no.85，4-5.

黒木貴一・磯　望・後藤健介（2007）：2003年九州豪雨による太宰府市原川流域の斜面崩壊と谷壁斜面の地形・地質的特性．応用地質，48-4，170-179.

黒木貴一・磯　望・後藤健介（2009）：亀裂情報から被害分布図を作成する簡便な方法 —福岡県西方沖地震を例に．応用地質，50-3，151-159.

黒木貴一・磯　望・後藤健介（2018a）：2017年九州北部豪雨による北野平野の土砂堆積と地形．第9回土砂災害に関するシンポジウム論文集，73-78.

黒木貴一・磯　望・後藤健介・鴨川武文・藤田　隆（2010）：アンケートによる2005年福岡県西方沖地震の推定震度のGISによる地図化．地図，48-2，1-10.

黒木貴一・磯　望・後藤健介・張麻衣子（2005）：2003年九州豪雨による浸水状況から見た福岡市博多駅周辺の土地条件．季刊地理学，57，63-78.

黒木貴一・磯　望・後藤健介・張麻衣子（2006）：2003年九州豪雨時の御笠川における実体鏡による流速推定．地図，44-4，1-8.

黒木貴一・品川俊介（2018）：2017年九州北部豪雨で災害を免れた神社の地

形条件. 2018 年秋季学術大会日本地理学会発表要旨集, 94, p88.

黒木貴一・品川俊介 (2020)：神社に着目した山地斜面の安全性と災害情報. 第 10 回土砂災害に関するシンポジウム論文集, 151-156.

黒木貴一・品川俊介・松尾達也 (2018b)：2017 年九州北部豪雨で災害を免れた場所の地形条件. 日本応用地質学会平成 30 年度研究発表会講演論文集, 93-94.

黒木貴一・杉村伸二 (2021)：筑後川下流域の神社奉納物によるローカル地域の見方. 福岡教育大学紀要, 70-2, 1-10.

建設大臣官房技術調査室監修 (1999)：ボーリング柱状図作成要領 (案) 解説書 (改訂版), (財) 日本建設情報総合センター, 55p.

小林　茂・磯　望・佐伯弘次・高倉洋彰 (1998)：福岡平野の古環境と遺跡立地 ―環境としての遺跡との共存のために―. 九州大学出版会, 289p.

東峰村教育委員会 (2021)：東峰村の阿蘇 4 火砕流堆積物及び埋没樹木発掘調査報告書. 東峰村文化財調査報告書, 5, 58p.

福岡市道路下水道局計画部下水道計画課 (2022)：山王雨水調整池. https://www.city.fukuoka.lg.jp/doro-gesuido/keikaku/hp/ usuiseibirainbowplanhakata_5.html (2023 年 2 月 16 日閲覧)

向山広・福岡地盤図作成グループ (1981)：福岡地盤図. 九州地質調査業協会, 174p.

第4章

節水都市福岡を考える
－筑後川水系に依存度のたかい福岡都市圏－

山 下 功

1．はじめに

　日本の都市は長崎や函館などの港湾都市にみられるような，いくつかの例外を除くと沖積平野や盆地に展開し，そこにはその地形をなした河川の存在があるのが一般的である．また沖積平野や盆地の規模は河川の規模に準じるもので，都市の規模にもつながるものである．

　このような観点から福岡市をみると，河川では那珂川（流長 35.1km，流域面積 111㎢）御笠川（流長 20.7km，流域面積 100㎢），多々良川（流長 17.4km，流域面積 199㎢）室見川（流長 15.1km，流域面積 94㎢），上流は糸島市になる瑞梅寺川（流長 12.8km，流域面積 68㎢）があり，何れも中小河川で2級河川である．

　次に福岡市の全国におけるランクを調べるために，2020年国勢調査の人口を指標にして東京を除く政令市，人口100万人以上をあげると，横浜市（377.7万），大阪市（275.2万），名古屋市（233.2万），札幌市（197.3万），福岡市（161.2万），神戸市（152.5万），京都市（146.5万），さいたま市（132.4万），広島市（120.8万），仙台市（109.7万）の順である．

　ところで札幌市と福岡市の対比であるが，福岡市の面積 341.11㎢に対し札幌市は 1121.12㎢，凡そ3倍の広域都市である．一方，福岡市は人口過密な市や町が周辺に隣接しているので都市域としてみたとき，また他の要素を考えたとき，福岡市は札幌市を凌ぐランク付けにしてもよいのではないだろうか．

　そこで水資源に乏しい福岡平野にどうして全国有数の巨大都市が存在しうるのかをテーマにしたい．

第 4 章　節水都市福岡を考える

２．渇水と水源の拡大

(1) 都市の成長と水不足

　戦後の日本経済の高度成長期は 1955 年から 1973 年までの 19 年間とされ
るが，1960 年に国民所得倍増計画が閣議で決定された．福岡県では 1963 年
に北九州市が政令市としてスタートしたので，1965 年を基準にして 2020 年
までの人口動態を福岡県，福岡市，北九州市で比較すると，この 55 年間で

表 4-1　福岡県・福岡市・北九州市の国勢調査人口の変化

年	福岡県（人）	福岡市（人）	北九州市（人）
1965	3964611	769176（組替）	1042388
1970	4027416	871717（組替）	1042321
1975	4292963	1002201	1058058
1980	4553520	1088617	1065084
1985	4719259	1160440	1056402
1990	4811050	1237062	1026455
1995	4933393	1284796	1019598
2000	5015699	1341470	1101471
2005	5049908	1401279	993525
2010	5071968	1463743	976846
2015	5101556	1538681	961286
2020	5135214	1612392	939029

政令指定都市の施行：北九州市 1963 年・福岡市 1972 年

表 4-2　渇水時の状況比較

渇水年	1978	1994	2005
年降水量	1138mm	891mm	1020mm
給水人口	1028 千人	1250 千人	1388 千人
下水道普及率	37.3%	96.3%	99.4%
最大給水能力	478,000m^3/ 日	704,800m^3/ 日	764,500m^3/ 日
給水制限延べ時間	4054 時間	2452 時間	0 時間
1 日平均給水制限時間	14 時間	8 時間	0 時間
給水車出動台数	13,433 台	0 台	0 台

福岡の年間平均降水量 1632.3mm（1971 ～ 2000 年）
福岡市水道局「福岡市の水道」（令和 5 年版）より作成

第Ⅰ部　自然・環境編

福岡県では 1.3 倍の増加，福岡市は 2.1 倍の増加があり，1972 年に政令市に昇格した．一方，北九州市は 1980 年を頂点に 2020 年まで 40 年間の減少は 12.6 万人に及んでいる．

次に福岡市の人口増加に伴う水不足について考えてみよう．水道の給水制限があった日数を年ごとにあげると，1964 年 =17 日，1967 年 =5 日，1975 年 = 6 日，1978 〜 79 年 = 287 日，1982 年 = 4 日，1994 〜 95 年 =295 日である．とくに 1978 年には 1 日平均給水制限時間は 14 時間，給水車出動台数が 13,433 台であった．しかし，その後の水資源の開発や節水の啓発により，過去のデータで年降水量が最も少なかった 1994 年の給水制限時間は 8 時間．また二番目の少雨記録となった 2005 年には 0 時間に改善されていった．

(2) 福岡市水道の水源

福岡市の 2017 年から 2021 年，5 年間の水道水の年間総取水量の平均は 151,098,300㎥ である．これを水源別にみると近郊河川 29.4%，福岡地区水道企業団 33.1%，ダム 37.5% である．これをそれぞれの水源別に考察したい．

図 4-1　福岡市関連の水源と水道施設

「福岡市の水道」（令和 5 年版）による

ⓐ近郊河川からの取水

県管理のダムは河川に放流して取水しているが，ダムに関係なく河川から直接取水しているのは室見川の室見取水場（西区）のみである．但し，工業用水については御笠川から2017年のデータで1日当たり20,000㎥の取水が可能で，金島浄水場（博多区）から8,366㎥を29の企業に送水している．

ダムから河川に放流しての取水場をあげると那珂川は南畑取水場（那珂川市）番托取水場（南区），多々良川水系の多々良取水場（東区），久原ダムに揚水する山田揚水場（久山町）がある．また朝倉市の小石原川にかかる甘水（あもうず）取水場は福岡市の施設である．

ⓑ福岡地区水道企業団からの取水

福岡地区水道企業団は福岡市を中心に東は宗像市から，西の糸島市まで10市7町の福岡都市圏の自治体で構成する団体である．水の需要の増大に対応するために1983年以降，筑後川からの導水を始めるが，久留米市の取水口から牛頸浄水場（大野城市）までは水資源機構の管轄で，浄水場から末端部が企業団の管理となる．なお久山町は企業団には加盟しているが給水の対象にはなっていない．

筑後川水系からの取水は，別に江川ダムを経て，小石原川の甘水取水場の分を加えると40%を上回るのである．

ⓒダムからの取水

福岡市が取水している9つのダムの有効貯水量は8,952万㎥，うち6つのダムは市外にある．ダムから直接取水して浄水場に送水するケースには曲渕ダム（早良区），久原ダム（久山町），長谷ダム（東区）と糸島市と共用の瑞梅寺ダム（糸島市）があるが，瑞梅寺ダムを除く3つのダムは水道専用の福岡市の施設である．この中で曲渕ダムと旧平尾浄水場は1923年に7年の年月と868万円の経費を経て完成し，市内35,200人に給水，1日の送水は15,000㎥であった．2023年は福岡市水道開設の100周年．記念すべき年であった．

戦後，経済の高度成長期に建設された南畑ダム（那珂川市）は水道も含めた多目的ダムで，その中に発電も含まれ時代的背景がしのばれる．1970年代になると筑後川水系小石原川の江川ダムからの取水に特徴があるが，脊振ダム，瑞梅寺ダムと水源が遠距離化してくる．

比較的新しいダムは水道専用の長谷ダムがあり，直近の2021年に完成し

第Ⅰ部　自然・環境編

表 4-3　福岡市水道の水源をなすダム

水系	室見川	筑後川	瑞梅寺川	多々良川				那珂川		
ダム名	曲渕	江川	瑞梅寺	久原		長谷	猪野	南畑	背振	五ヶ山
位置	早良区	朝倉市	糸島市	久山町		東区	久山町	那珂川市	那珂川市早良区	那珂川市吉野ヶ里町
完成（年）	1923	1972	1977	1971		1993	2001	1966	1976	2021
目的	水道	かんがい水道工水都市用水	洪水調節不特定水道	水道		水道	洪水調節不特定水道	洪水調節不特定水道発電	水道	洪水調節不特定水道渇水対策
有効貯水量（1000m³）	2368	24000	2270	1460		4850	4910	5560	4401	39700
型式	重力式粗石コンクリート	重力式コンクリート	重力式コンクリート	重力式コンクリート	中心コア型アース	重力式コンクリート	重力式コンクリート	重力式コンクリート	フィルタイプ	重力式コンクリート
堤高（m）	45.0	79.2	64.0	42.3	25.0	53.8	79.9	63.5	43.0	102.5
堤頂長（m）	160.6	297.9	337.5	1170	85.0	159.0	280.0	220.4	240.0	556.0
備考	八丁川	小石原川	糸島市と共用	穴口川		長谷川	猪野川			

福岡市水道局「福岡市の水道」（令和5年度版）による

ダムの所有管理：福岡市（曲淵・久原・長谷・背振）
福岡県（瑞梅寺・猪野・南畑・五ヶ山）
水資源機構（江川）

た，那珂川の五ヶ山ダムは那珂川市と佐賀県吉野ヶ里町にまたがり，福岡市の利水容量は約1.7倍になった．とくに異常渇水期における緊急水の補給も目的の1つである．

ⓓ海水の淡水化事業

　福岡地区水道企業団は海水淡水化事業にとりくみ，国内最大の施設「海の中道奈多淡水化センター（まみずピア）」では人口5万人分相当，1日当たり50,000㎥（うち福岡市分16,400㎥）を生産している．この水は多々良浄水場に送られて企業団の上水に加えられている．

　また離島の小呂島には浄化施設と海水淡水化施設があり，1日最大給水量約87㎥のうち50㎥を海水から，残り37㎥は雨水の浄化である．なお能古島と玄界島は海底配水管による送水である．

第4章　節水都市福岡を考える

３．筑後大堰と福岡導水

　福岡地区水道企業団および江川ダムからの取水の水源は，いづれも筑後川水系である．以下は水資源機構に属する筑後大堰と福岡導水について，その役割などについて考察してみたい．

(1) 筑後大堰

　水資源開発促進法に基づき，1964年に筑後川水系が水資源開発水系に指定され，江川ダムからの灌漑用水と都市用水を供給する両筑平野用水事業が開始された．その後，1970年に寺内ダムの建設が追加され，両ダムは相互利用による広域的な活用がなされるようになる．

　さらに1974年に水資源開発基本法の一部変更により，筑後大堰建設事業が追加された．1985年に竣工した大堰は久留米市と佐賀県みやき町を結ぶ堤頂長501mの可動堰で，治水機能として制水ゲート３門・調節ゲート２門のほか船通し，魚道を備えた大規模な構造である．

　利水では福岡地区水道企業団（6市7町1企業団，1事務組合，約230万人），福岡県南広域水道企業団（8市3町1企業団，約71万人），佐賀県東部水道企業団（2市4町，約30万人）および鳥栖市水道への給水がある．

　また筑後川下流用水としての農業用水は，福岡県側で7市1町の約15,400haの灌漑には筑後導水路17.7km，その延長部，矢部川左岸導水路11.1kmがある．佐賀県側では4市3町，約19,400haを潤すために佐賀東部

表4-4　筑後大堰からの利水団体

水道水	福岡地区水道企業団　　約230万人 福岡市　大野城市　筑紫野市　太宰府市　古賀市　糸島市　宇美町　志免町　須恵町 粕屋町　篠栗町　新宮町　久山町　春日那珂川水道企業団（春日市　那珂川市） 宗像地区事務組合（宗像市　福津市）
	福岡県南広域水道企業団　　約71万人 久留米市　大川市　筑後市　柳川市　大牟田市　八女市　朝倉市　みやま市　大木町 広川町　筑前町　三井水道企業団（小郡市　大刀洗町　久留米市北野町）
	佐賀東部水道企業団　　約30万人 佐賀市　神埼市　基山町　みやき町　上峰町　吉野ヶ里町
	鳥栖市　約6.7万人
筑後川下流用水	福岡県　　約15,400ha 久留米市　筑後市　大川市　大牟田市　八女市　柳川市　みやま市　大木町
	佐賀県　　約19,400ha 佐賀市　鳥栖市　神埼市　小城市　みやき町　上峰町　吉野ヶ里町

水資源機構筑後川局筑後川下流域総合管理所「筑後大堰」・「筑後川下流用水」より作成

47

第Ⅰ部　自然・環境編

導水路 22.0km と支線の大詫間幹線水路 14.1km が設けられた．これらの水路は有明海沿岸の淡水（アオ）取水に頼っていた地域の塩害防止も目的の一つである．

(2) 福岡導水と上流のダム群

　水資源機構筑後川局による「福岡導水」は久留米市高野の筑後川右岸，筑後大堰湛水区域内を起点として，牛頸浄水場（大野城市）まで，全長24.7km の区間である．起点から 14.5km に佐賀東部水道企業団の基山分水がある。さらに 1 号トンネル（4.3km），山口川サイフォン，2 号トンネル(5.5km)があり，この間の高低差は 84m である．

　この導水は 1976 年に着工し 1983 年に竣工，同年から暫定通水を始めた(基山町については 1986 年)．高野地点での取水量は福岡地区水道企業団（7 月〜 9 月 =2,674㎥/s・10 月〜 6 月 2,609㎥/s)，佐賀東部水道企業団のうち基山町の取水量は 0.093㎥/s である．特筆すべきは 1 号トンネルと 2 号トンネルの中間から揚水して貯水する山口調整池（筑紫野市・天拝湖）がある．これは 1992 年に着工し 1999 年に完成したダムで，堤高 60m，堤頂長 326m，有効貯水量 390 万㎥のロックフィルダムである．このダムの存在により福岡導水の安定供給が可能になった．

　筑後大堰に補給する上流部の水資源機構のダム群は，江川・寺内ダムのほかに合所ダム（うきは市）筑後川の支流大山川水系の大山ダム（日田市），江川ダム上流の小石原川ダム（朝倉市・東峰村）がある．この中で江川・寺内ダムの甘水取水場での取水量は，1,669㎥/s，筑後大堰は 2.674㎥/s である．

　さらに筑後川上流には九州電力による発電専用の夜明ダム（日田市・うきは市，1954 年完成），国土交通省九州整備局が管理する多目的ダム，松原ダム（日田市，1972 年完成），下筌ダム（日田市，1973 年完成）がある．下筌ダムからは熊本県菊池川水系，竜門ダム（斑蛇口湖）への導水も可能である．

4．おわりに

　福岡市は 1978 年の異常渇水にあたり，翌 79 年に「福岡市節水型水利用等に関する措置要綱」を施行，水源の拡大を計る一方で節水型都市づくりをめざし，2000 年には「福岡市給水条例」の制定，2003 年には「福岡市節水推進条例」を施行している．

第4章　節水都市福岡を考える

　節水型都市づくりの要点を整理すると，①配水の調整システムづくりがある．これは水管理センターで市内全域の配水網を監視して，浄水場間の相互融通を図ることである．②雑用水道の活用，③漏水防止，④広報活動にまとめることができる．

　ここで雑用水道については建物内で雑配水を処理し再利用する個別循環型，再生処理施設から供給される広域循環型，また雨水などを利用する非循環型に分けられる．この中で広域循環型の下水処理場は市内に6施設がある．雨水対策としては「雨水整備レインボープラン天神」「雨水整備レインボープラン博多」があるが，前者は60,000㎥（25mプール160杯分）をためることができ，浸水に強いまちづくりに備えている．ちなみにペイペイドームの屋根に降った雨はトイレや植栽に活用されるが，貯水槽には2,900㎥を貯めることができると記されている．

　さて1962年の九州地理学会は新築間もない天神ビルで開催された（63年は新しい大分県庁で開催）．これは従来の高原や海浜などのリゾート地から都市型へ転換の端緒をなす開催であった．天神ビルの斜め前の福岡ビルも，ほぼ同時期の建築である．ところで福岡ビルは「天神ビッグバン」なる都市の再開発で，一帯を含めて解体中である．新しい同ビルは現在の10階から19階へ，地下は3階から4階への構造のようである．九州大学の跡地の箱崎などでも大規模な再開発が考えられる．それは即，水の需要拡大につながるものである．

　いま日本の人口問題が国の大きな課題になっているが，北九州市のような激変は例外にしても，福岡市でも肥大化した都市インフラの維持管理などの課題が生じないとも限らない．筑後川の流量減少による有明海における影響も懸念される．

　いま後世に負担をかけない持続可能な都市づくりが必要ではないだろうか．福岡市の自然的条件からみた立地条件や将来を見通した社会的条件などを研究するのも地理学としてのテーマの一つだと考える．東京や大阪の模倣ではなく，福岡は福岡でありたいものだ．いままでの福岡市の「水」にかんするとりくみを再度確認したいものである．

　※福岡市下水道博物館は，博多区祇園町8番3号「ぽんプラザ」内にある．また曲渕ダム・平尾浄水場跡（現福岡市植物園）は福岡市有形文化財に指定されている．

第Ⅰ部　自然・環境編

参考資料

「水とともに」 2014 年 10 月号・2015 年 5 月号　独立行政法人　水資源機構

「筑後大堰」　水資源機構筑後川局筑後大堰管理所

「福岡導水事業概要」　水資源機構福岡導水事業所

「筑後川下流用水」　水資源機構筑後川局筑後川下流用水管理所

「福岡市の水道」　令和 5 年版　福岡市水道局

「水とわたしたち」　令和 5 年版　福岡市水道局

「わたしたちのくらしと下水道」　令和 4 年版　福岡市下水道局

大崎正治（1986）『水と人間の共生』農山漁村文化協会

第5章

福岡都市圏における海岸マツ林の変化と人間との関わり

近　藤　祐　磨

1．はじめに

　福岡都市圏の地図や航空写真を眺めていて，埋立地以外では滑らかな曲線の海岸線が連なっていることに目を奪われた経験はないだろうか．インターネット上で閲覧できる国土地理院の「地理院地図」や Google 社が提供する「Google Maps」などの航空写真で，その海岸部を拡大すると，海と住宅地・農地との間に，緑色の帯が広がっていることがわかる．これが海岸マツ林（松原）である．海岸マツ林は博多湾や玄界灘沿岸に連なっており，福岡市内であっても，東区や西区で確認できる．これほどまでに都市住民の生活に近いところに海岸マツ林が多く分布する地域は珍しく，福岡都市圏を特徴づける自然景観の一つといえる．

　そこで本章では，福岡都市圏の海岸マツ林について，全国的な動向をふまえつつその機能や変遷を概観するとともに，人間との関わりという観点から，近年の保全活動や利活用の実態を述べる．

2．全国における海岸マツ林の成立と変化

(1) 成立と変遷

　まず，日本，とりわけ本州・四国・九州における海岸マツ林の一般的な成り立ちを整理しておく．海岸マツ林は，海からの塩分を含んだ風や砂，潮から田畑や集落を守るために，主に近世以降，藩や有力農民によって海岸砂丘上に大規模に造成されたものであり，砂丘を固定するものである．国内でもっとも古い造成の記録は，静岡県沼津市にある千本松原で，天正年代（1573～1592年）にまで遡る．ただし，近世以前にも，人々は自然植生として海岸部に存在したマツを，防風・防砂・防潮林として伐採を禁じながら各地で活用してきた（坂本 2013: 24）．

51

第Ⅰ部　自然・環境編

　一方で，海岸マツ林の役割は防災に限らない．海岸マツ林は，周辺住民にとって，落葉落枝や松かさ（球果）を採取することで，調理や風呂の焚き付けなどに使う生活燃料を獲得できる場でもあった．いわば，人間の生活と深く結びつき，「里山」のように慣習的に利用されていた．こうした慣習はおおむね1950年代まで続いた．無秩序で収奪的な過剰利用がされた場合には，海岸部の防災機能を果たすことを目的に，藩や行政といった管理者が周辺住民による利用を厳しく規制することもあった．

　しかし，高度経済成長期に石油燃料が広く普及（いわゆる「燃料革命」）し，燃料資源採取の必要がなくなると，周辺住民は海岸マツ林にほとんど立ち入らなくなった．落葉落枝が林床に放置されることで，海岸マツ林には植生遷移とマツ枯れの拡大という大きな2つの変化が顕在化した．すなわち，高度経済成長期以前には海岸マツ林の過剰利用が懸念されていた状況が一転し，過少利用による弊害がみられるようになったといえる．

(2)　マツ林をめぐる大きな2つの変化

　前者の植生遷移とは，林床土壌が富栄養化し，下草や広葉樹が侵入することである．マツは貧栄養土壌で優位に生存できる陽樹であるが，陰樹の広葉樹の生長によって日光が当たらなくなると，広葉樹に駆逐される（岡田2020: 29-33）．すなわち，海岸マツ林の植生は近世に人間によって造成され，人為的介入（攪乱）が継続されてきたこそ維持された代償植生であるため，人為的介入が減少・停止すると，植生が移り変わるのである．この状態を解消するには，それ以前のように林床土壌を貧栄養の状態で維持する必要があり，その内容については（3）で詳述する．

　後者のマツ枯れは，特に激害型の「マツ材線虫病」をさす．これは，外来種のマツノザイセンチュウ（病原体）が，在来種の昆虫であるマツノマダラカミキリ（媒介昆虫）を媒介してマツに侵入・増殖してマツを枯損させる感染症である．日本のマツには病原体に対する抵抗性が乏しいため，感染力が強いうえに感染すると枯死に至る確率も高く，林政において深刻な感染症と位置づけられている．

　この予防には媒介昆虫を駆除するための薬剤散布や，病原体の増殖を防ぐ薬剤の樹幹注入が行われ，枯れてしまった場合には，さらなる感染拡大を防ぐため，被害木を切り倒して薬剤の燻蒸などによる処理（伐倒駆除）が行われている（中村・大塚 2019）．これらは高い技術や知識，費用を要するため，

多くの場合行政機関によって担われている．マツ枯れ自体は20世紀初頭に日本に流入したが，植生遷移が進行すると防除の不徹底からマツ枯れの被害が拡大しやすくなり，日本では1970年代に最大の被害が発生した．

(3) 住民・市民による関心や関与の高まりと保全活動

　以上のように，植生遷移やマツ枯れはマツ林としての存立を揺るがす現象であるが，同時に，それらがきっかけで，多くの住民・市民が海岸マツ林に関心を向け，その機能や意義を再評価し，保全や利活用の動きを活性化させることも事実である．その要因として，2種類の大きな景観の変化が挙げられる．1つが，植生遷移やマツ枯れそれ自体による生態的な景観の変化である．とりわけ，マツ枯れについては葉が赤褐色に変色し，行政により伐倒駆除されることで，それまでさして海岸マツ林に意識を向けずに生活していた人からも，驚きをもって受け止められる．もう1つが，家電や廃タイヤなどの不法投棄や，青少年の非行，自殺者の発生という社会的な景観の変化である．これらは特に住宅地に近い海岸マツ林において，植生遷移に付随して起きやすくなる．こうした現象は地域住民から「治安の悪化」とみなされ，生活上の安全・安心を損ないかねないものと懸念される．

　そこで，主に1990年代以降，この植生遷移を憂慮した周辺住民や一般市民（以下，住民・市民）による保全活動が各地でみられるようになった．これは，一般に地域環境への関心の高まりから里山保全活動が全国的に増えた時期とおおむね重なる．海岸マツ林の多くは保安林に指定されているため，行政が海岸マツ林の重要な管理を担うものの，行政による施業は予算の都合上最小限にとどまるため，それ以上の管理を望む住民・市民が自主的に施業に関与しているといえる．

　保全活動の内容は，マツ苗の植栽，下層管理（松葉かきやゴミ拾いなど）と樹木管理（下刈り・つる切り・枝打ち・除伐・本数調整伐）が挙げられる[1]．どれが選ばれるかは，マツ林の状態や保全計画の目標，参加者に適した作業の難易度によって変わる（岡田 2020: 50-54）．具体的には，大きなマツ枯れを経験したマツ林では，被害地を地拵え（整地）したうえで，2～3

1）これら以外にも，マツ枯れ対策の効果を上げる活動として，行政によって処理しきれずに林内に残された被害木の枝を集めることが挙げられる．というのも，直径1.5～2cm以上の被害木の枝は，媒介昆虫がその中で越冬し羽化することが可能であり，新たな感染拡大の温床となるためである．

第Ⅰ部　自然・環境編

月頃にマツ苗を植栽し，生育を促すために下刈りをすることが主な内容となる．植栽は，地域の子どもも参加して「植樹祭」という形で行われることも多い．植栽が一通り終わったマツ林や，マツ枯れ被害が低水準で推移しているマツ林では，下刈りや松葉かきが作業の中心となる．保全活動の目標はさまざまだが，下層管理や樹木管理で林床土壌を貧栄養状態に保つことで，マツ単純林を復活・維持させることがよくみられる．マツ単純林の景観は，1950年代までは採取活動の単なる結果にすぎなかったが，近年には，植生遷移の現状を打開しようとした住民・市民にとっての目標になっていることは注目に値する．

（4）再評価による利活用の模索

　近年再評価される海岸マツ林の機能は，防災だけではない．すなわち，日常的な生活燃料としての価値は失われたものの，現代に即した新たな形の資源供給の機能や，景観向上やレクリエーションといった保健休養の機能，さらには幅広く教育の題材やフィールドとしての機能が見出された（岡田2020: 20-25）．とりわけ都市圏の海岸マツ林は，都市住民にとって数少ない身近な「自然」の一つであるため，そこでの自然体験の需要は一定程度あると考えられる．このように，海岸マツ林の多面的な機能に着目して，その利活用を模索する動きが活発になっている．

　この海岸マツ林の利活用の背景には，保全活動を継続する動機づけとも大きく関わる．すなわち，マツの植栽が一通り終わったところでは，注目度も高くレクリエーション性の高い植栽と比較すると「地味」な保全活動が長く続くため，住民・市民の意欲が減退されかねないという課題をはらんでいる．そのうえ，保全活動の担い手の高齢化や後継者不足という課題もある．海岸マツ林は，前述のとおり継続的な人為的介入が存在してこそ維持されるため，日常的な資源としての利用価値がない以上，こうした保全活動には終わりがない．こういった課題を打破する突破口が利活用の模索であり，所有・管理者や多くの制度との調整を図りつつ，住民・市民や行政，企業によってさまざまな利活用策が考案・実践されている．

　海岸マツ林の利活用は今に始まったことではない．（1）で述べたように，海岸マツ林から採取される落葉落枝は，近世から高度経済成長期に至るまで，管理者の意図に反して，周辺住民によって生活燃料に利用されてきた．近年の海岸マツ林の利活用への注目は，保全への意識の高まりに付随して，現代

第5章　福岡都市圏における海岸マツ林の変化と人間との関わり

的な形で復活したと位置づけられる.

3．福岡都市圏における海岸マツ林の成立と変化

　次に，福岡都市圏における海岸マツ林は，どのような変化をたどってきたのか，より長期の時間軸で，具体的に整理する．その際に参考となるのが，福岡市博物館による時代区分である．同館は，2001年に企画展「博多湾の松原展」を開催し，博多湾沿いの海岸マツ林について，古代から現代にかけて，神木であった松原（古代〜中世），植林された松原（近世），切り倒された松原（近代〜現代）という3つの時代区分を示した（福岡市博物館2024）．そこで本章では，この時代区分を援用しつつ近年の動向も反映して，(1) 神木・伝承としての海岸マツ林（古代〜中世），(2) 植栽・管理され始める海岸マツ林（近世），(3) 危機に晒される海岸マツ林（近代〜現代），(4) 再評価され保全・利活用される海岸マツ林（現代）に分けて述べる．また，貝原益軒が編集した『筑前国続風土記』（1709年；引用元は貝原（1988））による記述も参照する.

(1) 神木・伝承としての海岸マツ林（古代〜中世）

　神木としての海岸マツ林には，現存しないものの，箱崎松原やそれを含む千代松原（現・福岡市東区）が該当する．箱崎松原のマツは，923（延長元）年とされる筥崎宮（図5-1）の遷座以来，筥崎宮の聖なる神木とされた．応神天皇の胞衣（胎児を包む膜と胎盤）を入れた筥を埋め，しるしのマツを植えたという「筥松」がその象徴で，「筥松」は地名にも残っている（福岡市博物館 2024）．そのため，この海岸マツ林には長年伐採の禁制が敷かれており，破った者には六親，つまり父母きょうだい妻子に重罪が科されるほど，厳重に保護されてきた.

> むかしより名高き松原にて，筥崎宮の神木と号し，人皆貴重せり．されは此松を切採事，代々禁而せらる．門松或は祇園会の作物等にも，堅く是を切事を制し，其法をおかすものは，罪科六親に懸らるへしとの，古き文書有．（貝原 1988: 388）

　また，箱崎松原のマツは，神や天皇に対する敬意をこめて，多く詩歌に詠まれてきた.

55

第Ⅰ部　自然・環境編

図 5-1　福岡都市圏の主な海岸マツ林の分布

北九州都市圏である遠賀郡もこの図に含めた．図中の小さな字は本文中に出てくる地名．

(筆者作成)

> 幾代にかかたり伝へん箱崎の　松の千とせのひとつならねは
> 　　　　　　　　　　　　　　　　　　　　　　（拾遺六・源重之）
> 箱崎や千代の松原石たゝみ　くつれん世まて君はましませ（夫木・菅家）
> 一木にはいかにさためし箱崎の　松はいつれも神のしるしを（宗祇）
> よとゝもに神やおさめし箱崎の　しるし久しき箱崎の松（大法印祐信）
> 　　　　　　　　　　　　　　　　　　　　　（貝原 1988: 388-390）

　一方，玄界灘沿岸の他の海岸マツ林にも，およそ1600年前に神功皇后が「三韓侵略」に向かう際にまつわる伝承が各地に残っている．たとえば，生の松原（現在の福岡市西区；図5-1）も，神功皇后がマツを植えてできたという伝承がある（貝原 1988: 452）．生の松原は，「生き」と「行き」を掛詞として，九州に下向する送別の和歌によく詠まれる歌枕となった．

56

第 5 章　福岡都市圏における海岸マツ林の変化と人間との関わり

(2) 植栽・管理され始める海岸マツ林（近世）

　江戸時代に入ると，全国的な動向と同じように，福岡藩（黒田家）の命により，各地で組織的な植林事業が行われた．黒田家の公式の歴史書で，貝原益軒が編集した『黒田家譜』によると，1610（慶長 15）年，家臣である竹森清左衛門の指示のもと，生の松原でマツがないところに植栽が実施されたほか，箱崎松原の東側で新たに地蔵松原の造成が始まった．さらに 1619（元和 4）年には，現在の早良区藤崎付近で，百道（紅葉）松原の造成が始まった．

> 早良郡生松原の東方松なき所あり．今年竹森清左衛門に命じて植させらる．今年うゑ残したる空地にハ，来春姫浜の百姓に植させ候へと命じ給ふ．又箱崎の東にひろき沙原の空地あり．今年博多の町中におほせて，松をたて植させらる．竹森清左衛門是を奉行す．年をへて後ろしげりさかへて広き松原となる其地に地蔵堂あり．依て地蔵松原と称す．（川添・福岡古文書を読む会 1983: 474）

> 福岡の城下荒戸の西の街はつれより，早良川の遠干潟までの間，広き砂原あり．長政是無用の地なれは，松を植て松原とすへしとて，正月二十五日，家臣菅和泉・宮崎織部・小堀久座衛門に命して，其事をつかさどらしめ，福岡・博多・姫浜の町人におほせて，家一軒より高さ四五尺許なる小松一本充植させられける．年を逐て漸長じければ，十年の後ハ広き松林と成て，幾万株といふ事をしらず．其西を昔より百道原と云．あるひは紅葉原とも称す．よつて紅葉松原と云．（川添・福岡古文書を読む会 1983: 497）

　これら以外にも，17 世紀から 18 世紀にかけて各地で海岸マツ林の造成が相次いだ．しかし，生活燃料のために過剰採取する周辺住民と，マツ林を維持しようとする藩の攻防が繰り返された．そのため，藩は 1738（元文 3）年，家老・吉田六郎太夫の名で海岸マツ林の伐採を禁止する定を，遠賀郡，宗像郡，裏糟屋郡，志摩郡[2]の各村に対して交付した．そこでは，「百姓として伐荒は重科為すべく候事」と伐採を固く禁じた（農林省 1930: 22）．

2）裏糟屋郡は，現在の古賀市，新宮町，福岡市東区に相当するほか，志摩郡は，現在の糸島市の一部に相当する．

> 　　　　　　　　　　定
> 浜付砂吹上年々田畠荒候，惣而地所之損亡ハ重キ事ニ候故，砂除之タメ
> 当元文三年ヨリ浜辺松植立被‗仰付‗候条，常ニ手入等仕，下草迄伐取申
> 間敷候，後年ニ至何分之御用ニ而茂浜辺砂除之松諸木ハ伐不‗申御儀定
> ハ，後年ニ至当時之詮議ニ而役人伐候共此書付ヲ指出相断可‗申候，
> 右之通リニ候条百姓トシテ伐荒ハ可‗為‗重科‗候事，
> 元文三年四月　吉田六郎太夫　　　（農林省 1930: 22）

(3) 危機に晒される海岸マツ林（近代〜現代）

　福岡藩が担っていた海岸マツ林の管理は，国や地方自治体といった行政機関に引き継がれたが，都市化・宅地化にともない，中心部に近い海岸マツ林は消滅していった．たとえば，戦前の福岡県の報告書では，箱崎松原を含む千代松原と百道松原について，「福岡市街区に近接するところとなり，ためにその容姿を著しく損傷し，昔の名実ともに失われんとしている」と指摘された（木村 1935: 11）．実際，それらのマツ林は消滅し，交差点やバス停，公園などの名前や，点在するマツの木にその名残を残すのみとなっている．

　一方，その周辺部では，消滅こそしなかったものの，規模が縮小した海岸マツ林が多い．とりわけ福津市から福岡市東区にかけてでは，主に戦後から1980年代にかけて，最も海沿い（最前縁）を除き，住宅地や工場などに次々と転用された．加えて，転用されなかったマツ林でも，前述した植生遷移や

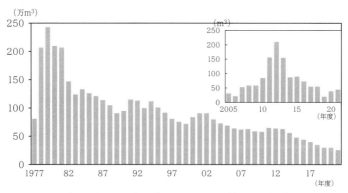

図 5-2　全国と福岡県（右上）におけるマツ枯れ被害材積の推移

（林野庁および福岡県森林審議会の資料より作成）

第5章　福岡都市圏における海岸マツ林の変化と人間との関わり

写真 5-1　甚大なマツ枯れ被害を受けた林
点在するマツの木だけがマツ枯れの被害を免れた．
(2013年7月，福岡県糸島市の幣の浜，筆者撮影)

マツ枯れにも見舞われた．

　とくにマツ枯れは深刻である．全国的にみると，マツ枯れのメカニズムが解明され，防除法が確立した1970年代をピークに，マツ枯れ被害量は減少の一途をたどっている．しかしながら福岡県内に限ると，2010年代前半に局所的に甚大なマツ枯れ被害が各地で拡大し，全県的な課題になった（図5-2）．たとえば，糸島市の幣の浜では，2012年秋，ところにより枯損率が9割を超すなど，被害は壊滅的であった（玉泉・田中 2019）（写真 5-1）．

(4) 再評価され保全・利活用される海岸マツ林（現代）

　福岡都市圏における住民・市民による海岸マツ林の再評価と保全・利活用の動きも，全国的な動向と類似する．複数の例外はあるものの，主に1990年代以降に海岸マツ林保全に取り組む住民・市民団体が増えた．その組織形態のあり方も，自治体に事務局を置く協議会や，NPO法人などの法人，あるいは地域コミュニティ活動の拠点となる地域運営組織やその下部組織，または任意団体に至るまで多様である（表 5-1）．また，2000年代半ばから後半にかけても，主に植生遷移およびそれに伴う社会的な景観の変化を動機として活動を始める団体が相次いだ（近藤 2017, 2021）．たとえば，筆者が現

59

第Ⅰ部　自然・環境編

表 5-1　福岡都市圏における主な海岸マツ林の保全活動団体

団体の所在地 （マツ林名）	団体名【設立年または活動開始年】	団体の所在地 （マツ林名）	団体名【設立年または活動開始年】
遠賀郡垣根町 （三里松原）	◆三里松原防風保安林保全対策協議会 　　　　　　　　　　　　　　【1992年】 ▽三里松原を愛し守る会　　　【2013年】	糟屋郡新宮町 （楯の松原）	▽筑前新宮に白砂青松を取り戻す会【1998年】
宗像市 （さつき松原）	◆さつき松原管理運営協議会　　【2009年】 ◇玄海さつき松原保存会　　　【1995年】	福岡市東区	▽三苫松林再生会　　　　　　　【1997年】
			▽奈多植林会　　　　　　　　　【1999年】
			海の中道海浜公園　海の中道管理センター
福津市	□勝浦地域郷づくり推進協議会【2007年】	福岡市中央区	▽はかた夢松原の会　　　　　　【1987年】
	□津屋崎地域郷づくり推進協議会【2007年】	福岡市西区 （生の松原）	▽生の松原を守る会【1984年】→事実上消滅→
	□宮司地区郷づくり推進協議会【2007年】		▽白砂青松　美の松露【2010年】
	▽福間海岸のみどりをふやす運動の会		□SSJ生の松原緑地保全会議【2013年】→休止
	【1965年頃】→断絶→	福岡市西区	▽今津松原を守る会【2004年】→解散→
	福間地域郷づくり推進協議会　【2007年】		□今津元寇防塁・松原愛護会【2016年】
古賀市 （花見松原）	□花見校区コミュニティ運営協議会【2004年】	糸島市	▽地域ネットワーク里浜つなぎ隊　【2013年】
	▽中川区防風林を守る会→改称→		**□深江の自然と環境を守る会**　【2011年】
	古賀海岸防風林守る会【2005年】		
	▽西っ子憩いの松原【2005年】		

◆…自治体に事務局を置く協議会，◇…法人（NPO法人など）□…地域運営組織またはその下部組織　▽…任意団体　**太字**…本文中で言及する団体

（聞き取り調査などにより筆者作成）

地調査で出会った，福津市で保全活動に取り組む住民は，植生遷移が進行し，不法投棄や青少年の非行，自殺者の発生が相次いでいた林を，保安林になぞらえて「不安林」と表現した．活動の動機がよくわかる表現であろう．

　保全活動は，そうした状態の解消をめざしつつ，マツ枯れ被害からの再生を図るものでもあった．福岡都市圏の場合，2010年代前半の大きなマツ枯れの後，2010年代半ばから後半にかけて，被害地におけるマツの植栽がさかんに行われた．一方で，2020年代に入ると，被害本数の減少に応じて植栽本数も落ち着きをみせ，地区によっては植栽を全く実施しない年があることも珍しくない．

4．福岡都市圏における海岸マツ林の利活用

　最後に，福岡都市圏で行われている海岸マツ林の利活用例を簡単に挙げておく．利活用は，（1）保全活動で発生する落葉落枝や松かさなどの副産物を活かすタイプと，（2）マツ林そのものを利活用のフィールドとするタイプとがあり，その両者が両立する場合もある．

（1）保全活動で発生する副産物を活かすタイプ

　まず前者の例として，副産物を堆肥や炭，燃料，あるいは加工して食品や洗剤などの商品に再資源化したり，アート作品の材料にしたりすることが挙

げられる．保全活動で発生する副産物は，通常では廃棄物として焼却処分されるため，廃棄物を減らし，かつての実用性を少しでも取り戻そうとするものである．たとえば堆肥の場合，NPO法人循環生活研究所（福岡市東区）が大きな役割を担っている．生ごみから堆肥を作り，普及啓発に取り組んできた同法人は，松葉の堆肥化を2014年に開始し，2015年から3年間，福岡市森林・林政課と共同で事業を展開し，市内の団体や小中学校に対して，普及のためのワークショップや講話を行った（たいら2017）．その後も，福津市，糸島市，遠賀郡岡垣町など各地の保全活動団体にノウハウを提供している．このうち，糸島市の「深江の自然と環境を守る会」[3]は，ノウハウの提供を受けて，食品企業に勤務経験のある役員（2代目委員長）を中心とするメンバー2，3人を中心に，2017年に堆肥作りを始めた．松葉をコンポストに入れてからの主な作業は，毎月1回の天地返しと毎週1回の水分管理（水入れ）で，温度と湿度に留意が必要だという．当初の$1m^3$から$4m^3$（2021年）へと松葉の量を徐々に増やし，完成した堆肥は地域の小学校に譲渡され，学校の花壇や菜園で使われているほか，余剰分がメンバーの自宅の菜園にも使われている（2021年12月の聞き取り）．

(2) マツ林を利活用のフィールドとするタイプ

次に後者の例として，ウォーキングや散歩，自然観察，教育活動，アート，スポーツやその他遊びが挙げられる．その場合の主体は，個人から住民・市民団体，そして自治体や学校など，幅広い．とりわけ，ウォーキングや散歩は，林内にある管理用の作業路を遊歩道として兼用することで容易に実施でき，健康増進として自治体がウォーキングイベントを企画・開催することもある．たとえば，福間地域郷づくり推進協議会（福津市）は，市と中学校との連携により，中学生の発案から，海岸マツ林内をコースに含むウォーキングイベント「海岸松林ウォーク」を2015年以降，コロナ禍での中断を除いてほぼ毎年実施している（近藤2017: 292; 朝波ほか2020: 57-59）．

以上のような利活用法は，現場レベルで考案されるのみならず，前述した堆肥作りを行うNPO法人のように，専門性をもつ組織によって考案・普及されることもある．さらに近年は，個々の利活用法ではなく，あらゆる利活用法を包括的に紹介し，普及させようとする専門的な組織も現れている．そ

3）同団体に関する基本情報は，近藤（2015）に詳しい．

第Ⅰ部　自然・環境編

写真5-2　玄界灘松原MEETINGにおけるさまざまなレクリエーションの紹介
（2022年11月，福岡市東区の海の中道海浜公園，筆者撮影）

の例が，国営海の中道海浜公園（福岡市東区）である．

同園（指定管理者：公園財団）は，敷地内にあるマツ林を来園者に向けた新たなレクリエーション空間にすることを模索している．2020年にはクロマツを中心とする新たな「森の池」エリアを開園するとともに，他のエリアのマツ林とともに市民ボランティアによる保全活動を推進している．2022年秋には2日間にわたるイベント「玄界灘松原MEETING 2022 〜松原を楽しむ，松原を語る〜」を開催した．ここでは，子どもの遊びも含めたさまざまな利活用法に関する体験や講話，そして意見交換の交流が行われた[4]（写真5-2）．同園では，レクリエーションを本業とする強みを活かして，今後も海岸マツ林を保全しながら，多くの人々が楽しむことができるような利活用を提唱・実践していくという．

5．おわりに

福岡都市圏の海岸マツ林は，近代以降，植生遷移やマツ枯れといった全国的な課題に加え，都市化による減少にも直面した．同時に，都市圏にあるがゆえに，都市生活に快適性や充実感をもたらすようなレクリエーションを含

4）筆者は，同イベントの企画に1年半にわたり携わり，運営の補助も行った．

む保健休養の機能に対するニーズが潜在的に高い．加えて，都市にはこうした機能に対応する多様な専門知識・技能をもつ人々が集まっている．そのため，海岸マツ林の歴史と本来の防災機能がより多くの人々に認知され，海岸マツ林が都市圏における身近な自然として，いっそう人々に親しまれながら保全および利活用されていくことが望まれる．

付記

本章に関する調査に際しては，日本学術振興会科学研究費補助金 21J00053 の助成を受けるとともに，国営 海の中道海浜公園 海の中道管理センターの協力を得た．

文献

朝波史香・伊東啓太郎・鎌田磨人（2020）: 福岡県福津市の地域自治政策と海岸マツ林の自治管理活動の相互補完性．『景観生態学』25（1）: 53-68.

岡田　穣（2020）:『海岸林維持管理システムの構築—持続可能な社会資本としてのアプローチ』白桃書房.

貝原益軒編・伊東尾四郎校閲（1988）:『筑前國續風土記』文献出版.

川添昭二・福岡古文書を読む会（1983）:『黒田家譜（第一巻）』文献出版.

木村尚文（1935）: 筑前岡松原．福岡県編『史蹟天然紀念物調査報告書第 10 輯　名勝之部』11-18. 福岡県.

玉泉幸一郎・田中一二三（2019）: 福岡市近郊におけるマツ林管理の事例．『樹木医学研究』23（1）: 36-39.

近藤祐磨（2015）: 福岡県糸島市における海岸林保全活動の展開．『地理学評論』88（4）: 386-399.

近藤祐磨（2017）: 海岸林における保全活動と土地所有形態—福岡県福津市を例に．『人文地理』69（3）: 279-302.

近藤祐磨（2021）: 福岡県における海岸林保全活動のネットワーク形成と空間スケール戦略．『地理学評論』94（5）: 291-312.

坂本知己（2013）: わが国の海岸林が果たしてきた役割．佐々木 寧・田中規夫・坂本知己『津波と海岸林—バイオシールドの減災効果』24-29. 共立出版.

たいら由以子（2017）: 暮らしと松林をつなげる松葉堆肥のすすめ．『グリーンエージ』523: 23-25.

中川重年（2001）: 里山保全の全国的パートナーシップ．武内和彦・鷲谷いづ

み・恒川篤史編『里山の環境学』124-135. 東京大学出版会.

中村克典・大塚生美編著（2019）:『森林保護と林業のビジネス化—マツ枯れが地域をつなぐ』日本林業調査会.

農林省編（1930）:『日本林制史資料：福岡藩・厳原藩篇』朝陽会.

福岡市博物館（2024）: アーカイブズ 博多湾の松原展.
http://museum.city.fukuoka.jp/archives/leaflet/189/index.html（最終閲覧日：2024 年 4 月 2 日）

第Ⅱ部　都市・経済編

第6章

福岡市の成長要因としての後背地「九州」

田 代 雅 彦

1．はじめに

　広域中心都市である札幌市，仙台市，広島市，福岡市は，かつては「札仙広福」として一括して同レベルで取り扱われることが多かった．しかし，次第に4都市の間に格差が生じ，近年ではとりわけ福岡市の突出ぶりがクローズアップされている（阿部 2015，日野 2018，森川 2020）．福岡市の成長要因として，阿部（2015）は本社の立地増加，日野（2018）はアジアの交流拠点都市形成を挙げている．また，小栁（2018）は労働集約的な業務の雇用増加と生活の質の高さを挙げ，MICE による集客機能が新たな牽引役となる可能性を指摘している．

　このように，既往の研究では，福岡市の成長要因として福岡市の高次都市機能の集積に着目した研究が多かった．しかし，福岡市の成長要因は福岡市だけにあるのではなく，後背地である九州の規模と密度も要因の1つであると考える．

　本稿では，広域中心都市の後背地としての「九州」に着目する．まず JTB 時刻表や九州運輸局「九州の高速バス」の分析から，福岡市が九州における広域交通の一大結節点に成長したことを明らかにする．次に総務省「住民基本台帳移動報告年報」を用いて，地方ブロック各県から広域中心都市への人口移動を分析し，後背地の規模と変化に関する都市間比較を通じて福岡市の成長の実態を明らかにする．

2．広域交通結節点としての福岡市

(1) 博多駅（鉄道）

　博多駅は1日に約40万人が利用する一大交通結節点であり，福岡市の成長に多大な影響を与えている．博多駅がこのように福岡市の大規模鉄道ター

ミナルに成長した要因として，1975 年の山陽新幹線の博多開業と，九州旅客鉄道（株）（JR 九州）の誕生がある．

　高速道路がほとんどなく，マイカーも普及しておらず，航空機利用が相対的に高価だった 1970 年代まで，日本人の国内長距離移動の最も一般的な交通手段は鉄道（国鉄）であった．日本では明治時代に鉄道が整備されはじめて以来，東海道本線（東京～神戸）が最重要幹線で，山陽本線（神戸～門司）が東海道に次ぐ重要幹線であった[1]．

　そして九州では，その咽喉を扼する門司に鉄道管理局が置かれ，東海道・山陽本線に直結する門司を扇の要として，熊本や鹿児島，長崎や佐世保，大分や宮崎など九州全体に人や貨物を輸送することに主眼が置かれていた．東海道新幹線が開通した 1964 年 10 月時点で，博多～熊本間の下り優等列車17 本のうち，博多始発の列車は準急 5 本しかなかった（表 6-1）．つまり，

表 6-1　1964 年 10 月時点の博多～熊本間下りの優等列車

No.	博多発	種別	列車名	始発駅	終着駅
1	2：52	急行	しろやま	新大阪	西鹿児島
2	6：57	急行	霧島	東京	鹿児島
3	7：25	準急	第 2 火の山	門司港	別府
4	7：53	急行	ひのくに	新大阪	熊本
5	8：36	準急	第 1 かいもん	博多	山川
6	8：54	準急	第 1 えびの	博多	宮崎・西鹿児島
7	10：37	急行	阿蘇	名古屋	熊本
8	11：19	特急	みずほ	東京	熊本
9	11：55	特急	はやぶさ	東京	西鹿児島
10	12：13	準急	ひまわり	大分	別府
11	13：00	準急	第 2 えびの	博多	宮崎
12	14：27	準急	くまがわ	門司港	人吉
13	15：00	準急	第 2 かいもん	博多	西鹿児島
14	16：15	急行	フェニックス	宮崎	西鹿児島
15	19：44	特急	みどり	新大阪	熊本
16	19：57	準急	有明	博多	熊本
17	23：01	急行	さつま	名古屋	鹿児島

注：臨時列車を除く
資料：弘済出版社『大時刻表』（1964 年 10 月号）

1）かつての全国時刻表は，最初に東海道・山陽の両本線を通しで，東京～門司の下り，上りが記載されていた．

第Ⅱ部　都市・経済編

博多駅は主要駅ではあったものの，九州全体から見れば鹿児島本線上の通過ポイントの一つに過ぎなかった．

しかし，1975 年 3 月に山陽新幹線が岡山から博多まで延伸，開業したことで，この流れが大きく変わった．東京〜博多は新幹線で約 7 時間もかかったが，航空機の利用が一般的でなかった時代[2]，東京〜博多がブルートレインで約 16 時間かかることを知っている庶民にとっては十分な時間短縮だった．山陽新幹線開業を機に，博多駅は東海道・山陽新幹線から熊本・鹿児島，長崎・佐世保方面への在来線への乗換駅になった[3]．博多駅はその後，2011 年の九州新幹線の全線開業まで 36 年もの間，新幹線の起終点，乗換駅であり続け，九州の鉄道ターミナルとしての地位を高めていった．

博多駅のターミナル化のもう一つの転機は，1987 年 4 月の国鉄分割民営化による JR 九州の発足である．九州の鉄道の中枢が門司（北九州市）から博多（福岡市）に移ることとなった．JR 九州は，大都市圏と九州との長距離

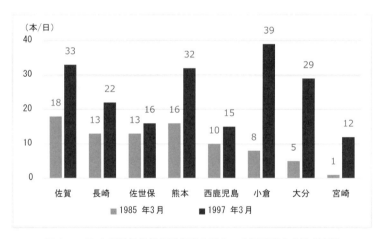

図 6-1　JR 九州発足前後の博多発の特急・急行列車の本数の変化

注 1：新幹線や長距離夜行列車は含まず．鹿児島本線，日豊本線，長崎本線，佐世保線
　　　経由．臨時列車を除く特急・急行の定期列車
注 2：1985 年は熊本・西鹿児島行の 2 本が門司港始発．小倉行の 1 本が西鹿児島始発．
　　　1997 年は，熊本・西鹿児島行の 1 本が門司港始発．残りはすべて博多始発
資料：JTB『時刻表』（1985 年 3 月号，1997 年 3 月号）

2）日本交通公社『時刻表』1975 年 10 月号によると，新幹線ひかりの東京〜博多の片道運賃 8,710
　　円に対し，航空機の羽田〜福岡の片道正規運賃は 19,500 円と 2 倍以上も高価だった．
3）大分・宮崎方面とは小倉駅で乗り換え．

輸送では，鉄道が航空機より価格的・時間的優位性がなくなったこと，自身が九州島内を営業エリアとしていることから，九州内の都市間輸送に注力するようになった．そして，JR九州の発足前後で，従来の東海道・山陽から九州各地へという流れから，福岡市の博多駅を拠点に九州各都市を結ぶ流れへとダイヤを大きく組み替えた（図6-1）．新型車両や都市間の「2枚きっぷ」「4枚きっぷ」という割引率の高い切符を導入したことも福岡市の拠点化に大きな影響を与えた．

　九州新幹線は2004年に新八代〜鹿児島中央間が先行して部分開業し，2011年3月には博多から鹿児島中央まで全線開業して，山陽新幹線との相互乗入が実現した．もしもJR九州が「九州」ではなく，NEXCO西日本やNTT西日本のように大阪が本社で西日本全体を管轄するような企業だったら，九州内で博多駅を中心としたダイヤやサービスが組まれなかったかもしれない．JR九州が，福岡市と後背地である九州各地との関係強化に貢献したのである．

(2) 西鉄天神高速バスターミナル（高速道路）

　高速道路の整備と高速バスの発展も福岡市の成長に大きく寄与した．成長要因として，1990年代半ばの「九州クロスハイウェイ」の形成と，西日本鉄道（株）（西鉄）の存在がある．

　九州の高速道路は1971年に熊本IC〜植木IC間で開通以来，各地で断片的に整備が進められてきたが，1990年に長崎自動車道（鳥栖市〜長崎市）が，1995年に九州自動車道（北九州市〜熊本市〜宮崎市・鹿児島市）が，そして1996年に大分自動車道（鳥栖市〜大分市）が相次いで全線開通して「九州クロスハイウェイ」が完成した（図6-2）．これにより鳥栖JCTを中心として九州の南北，東西を結ぶ高速道路がつながり，九州7県の県庁所在地が全て高速道路で結ばれることとなった．九州クロスハイウェイの完成は，心理的に九州が一つとなり，九州が一体的なマーケットとして機能するための象徴的な出来事であり，福岡市にとっては九州各地からの集客が容易になり，都市の発展を勢いづけることとなった．さらに1999〜2002年には福岡市都市高速道路と九州自動車道とが直結した．

　高速道路の整備は，都市間をダイレクトに結ぶ高速バスの発達を促した．人口30〜100万人規模の都市が全域に分散している九州は，高速バスのネットワークが全国で最も充実した地方だと言われている．高速バスは福岡市を中心にネットワークされ，JR特急と比較した経済性，天神という福岡都心へ

第Ⅱ部　都市・経済編

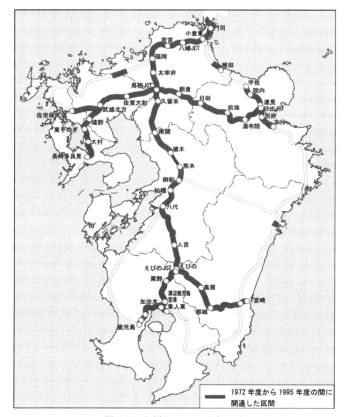

図 6-2　九州クロスハイウェイ

注：1995 年度末の九州の高速道路網
資料：九州地方整備局提供

の直達性，鉄道とは異なる路線網の多様性から若者を中心に利用者が増えていった．

　九州の高速バスの充実には，福岡市に本社を置く西鉄の存在が大きい．西鉄はグループとしてのバス保有台数が日本一の企業である[4]．国内の他の大

4）国土交通省ホームページ（2014）によると，全国の乗合バス事業者における 2014.3.31 現在の総車両数をみると，西鉄は 1,928 台で，神奈川中央交通の 1,964 台に次いで全国 2 位であるが，西鉄バス北九州の 555 台をはじめ，久留米 31 台，大牟田 42 台，筑豊 99 台，宗像 49 台，二日市 60 台，佐賀 28 台，西鉄高速バス 45 台などの子会社を含めると，西鉄グループ全体では圧倒的な規模で日本一である．

第6章　福岡市の成長要因としての後背地「九州」

都市では，複数のバス会社が存在して競合しているのが一般的だが，福岡では福岡都市圏だけでなく北九州や筑豊，久留米など福岡県内のほとんどの地域が西鉄バス一社の独占状態である．

　高速バスは多くが県境を越えるため，双方の都市のバス会社が提携して運行するのが一般的である．九州最大の都市である福岡市に，バス業界では圧倒的なパワーを持つ西鉄が存在したことで，西鉄が九州の高速バス事業を主導する形で，福岡市を中心とする高速バスネットワークが充実してきた（表6-2）．九州の運行本数上位の主要都市間の路線は，すべて西鉄が運行に参加している．

　西鉄は1997年に自社で「西鉄天神高速バスターミナル」を整備した[5]．ここは2016年に東京の「バスタ新宿」がオープンするまで，日本最大の高速バスターミナルであった．このようにバス業界では圧倒的なパワーを持つ西鉄の存在も，福岡市の発展に大きな影響を与えたのである．

　九州では，JR九州と西鉄高速バスとの競争により双方のサービスが向上してきた．その一端を福岡市から九州各都市への最終便の出発時刻にみることができる（表6-3）．1980年当時，福岡市から九州各都市へ向かう高速バスは，そもそも路線がないか，あっても終発というには早すぎる時刻しかな

表6-2　高速バスの福岡～九州主要都市間の運行回数の推移

（単位：回，％）

年度	運行回数			増加率	
	1986	1992	2000	1996 /1992	2000 /1992
北九州	128.0	191.0	185.0	49.2	▲ 3.1
佐　賀	40.0	52.5	67.0	31.3	27.6
長　崎	14.0	33.0	62.0	135.7	87.9
佐世保	7.0	24.0	41.0	242.9	70.8
熊　本	40.0	60.0	80.0	50.0	33.3
大　分	0.0	26.0	55.0	純増	111.5
宮　崎	0.0	9.0	25.0	純増	177.8
鹿児島	0.0	16.0	24.0	純増	50.0
小　計	229.0	411.5	539.0	79.7	31.0

注：福岡および福岡空港発着便の運行回数
資料：九州運輸局『九州の高速バス』（各年度版）

5）1997年開業時の名称は「西鉄天神バスセンター」．大規模改装を機に2015年に改称．

第Ⅱ部　都市・経済編

表 6-3　福岡市から九州各都市への最終便の出発時刻

	1980 年		1990 年		2014 年		1990 年との時間差
北九州市	21:11	新幹線	23:03	新幹線	23:28	新幹線	25 分
	23:11	普通	23:08	普通	24:12	特急	1 時間 4 分
	19:00	バス	24:00	バス	24:15	バス	15 分
佐賀市	19:55	特急	22:02	特急	23:35	特急	1 時間 32 分
	21:10	バス *1	21:40	バス *1	23:43	バス	2 時間 3 分
佐世保市	19:55	特急	21:05	特急	22:56	特急	1 時間 51 分
		バス	21:30	バス *1	22:30	バス	1 時間
長崎市	19:55	特急	22:02	特急	22:10	特急	8 分
	18:00	バス	21:13	バス	22:50	バス	1 時間 27 分
熊本市	21:10	特急	22:35	特急	23:08	新幹線	33 分
	18:50	バス	22:00	バス	23:40	バス	1 時間 40 分
大分市	20:35	特急	20:50	特急	22:58	特急	2 時間 8 分
		バス	21:00	バス	22:30	バス	1 時間 30 分
宮崎市	16:49	特急	16:52	特急	21:52	新幹線 *2	5 時間
		バス	16:30	バス	21:03	バス *1	4 時間 33 分
鹿児島市	18:05	特急	19:16	特急	22:27	新幹線	3 時間 11 分
		バス	20:00	バス	21:00	バス	1 時間

注 1：鉄道は博多駅発，バスは天神バスセンター発，ただし * は博多駅発．夜行便は除く
注 2：宮崎市の「新幹線」は新幹線 + B&S みやざき（高速バス）の組み合わせ
資料：森（1991），大谷（2015）をもとに筆者作成

かった．それが 1990 年には鉄道と競争できるレベルとなり，2014 年には福岡都心で 22 時近くまで楽しんでも，余裕を持って九州各都市に帰れるようになった．このように，福岡市と後背地・九州との広域交通網は一段と強固なものとなっていった．

3．転入者数からみた広域中心都市の後背地

　ここからは，総務省「住民基本台帳移動報告年報」より，主に 1990 年以降の地方ブロック各県から広域中心都市への人口移動を分析する．なお，ここでは広域中心都市からの転出者については考慮しない．
　まず「札仙広福」への転入者総数では，2020 年に福岡市が 7.4 万人で，札幌市 6.2 万人を抜いて最大となり，仙台市 4.3 万人の 1.7 倍，広島市 3.5 万人の 2 倍以上となった（図 6-3）．1990 年から 2020 年の 30 年間に，広島市

第 6 章　福岡市の成長要因としての後背地「九州」

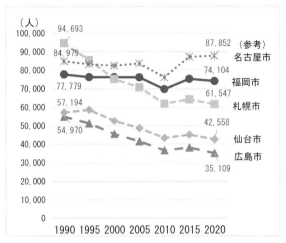

図 6-3　地方中枢都市への転入者総数の推移
資料：総務省「住民基本台帳移動報告年報」

36.1％減，札幌市 35.0％減，仙台市 26.5％減に対し，福岡市は 4.7％減の微減にとどまり，名古屋市と類似した動きとなっている．転入者がどこから来たのかを 2020 年で見ると，自身の道県内が最も多く（札幌市では約 60％，仙台市，広島市，福岡市では 30％前後），次いで東京都，そして近隣県か三大都市圏の府県から転入している．

次に各都道府県の転出者総数に占める広域中心都市への転出者数の割合から，各都市の後背地を比定した．ここでは便宜的に 10％以上を「後背地」，5〜10％を「準後背地」と比定した．

その結果 2020 年に，札幌市は北海道内が 69.7％と圧倒的で，次に比率が高い隣県の青森県でも 3.2％に過ぎない．つまり札幌市の後背地は「北海道」に限定され，準後背地はない．なお，北海道から札幌市への転出割合は 1990 年の 75.1％から 2020 年の 69.7％へと縮小している．

仙台市は宮城県内が 23.8％で，山形県と岩手県が 15％を，秋田県，青森県，福島県が 10％を上回る（表 6-4）．つまり仙台市の後背地は「東北 6 県」と比定され，準後背地はない．1990〜2020 年の 30 年間で，青森県が準後背地から後背地になる一方で，福島県が準後背地に転落しそうな状況である．

広島市は広島県内 23.1％，10％以上は島根県のみである（表 6-5）．つまり広島市の後背地は広島県と島根県の 2 県，他の中国地方は準後背地である．

73

第Ⅱ部　都市・経済編

表6-4　各県の転出者総数に占める割合
（仙台市）

	1990	2000	2010	2020	2020-1990
宮城県	24.2	22.2	23.7	23.8	▲ 0.3
青森県	8.5	10.6	9.0	10.4	1.8
岩手県	16.0	17.0	13.9	15.6	▲ 0.4
秋田県	11.7	13.1	11.1	12.8	1.1
山形県	16.3	16.2	15.1	16.0	▲ 0.3
福島県	11.6	11.9	10.6	10.2	▲ 1.4

資料：総務省「住民基本台帳移動報告年報」

表6-5　各県の転出者総数に占める割合
（広島市）

	1990	2000	2010	2020	2020-1990
広島県	25.0	23.5	25.2	23.1	▲ 1.9
鳥取県	6.7	6.2	5.2	5.0	▲ 1.7
島根県	14.4	12.6	12.4	11.2	▲ 3.1
岡山県	7.4	7.0	6.6	5.6	▲ 1.8
山口県	14.2	11.5	11.1	9.8	▲ 4.5
徳島県	1.5	1.2	1.8	1.5	0.1
香川県	3.2	2.9	3.3	2.8	▲ 0.4
愛媛県	5.4	4.7	4.6	4.8	▲ 0.6
高知県	1.3	1.5	1.6	1.8	0.5

資料：総務省「住民基本台帳移動報告年報」

表6-6　各県の転出者総数に占める割合
（福岡市）

	1990	2000	2010	2020	2020-1990
福岡県	21.2	22.3	25.2	25.6	4.4
佐賀県	16.6	16.3	16.4	19.0	2.4
長崎県	15.9	17.2	17.4	18.1	2.2
熊本県	11.2	12.7	13.1	13.8	2.6
大分県	10.5	12.5	12.6	13.3	2.8
宮崎県	6.9	8.7	9.6	10.8	3.9
鹿児島県	6.7	9.5	10.3	11.4	4.7
沖縄県	3.4	4.2	4.2	5.1	1.7
山口県	4.6	6.3	6.4	7.4	2.8
広島県	2.9	3.1	3.2	3.3	0.4

資料：総務省「住民基本台帳移動報告年報」

表6-7　各県の転出者総数に占める割合
（名古屋市）（参考）

	1990	2000	2010	2020	2020-1990
愛知県	19.8	23.9	25.8	27.5	7.7
岐阜県	16.8	15.4	16.4	17.4	0.6
三重県	13.9	13.1	12.6	14.1	0.3
静岡県	5.6	6.0	5.8	5.8	0.3
福井県	5.0	4.5	4.3	4.2	▲ 0.8
石川県	5.2	5.4	5.0	4.7	▲ 0.4
富山県	4.6	4.3	4.0	3.9	▲ 0.7
長野県	4.1	3.6	3.7	3.9	▲ 0.2

資料：総務省「住民基本台帳移動報告年報」

　1990～2020年の30年間で，広島市への転出割合は中国地方の全県で低下し，山口県が準後背地に転落，四国の愛媛県が準後背地から脱落した．

　そして福岡市は，福岡県内が25.6％で，佐賀県と長崎県が15％を，熊本県，大分県，鹿児島県，宮崎県が10％を上回る（表6-6）．つまり福岡市の後背地は「九州7県」で，山口県と沖縄県が準後背地である．1990年以降の福岡市への転出割合は，九州全県，山口，沖縄で顕著な拡大傾向にあり，他の広域中心都市とは異なっている．

　ちなみに，名古屋市の後背地は「愛知・岐阜・三重」の3県，準後背地は

74

第6章　福岡市の成長要因としての後背地「九州」

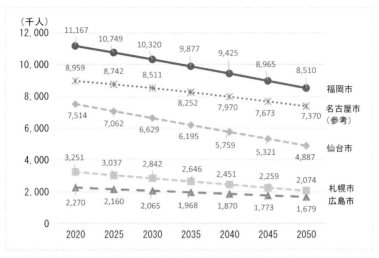

図6-4　広域中心都市の後背地人口の将来推計

注：後背地の総人口から自市の人口を除く
資料：国立社会保障・人口問題研究所「日本の地域別将来推計人口」（令和5（2023）年推計）

静岡県のみと福岡市に比べて狭い（表6-7）．1990年以降の転出割合は，愛知県では高まっているものの，岐阜，三重，静岡では横ばい，北陸では縮小している．

2020年で比定した各広域中心都市の後背地における国勢調査人口をみると，福岡市は九州7県の1,117万人で，仙台市751万人の1.5倍，札幌市325万人や広島市227万人の3倍以上で，これは名古屋市896万人をも上回る（図6-4）．この後背地の将来推計人口をみると，全ての都市で減少するものの，福岡市の後背地は30年後の2050年でも851万人である．これは2020年時点の仙台市の後背地人口を上回る規模である．福岡市は，地方中枢都市では突出した規模の後背地を持っていると言えよう．

4．おわりに

福岡市の成長要因の1つは，九州の広域的な交通結節点となったことである．鉄道では1975年の山陽新幹線の開通，高速道路では1990年代半ばの九州クロスハイウェイの開通が大きな転機となった．これは福岡市自身の力もあるが，基本的に国家の政策による．そして博多駅や西鉄天神高速バスター

第Ⅱ部　都市・経済編

ミナルという一大交通結節点が形成された．これには JR 九州と西鉄という
地元民間の運輸大手企業が大きな役割を果たした．
　こうした広域交通網により，福岡市は後背地である九州 7 県と強固につな
がった．福岡市の後背地である九州の人口規模は，札幌，仙台，広島だけで
なく名古屋の後背地をも上回る．しかも，東京や大阪から離れているため，
それら大都市圏に後背地を蚕食される恐れも少ない．福岡市は，地方圏では
人口や経済規模が大きく比較的活力がある九州地方を日常的な集客圏，後背
地として確保していることが都市を維持・発展させる上で安定的な基盤と
なっているのである．

参考文献

阿部和俊（2015）：経済的中枢管理機能から見た日本の主要都市と都市シス
　　テム（2010 年），「季刊地理学」67．155-175．

大谷友男（2015）：第 4 章　ライフスタイルの変化と地方都市のにぎわいづ
　　くり，『2015 年版九州経済白書　都市再構築と地方創生のデザイン』九
　　州経済調査協会：149-170．

国土交通省ホームページ（2014）：「全国乗合バス事業者の移動円滑化基準適
　　合車両導入状況」，http://www.mlit.go.jp/common/001057437.pdf．
　　2016.8.14 閲覧

小柳真二（2018）：支店経済都市・福岡の変容，「経済地理学年報」64，303-
　　318．

日野正輝（2018）：地方中枢都市の持続的活性化のための自都市中心のネッ
　　トワーク形成，「経済地理学年報」64，335-345．

森川洋（2020）：年齢階級別人口移動からみたわが国都市システムにおける
　　大都市の現状，「経済地理学年報」66，177-188．

森宏史（1991）：総論Ⅲ　ライフスタイルの変化と新消費都市・福岡，『1990
　　年度九州経済白書　福岡一極集中と九州経済』九州経済調査協会：57-
　　84．

第7章

福岡都市圏における SDGs 政策
－ SDGs 未来都市を事例として －

石 丸 哲 史

1．はじめに

(1) SDGs（持続可能な開発目標）とは

　まず，SDGs について，本来の趣旨や目的を明記する．SDGs とは，2015年の9月25日〜27日，ニューヨーク国連本部にて開催された「国連持続可能な開発サミット」において「我々の世界を変革する：持続可能な開発のための 2030 アジェンダ」が採択され，このアジェンダでは，人間，地球及び繁栄のための行動計画として，宣言および目標がかかげられた．この目標が，ミレニアム開発目標（MDGs）の後継としての，17 の目標と 169 のターゲットからなる持続可能な開発目標 Sustainable Development Goals である（国際連合広報センター，2023a）．

　この目標は主として途上国の開発を対象としたものであり，この趣旨はミレニアム開発目標から理解することができる．2000 年に国連にて採択されたこの目標は，①極度の貧困と飢餓の撲滅，②普遍的な初等教育の達成，③ジェンダーの平等の推進と女性の地位向上，④幼児死亡率の引き下げ，⑤妊産婦の健康状態の改善，⑥ HIV/ エイズ，マラリア，その他の疫病の蔓延防止，⑦環境の持続可能性の確保，⑧開発のためのグローバル・パートナーシップの構築，この8つの目標が設定されている．このことからわかるように，MDGs は，開発途上国における喫緊の課題である貧困の撲滅のための集団的行動のための枠組みを提供したものといえる．2030 アジェンダは，「ミレニアム開発目標（MDGs）が達成できなかった事業に取り組む一方で，三つの側面，すなわち経済，社会および環境における持続可能な開発をバランスの取れた，統合された方法で達成することを目指している．広範囲に及ぶ貧困，不平等の高まりと富，機会，権力の格差の問題から環境の悪化と気候変動がもたらす危機の問題まで，世界は今計り知れないほどの挑戦に直面している．2030 アジェンダはあらゆる面で貧困を終わらせる行動計画を提供し

第Ⅱ部　都市・経済編

ている」（国連広報センター，2023a）．このように，SDGs は途上国支援を
目標とした MDGs の後継ではあるものの，開発途上国だけでなく先進国も
対象となっており，MDGs で達成できなかったことを引き続き取り組むと
同時に，同様の課題がある先進国においても課題解決に向かい国際社会が一
丸となって取り組むものになっている．

　とはいうものの，17 の目標だけが目立っており，各目標に掲げられてい
るターゲットに関しては周知されてないところがあるために，先進国が途上
国の持続可能な開発に向けて行動しないといけない部分が認識されていると
はいいがたい．たとえば，まちづくりの観点で日本各地において引用されて
いる SDG11 の「住み続けられるまちづくりを」は，包摂的で安全かつ強靱（レ
ジリエント）で持続可能な都市及び人間居住を実現する（Make cities and
human settlements inclusive, safe, resilient and sustainable）という意味で
あり，この目標を達成するためのターゲットはほとんど途上国が視野に入れ
られている[1]．

　こうした背景から，SDGs を正確かつ具体的に理解しこの目標達成のため

────────────

1 ）SDG11 には，以下のターゲットが含まれており，かなりの部分が途上国を視野に入れたも
　のとなっている．
　11.1　2030 年までに，全ての人々の，適切，安全かつ安価な住宅及び基本的サービスへのア
　　クセスを確保し，スラムを改善する．
　11.2　2030 年までに，脆弱な立場にある人々，女性，子供，障害者及び高齢者のニーズに特
　　に配慮し，公共交通機関の拡大などを通じた交通の安全性改善により，全ての人々に，
　　安全かつ安価で容易に利用できる，持続可能な輸送システムへのアクセスを提供する．
　11.3　2030 年までに，包摂的かつ持続可能な都市化を促進し，全ての国々の参加型，包摂的
　　かつ持続可能な人間居住計画・管理の能力を強化する．
　11.4　世界の文化遺産及び自然遺産の保護・保全の努力を強化する．
　11.5　2030 年までに，貧困層及び脆弱な立場にある人々の保護に焦点をあてながら，水関連
　　災害などの災害による死者や被災者数を大幅に削減し，世界の国内総生産比で直接的経
　　済損失を大幅に減らす．
　11.6　2030 年までに，大気の質及び一般並びにその他の廃棄物の管理に特別な注意を払うこ
　　とによるものを含め，都市の一人当たりの環境上の悪影響を軽減する．
　11.7　2030 年までに，女性，子供，高齢者及び障害者を含め，人々に安全で包摂的かつ利用
　　が容易な緑地や公共スペースへの普遍的アクセスを提供する．
　11.a　各国・地域規模の開発計画の強化を通じて，経済，社会，環境面における都市部，都
　　市周辺部及び農村部間の良好なつながりを支援する．
　11.b　2020 年までに，包含，資源効率，気候変動の緩和と適応，災害に対する強靱さ（レジ
　　リエンス）を目指す総合的政策及び計画を導入・実施した都市及び人間居住地の件数を
　　大幅に増加させ，仙台防災枠組 2015-2030 に沿って，あらゆるレベルでの総合的な災害リ
　　スク管理の策定と実施を行う．
　以上，外務省（2023）より．

には自らがどのような行動を起こせばいいのかという肝心な部分への意識が希薄である．SDGs 達成をめざしているという姿勢をアピールし社会的な期待や関心を寄せるために，全く意識していない活動であるにもかかわらず SDGs をめざしていると銘打つ活動も現れ，「SDGs ウオッシュ」という事態まで発展している[2]．

SDGs はグローバル目標であるがゆえに国際社会全体が取り組むべきものであり，ともすれば対岸の火事的になりがちなグローバルイシューに対してどうすれば身近なものとして，いいかえればローカルな次元でどう展開していくかということも重要な課題である．したがって，地理学では，グローバルとローカルの関係に着目しながら SDGs のローカライズという意味をしっかりと把握した上でかかる取組等を評価していく必要がある．

たとえば，環境省ではローカル SDGs として地域循環共生圏を位置づけている．地域循環共生圏は，地域資源を活用して環境・経済・社会を良くしていく事業をローカル SDGs 事業として，この事業を生み出し続けることで地

図 7-1　地域循環共生圏のイメージ
（出典）：環境省ウェブサイトより作成．

2）SDGs ウォッシュとは，見せかけの SDGs，うわべだけの SDGs という意味であり，環境に配慮しているように見せかけた企業批判グリーンウオッシュ（green wash）からきている．green wash は green と whitewash の造語である．

第Ⅱ部　都市・経済編

域課題を解決し続け，自立した地域をつくるとともに，地域の個性を活かして地域同士が支え合うネットワークを形成する「自立・分散型社会」を示す考え方である（環境省，2023）．ローカルという空間単位において自然環境と人間活動との持続可能な関係から地域社会の持続性を追求するものである．

　SDGs を日本でどのように展開していくか「SDGs アクションプラン2020」が策定され，政府としての行動指針が明らかにされた（外務省 SDGs 推進本部，2019）[3]．そして，SDGs のローカライズを推進したものが，内閣府の地方創生 SDGs である．これは，「持続可能なまちづくりや地域活性化に向けて取組を推進するに当たっては，SDGs の理念に沿って進めることにより，政策全体の全体最適化，地域課題解決の加速化という相乗効果が期待でき，地方創生の取組の一層の充実・深化につなげることができるため，SDGs を原動力とした地方創生を推進します．」という趣旨のもと，「SDGsにおいては，17 のゴール，169 のターゲットが設定されるとともに，進捗状況を測るための約 230 の指標（達成度を測定するための評価尺度）が提示されています．これらを活用することにより，行政，民間事業者，市民等の異なるステークホルダー間で地方創生に向けた共通言語を持つことが可能となり，政策目標の理解が進展し，自治体業務の合理的な連携の促進が可能となります．これらによって，地方創生の課題解決を一層促進することが期待されます．」と SDGs 引用の背景が記載されている（内閣府，2023）．このなかの地方各地に影響を与えているもののひとつが，ローカル指標の作成とSDGs 未来都市の設定である．

　SDGs のローカライズは，グローバル指標とローカル指標の関係性から解釈できる．図 7-2 のように，SDGs は 17 の目標，169 のターゲット，247 の指標から構成されている．このグローバルな指標を日本の自治体に適した内容に指標を読み替えたものをローカル指標とすることがローカライズということになっており，地方創生 SDGs ローカル指標となった．

　さらに，ローカライズの過程が詳細に把握できるのは，図 7-3 である．こ

3）『SDGs アクションプラン 2020』では，①日本は，豊かで活力のある「誰一人取り残さない」社会を実現するため，一人ひとりの保護と能力強化に焦点を当てた「人間の安全保障」の理念に基づき，世界の「国づくり」と「人づくり」に貢献．②SDGs の力強い担い手たる日本の姿を国際社会に示す．『SDGs アクションプラン 2020』では，改定された SDGs 実施指針の下，今後の 10 年を 2030 年の目標達成に向けた「行動の 10 年」とすべく，2020 年に実施する政府の具体的な取組を盛り込んだ．③国内実施・国際協力の両面において，次の 3 本柱を中核とする「日本の SDGs モデル」の展開を加速化していく，とされている．

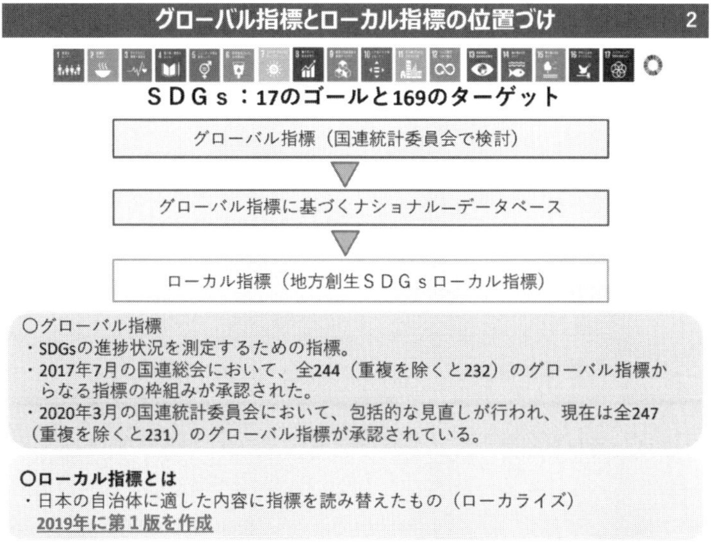

第7章　福岡都市圏における SDGs 政策

図7-2　グローバル指標とローカル指標との位置づけ
（出典）：内閣府ウェブサイトより作成．

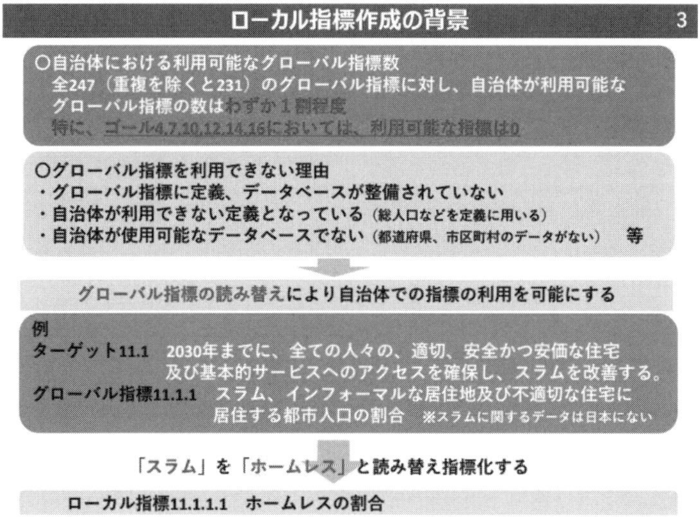

図7-3　ローカル指標作成の背景
（出典）：内閣府ウェブサイトより作成．

第Ⅱ部　都市・経済編

こに記されているように，グローバル指標を利用できずローカル指標に置き換えられないのは，主としてデータベースが存在しないか未整備であるということであり，途上国を視野に入れた指標を日本しかも各自治体には利用できないという言い回しにもなっている．そこで，グローバル指標の読み替えを施すことになり，たとえば日本では確認が難しい「スラム」を「ホームレス」と読み替え指標化することによってローカライズを達成している．このように，地方創生を実現するために SDGs を活用しているということが明らかであり，「日本版 SDGs」と命名できる[4]．

(2) SDGs 未来都市とは

　前項では，グローバル目標である SDGs が地方創生の文脈のもとでローカライズされた過程を紹介した．本項では，この趣旨にもとづき，SDGs 未来都市の特徴を明らかにする．前述のように，SDGs 未来都市は，日本の地方創生政策の一環として設定されたものであるので，必ずしも国連が定めた SDGs そのものを達成するものとはいいがたい．内閣府は，持続可能なまちづくりや地域活性化に向けた取組の推進に当たり，SDGs の理念を取り込むことで，政策の全体最適化，地域課題解決の加速化という相乗効果が期待できるため，SDGs を原動力とした地方創生を推進し，その推進に当たり，「SDGs 未来都市」，「自治体 SDGs モデル事業」の選定，「地方創生 SDGs 官民連携プラットフォーム」の運営，「地方創生 SDGs 金融」の推進などに取り組んでいる（内閣府，2023）．また，「地方が将来にわたって成長力を確保するには，人々が安心して暮らせるような，持続可能なまちづくりと地域活性化が重要であり，特に，急速な人口減少が進む地域では，くらしの基盤の維持・再生を図ることが必要である．」とし，そのために，SDGs の指標を活用して持続可能なまちづくりを構築していこうとするものである．

　地方創生 SDGs の達成に向け，優れた SDGs の取組を提案する SDGs 未来都市の特徴は，SDGs の理念に沿った統合的取組により，経済・社会・環境の三側面における新しい価値創出を通して持続可能な開発を実現するとされ

4）内閣府（2022）によると，日本固有の課題等に対し，ゴールごとに課題解決へ向け，日本独自の指標を定めこれを x 指標としている．たとえば，「SDG11 住み続けられるまちづくりを」というゴールに対し，日本では空き家問題という日本固有の課題があり，解決に向けて指標を定め，ターゲット 11.x として「空き家問題について，空き家率から達成目標を設定」しており，ローカル指標は日本独自の固有課題に対する指標となり，これが SDGs のローカライズといえる．

ていることである．ただし，ここで見逃してはならないことは，本来，この三つの側面は相互に拮抗対立することがある三者のひとつに傾斜することなくバランスをとりながら三者の調和をめざすことがSDGsの本来の趣旨である[5]．したがって，三側面の取組を並べるだけでなく，トリレンマは想定できにくいとしてもジレンマの解消に注力する必要はあり，SDGs未来都市の諸施策がこのような姿勢であるか目を背けてはならない．次項では，この三側面と地方創生について焦点を当てながら福岡都市圏SDGs未来都市の政策を概観する．

2．福津市の SDGs 政策

三都市のなかで最も早くSDGs未来都市となったのは福津市である．同市の2030年のあるべき姿は，現「福津市まちづくり基本構想」にある，社会，自然，経済の調和による持続的な循環によるまちづくりとし，域内循環のロジックを明確にして，三側面との関連性を明確にしている．

福津市の地域特性とSDGs未来都市との関係に焦点を当てる．福津市は，人口社会増減の地域的差異が顕著であり，急増地域と減少地域の両地域における課題や対策が異なっており，持続可能なまちづくりが財政の問題も含めて喫緊の課題となっている．また，高齢化による空き家の増加が住宅団地を含めて顕著になっており，住み替えなどによる更新をめざしている．さらに，地域社会における担い手不足にも直面しており，コミュニティの活性化にかかる地域の防犯・防災，福祉，環境・景観，子育支援など取り組む課題も少なくない．産業，経済からみても農地や漁場の保全も欠かせないがこの分野でも担う人材が不足している．さらに，市内の経済循環を高めるために，起業や継業の促進や事業所の誘致などによって雇用創出し，経済のけん引者を増やしていくことが課題とされる（福津市（2019）「まちづくり基本構想 p.7」より）．

このようなことから，福津市は，まちづくり計画の基本的な考え方を「持続可能なまちづくり」として，目指すべき市の将来像に向けてSDGsの趣旨でもある社会的包摂・環境保全・経済成長の三側面を統合的に向上させ，地

5）貧困を終わらせるには経済成長を確立し，教育，保健，社会的保護，雇用の機会など，広範にわたる社会的ニーズに取り組み，それと同時に気候変動や環境保護の問題に取り組む必要があることをSDGsは認識している（国連広報センター 2023b）．

第Ⅱ部　都市・経済編

図7-4　福津市における社会・経済・環境の関係性
出典：福津市（2023）より

域を担う人財育成，共働による環境の保全・創造，地域経済の基盤の確立をめざしている．そして，SDGsの達成目標年である2030年に合わせ，2030年に実現したい未来のイメージを描き，バックキャスティング的に取組方針・基本方針を設定している．図7-4から明らかなように，「福津市まちづくり基本構想」に示されている7つの目標を社会・経済・環境に分類し，三者を等しく取り扱うこととなっているが，三者の関係性や範囲，重なり合う共通部分の意味するところなど，ベン図のもつ性格が反映されているわけではない．

　しかしながら，地方創生という視点からは三者の密接な関係に踏み込んでいる．福津市まちづくり基本構想とSDGs未来都市計画に共通する取組である豊かな環境の保全・創造は，「自然・歴史・景観などの資源と利便性の高い都市的な生活環境において絶妙なバランスを保つ上で重要である．」とし，また，「持続可能な観光開発と農業・水産業の担い手育成，起業・継業者支援の取り組みが推進されることで，市内の経済循環を促すと共に，本市の財産である自然資源・歴史資源・景観資源等をしっかりと守りつつ生かす取り組みが進むことにより，本市の魅力を生かした持続可能な観光という新たな経済基盤の整備に繋がる．また，地域（産業）の担い手育成の取組は，地域活性化を担う人材の確保に加え，地域内の経済循環を想定した環境整備を加速しうるものである．」（福津市，2023）とし，三者の相互関連性とその原因結果の関係性について明確に記されている．加えて三側面をつなぐ統合的取

組による相乗効果（新たに創出される価値）から明確に看取できる．経済-環境，経済-社会，社会-環境の双方的関係性にも着目し，KPI を設定して相乗効果を測っている[6]．

3．宗像市の SDGs 政策

福津市に隣接する宗像市もほぼ等しい地理的な環境にあり，抱えている課題も類似している．2030 年のあるべき姿は，自然，歴史，文化，そして人々に恵まれた宗像のすべてを麗しく豊かに発展させ，確実に次世代へ引き継ぐため，①人・まち・自然が共生するまち，②人がつながり躍動するまち，③歴史文化を継ぎ育むまち，の3つの考え方でまちづくりを進めるとしている（宗像市，2023）．

図7-5 のように，「市民活動，行政活動，企業活動の量的増加（まちの成長）や質的向上，付加価値の創造（まちの成熟）に向けて取り組んでいく．さらにこれらの活動がそれぞれ連携するだけでなく，市内にある4つの大学・高校を介した連携を行っていくことで『まちの成長』が『まちの成熟』を促し，

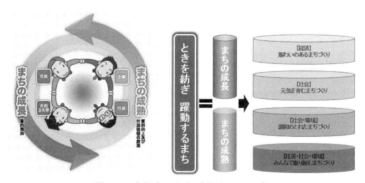

図 7-5　宗像市のまちづくりコンセプト

出典：宗像市（2023）より

6）たとえば，経済と環境との関係では，経済→環境では，環境保全のための財源の確保によって水産物の六次化の促進や，ブルーツーリズム，ラーニングツーリズムへの参加者が市外から訪れることにより，経済が活性化するとし，一方，環境→経済では，自然環境や景観を活かした域内消費の拡大　自然環境（里山，里海）が再生することにより，減少傾向にある水産物の漁獲量の増加が見込まれ，良好な自然環境・住環境が市外から新たな人の流れを呼び寄せ，交流人口，定住人口の増加により地域の活性化が図られるとしている（福津市，2023）．

第Ⅱ部　都市・経済編

さらに『まちの成熟』が『まちの成長』を促すことにつながり，それぞれの活動がより活性化される．それらが渦を巻くように大きくなっていくことで，まちはさらに発展する．このような好循環が起こるまちづくりを展開する．」としている．

そして，この好循環が起こるまちの実現に向けて，図7-5にある4つの政策（まちづくりの柱）を推進することとしており，この政策を経済・社会・環境の三観点にタグ付けした形になっており，三分野にカテゴライズしているわけではない．

とはいうものの，地方創生との関係では，ともすれば拮抗対立を引き起こす三者においてこれらの調和的関係を構築する取組がみられる．福岡都市圏縁辺に位置する宗像市は都市圏内における人口収容機能を果たす役割をもち，高度経済成長期にはUR都市機構による大規模な集合住宅団地が形成され，時間経過によって現在では高齢化，建物老朽化への対策が喫緊の課題となっている．この団地再生に貢献したものが，多様な世代の交流の場となるなど地域活性化に結び付いている敷地内の農場である．また，「さとづくり48」とよばれる団地再生プロジェクトによって，経済・社会・環境の三側面からアプローチしたユニークな手法によって持続可能なまちづくりに貢献している[7]．この先導的な取組によって共感人口・定住人口の増加をめざし，これを契機として市民活動，行政活動，企業活動の量的増加を図るとともに，各活動の質的向上，付加価値の創造に向けた取組を推進することで，2030年の将来像「ときを紡ぎ躍動するまち」を実現するとしている（宗像市，2023）．この団地再生のコンセプトを農漁村部へさらに水平展開しコミュニティの再生をめざしており，また，世界遺産を抱える海洋をはじめとした環境保全の観点も導入しながら，持続可能なまちづくりの実現をめざしている．

7）1971年に開発され，最盛期には2万人の居住者を抱えた日の里団地は，開発の特徴から年齢層が等質的な居住者によって構成されたために，急速に高齢化と建物の老朽化が進行した．そこで，2020年，閉鎖した一部棟を解体するとともに，解体予定だった48号棟を改修して交流の場とし，「さとづくり48」と称した団地再生プロジェクトが始動した．日本初となる団地の1室で醸造したクラフトビールを楽しめるブリュワリーや，アイデアを形にできる最新の木材加工機を備えたDIYのための工房，地産地消を楽しめるコミュニティカフェ，宗像の食の発信場所となるセカンドキッチンなどのスペースと，保育園や発達支援施設を迎え，「地域の文脈」を後押しする機能が創出されている（ひのさと48, 2023より）．

86

4．糸島市の SDGs 政策

　他の２都市とともに玄界灘に面している糸島市は，2030 年度を目標とする「第２次糸島市長期総合計画」にある 58 施策と５つの重点課題プロジェクトについて SDGs との関連付けを行い，各取組と SDGs との関係を明確にし「持続可能なまち」の実現をめざしている．また，これらの取組を着実に進め，長期総合計画を実現していくことが，SDGs の達成につながっていくとしている．この計画で定めたまちづくりの基本方針を①自立度の高い糸島づくり，②魅力を磨き上げる糸島づくり，③住みやすい・住み続けたい糸島づくりとし，この方針にもとづいて基本目標を設定しているが，これを経済・社会・環境の三側面と結びつけ，SDGs の推進も含めた取組の方向性を示している．糸島市はブランディングに意を注いでおり，「ワンランク上のまちづくり」に取り組んでいくために，訪問地，居住地としての魅力だけでなく「"糸島しごと"のブランド化」として，ビジネスの場すなわち就業地や起業地としてのポテンシャルと高めることに努めている．たとえば，経済面では，農林水産物のブランディングとこれを使用する食品関連産業の立地による知識経済振興をめざしている．また，糸島市も福津市と同様に三者の関連について触れている．三側面をつなぐ統合的取組による相乗効果等（新たに創出される価値）として環境と経済，環境と社会との双方向の関係は興味深い[8]．特に注力する先導的な取組として「地域力を生かした"糸島スタイル"の持続可能なまちづくり」としていることもブランディングの一環といえる．①働く場所の確保，ライフスタイルに合わせた働き方の実現，②さまざまな交流を生み，地域からはじまる持続可能なまちの実現，③環境共生都市の実現をめざしている．とりわけ③に関しては，環境共生都市をめざすべく，再生可能エネルギー導入・活用を推進しており，これは SDG7 に直結するものといえる．隣接する九州大学との密な連携のもとで大学の推進するカーボンニュートラル社会の実現，再生可能エネルギーの利用などの社会実装との関係で脱炭素に向けた具体的な取組が進行し，SDGs の真骨頂を発揮している．加えて環境への負荷軽減を意識した第１次産業の推進も積極的に展開しており，小規模農家や高齢農家等を含む農業者に対して，生産コストの削減や作業効率の向上などを支援し，担い手の確保や耕作放棄地の発生防止を図っているが，このことは国土の保全につながり，また「つくり育てる漁業」を継続し，種苗の放流や漁礁設置，漁場施設の整備等に取り組んでいくこと（糸

第Ⅱ部　都市・経済編

島市，2023）も海洋保全につながっている．

5．おわりに

　SDGs 未来都市というと，字面ではグローバルな次元で SDGs 達成に貢献する都市と解釈しそうであるが，これでは不十分である．「SDGs 未来都市とは，SDGs の理念に沿った基本的・総合的取組を推進しようとする都市・地域の中から，特に，経済・社会・環境の三側面における新しい価値創出を通して持続可能な開発を実現するポテンシャルが高い都市・地域として選定されるものである．」（2023 年度 SDGs 未来都市募集要領より）とあるように，ローカリゼーションと地方創生の文脈において SDGs が設定され，その達成にあたって SDGs の手法が用いられているということである．すなわち，三市の目標達成によって SGGs 達成に貢献することもあるが，SDGs 達成のために三市の目標が設定されたわけではない．地方創生 SDGs という定義のもとでは妥当な目標なのである．したがって，三市の取組や事業が必ずしも冒頭述べたように主として開発途上国の持続可能な開発に貢献するとはいえない．むしろ，自らの都市政策が SDGs のどの目標か，どのターゲットに該当

8）経済から環境へは，「サイエンス・ヴィレッジへの企業誘致，ベンチャー創出・育成の取組により，本市への幅広い業種及び多様な手法での企業進出を促進することができ，経済面における企業誘致の取組が加速することが期待される．環境面においては，進出企業等による脱炭素や環境保全に関する新たな取組等に関するアイデア・ノウハウが提供されるなど，本市のカーボンニュートラルの実現に向けた環境保全への取組の加速化や市民の環境保全に対する意識向上などの相乗効果が期待される．」としている．一方，環境から経済へは，「環境面では，実証実験（直流マイクログリッド等）の取組を市民等に対して広く周知していくことで，環境保全に対する市民意識の向上が見込まれ，市民の再生可能エネルギーの導入やエネルギーの効率的な利用の促進が期待される．経済面においては，実証実験の取組を社会実装につなげることにより，新たなビジネスチャンスを創出するなど，域内経済に対する好影響などの相乗効果が期待される．」としている．また，社会から環境へは，「社会面では，ワークショップ等を通して，地域住民が自分たちの地域の将来を考えること，想像することを通して，地元への誇りや愛着が生まれ，地域の担い手となることにつながることが期待される．環境面では，環境保全活動や地域行事への参加者が増加し，豊かな自然 環境の保全や持続可能な地域へとつながる取組が継続されるなどの相乗効果が期待される．」とし，環境から社会へは，「環境面では，実証実験（ローカル 5G）の取組を社会実装することで，耕作放棄地発生の原因となる担い手不足や有害鳥獣被害等の課題を解決するとともに，環境に配慮しながら持続可能で魅力ある農業経営につなげていく．社会面では，昔から続く美しい田園を守りながら，耕作放棄地の発生防止や農業が持つ多面的機能を維持し，地域社会の良好な生活環境の 維持につながるという相乗効果が見込まれる．」としている（糸島市，2023 より）．

するかに注力していることは否めない．まさに SDGs へのタグ付けである．
そういう意味では，SDGs 未来都市は「SDGs の趣旨をいかす」ということ
ばに尽きる．

とはいうものの，各自治体の試みがグローバル目標の達成につながってい
ることもあり，たとえば，自地域の海洋や陸地の保全は最終的に地球環境に
反映することから SDG14 および 15 達成につながり，三都市ともに海に面し
ているだけに貢献度は大きい．なによりも SDGs の広報については成果をあ
げており，市民への普及啓発には大きな影響を及ぼしている．また，SDGs
未来都市計画に記載項目として必須となっているステークホルダーとの連携
には，さまざまな団体・組織との連携がうたわれており，SDGs 達成に向け
たコレクティブ・インパクトとして期待できる．

福岡都市圏の縁辺に位置し通勤圏内として中心都市の影響を受け，市町村
合併によって市域が海岸部から山間部に至る広域的行政範囲の中で都市部と
農村部が含まれ，産業的にも社会的にも多様な空間構造をもっている都市と
して三都市は共通している．しかしながら，各都市はそれぞれの個性を生か
しつつ，地域課題の解決や地域活性化をめざして施策・事業を展開しており，
SDGs という共通をもつことで各施策・事業の比較対照が可能となり実効性
の検討にも寄与しているといえる．

なお，本稿は，SDGs のローカラーズという観点から地理学的に三都市の
施策・事業を展望しているわけであり，それぞれの取組等の是非や適否につ
いて言及し評価しているものではないことを付言する．

参考文献

糸島市（2023）：糸島市　SDGs 未来都市計画. https://www.city.itoshima.
　　lg.jp/s005/010/010/020/021/r5sdgs.pdf

外務省ウェブサイト（2023）：JAPAN SDGs Action Platform. https://
　　www.mofa.go.jp/mofaj/gaiko/oda/sdgs/statistics/goal11.html

外務省 SDGs 推進本部ウェブサイト（2019）：SDGs アクションプラン 2020.
　　https://www.mofa.go.jp/mofaj/gaiko/oda/sdgs/pdf/SDGs_Action_
　　Plan_2020.pdf

環境省ウェブサイト（2023）：ローカル SDGs 地域循環共生圏. http://
　　chiikijunkan.env.go.jp/shiru/#a-shiru-jireisyuu

国際連合広報センターウェブサイト（2023a）：2030 アジェンダ. https://

第Ⅱ部　都市・経済編

www.unic.or.jp/activities/economic_social_development/sustainable_
development/2030agenda/

国際連合広報センターウェブサイト（2023b）：持続可能な開発目標.
https://www.unic.or.jp/activities/economic_social_development/
sustainable_development/sustainable_development_goals/

内閣府地方創生推進室ウェブサイト（2022）：「地方創生SDGsローカル指標
リスト」の改定について. https://www.chisou.go.jp/tiiki/kankyo/
kaigi/sonota/01_puresuissiki.pdf

内閣府地方創生推進事務局（2023）：地方創生SDGs. https://future-city.
go.jp/sdgs/

United Nations（2001）*Replacement Migration : Is it a solution to declining
and ageing populations?*, New

福津市（2019）：まちづくり基本構想. https://www.city.fukutsu.lg.jp/
material/files/group/18/kihonkousou.pdf

福津市（2022）：福津市　第2期SDGs未来都市計画. https://www.city.
fukutsu.lg.jp/material/files/group/41/fukutsushiSDGsmiraitosikeikaku_2.
pdf

ひのさと48ウェブサイト（2023）：https://stzkr.com/

宗像市（2023）：宗像市　第2期SDGs未来都市計画. https://www.city.
munakata.lg.jp/w009/dai2SDGsmiraitosi.pdf

第8章

福岡市における都市型産業の空間構造
ー都心部を中心にー

與　倉　　豊

1．福岡市の都市型産業への注目の高まり

　政令指定都市においても人口減少が顕在化している都市が散見されるなかで，福岡市は堅調な人口増加を維持し続けている．小柳（2018）は福岡市の人口増加が全国でも突出している状況を踏まえ，地方中枢都市である札幌，仙台，広島，福岡の4都市を比較し，国内の人口移動を検討したうえで，所得機会よりも「生活の質の高さによる居住地としての魅力」を福岡市の人口増加の重要な要素として指摘する．また松原（2014）は，地方中枢都市4都市の人口，産業構成，都市機能の変化に着目し，地方中枢都市間の差異が拡大傾向にあると指摘する．特に福岡では，ほかの3都市の人口増加率が90年代以降落ち込むのに対して，地方中枢都市のなかで唯一，4%台の高い人口増加率が維持されており，さらに特化係数の高い業種（1.5以上）も最も多いとの分析結果が得られている．その上で松原は福岡市の都市空間構造の歴史的変化や経済成長要因を検討し，天神と博多間での商業における競争関係や，広告産業をはじめとしたクリエイティブ産業の勃興に光を当てている．同様に小柳（2015）も，情報通信業やコンテンツ産業などのクリエイティブ産業は地方への展開可能性が比較的高い傾向にあるとし，福岡市の人材誘致事業や移住支援策の事例を紹介している．都市には大規模な人口を希求する多様な産業があるが，都市が有する生活の質の高さはクリエイティブな人材を誘引し，それが都市のさらなる魅力向上につながり，新たな人口流入を促すという好循環が形成されうると考えられる．

　福岡市民経済計算によると，2019年度の福岡市内総生産は名目で7兆7,911億円であり，内訳をみると卸売・小売業や専門・科学技術，業務支援サービス業などを中心に第3次産業が占める割合が90.8%と非常に高い点が特徴としてあげられる．福岡アジア都市研究所が2019年に刊行した『FUKUOKA Growth 2020』では，「第3次産業は，人が生み出す価値が基本要素」であり，

第Ⅱ部　都市・経済編

「世界中で効率化やさまざまな技術革新が進む中で，人のクリエイティビティ（創造性）がより重要な要素になっている」（p.46）と指摘しており，福岡市の将来の産業構造を展望するなかで都市を志向するクリエイティブ産業の重要性が示唆されている．本稿では上記のような都市を志向する産業（以降，都市型産業とする）を分析する際に，経済センサスの町丁・大字別集計をもとに産業の地理的分布を示し，都市集積の特徴に光を当てる．

２．福岡市都心部における都市型産業の立地

　本節では福岡市の都市集積を特徴づける都市型産業として，産業大分類のなかから (1) 情報通信業，(2) 学術研究，専門・技術サービス業，(3) 卸売業，小売業，(4) 宿泊業，飲食サービス業に焦点を絞り，2021 年の経済センサス活動調査の業種別従業者数（民営事業所のみ）をもとに立地の特徴を明らかにする．

(1) 情報通信業の立地

　図 8-1 は福岡市都心部における情報通信業の従業者数の地理的分布について，小地域別で中分類の構成比（通信業，放送業，情報サービス業，インターネット附随サービス業，映像・音声・文字情報制作業）とともに示している．早良区の北部に位置する博多湾岸のシーサイドももち地区には受託開発ソフトウェアや組み込みソフトウェアといった情報サービス業の集積がみられ，百道浜 2 丁目の情報サービス業の従業者総数は 2021 年に 5,600 人を数える．福岡県では 2001 年に付加価値の高い半導体の設計・開発拠点を目指す「シリコンシーベルト福岡プロジェクト」が推進され，2004 年にシーサイドももち地区において福岡システム LSI 総合開発センターが開設されている（與倉，2017）．福岡システム LSI 総合開発センターには九州大学や九州工業大学の工学系の研究開発センターや，半導体のソフトウェア，評価・検証を行う企業が入居していたが（伊東，2012），現在は半導体関連技術とともに IoT や産業用ロボットといった先端技術との融合や新事業創出を目指す R&D 拠点となっている．

　また博多区では博多駅周辺に，中央区では天神駅および薬院駅周辺に情報通信業の集積がみられ，面的な集積の拡がりを確認することができる．博多区には 2013 年 11 月に LINE 株式会社の子会社である LINE Fukuoka が進

出しており，福岡市の情報通信業の代表的企業の一つになっている．一方，天神西部の大名地区も，「2000年前後には，IT関連ベンチャー企業や専門学校の存在と安い賃料もあって，多数のクリエイターが集積し，大名バレーなる言葉も生まれた」（吉良，2010, p.73）とあるように，情報通信業の集積が注目されてきた．ただし山﨑（2010, p.48）は「地方中枢都市に立地しているベンチャー系IT企業は，ごく一部の企業を除き，クリエイティブなレベルは高くなく，東京のソフト会社の下請けにとどまっている企業が多い」と指摘する．大名地区には情報通信業の集積の厚みは一定程度，維持されているものの，久保（2015）によると当初，大名バレーに立地したとされる主要な企業の多くは廃業や買収，域外への移転などがみられると指摘されている．

　媒体（メディア）の動向に目を転じると，1926年に福岡日日新聞社が現在の渡辺通りに新社屋を落成して以来，天神周辺には熊本放送局福岡演奏所（NHK福岡の前身）や九州日報社（後に福岡日日新聞社と合併し西日本新聞社が発足）などが立地し，天神地区への媒体の集中がみられるようになる（西日本鉄道，2018）．現在，天神周辺には大手マス媒体および九州ローカル媒体の支局・支社，福岡本社などが立地し，テレビ・ラジオ番組の制作会社や新聞社・出版社の集積がみられ，映像・音声・文字情報制作業や放送業の従業者数が比較的多い．また従業者規模としては相対的に小さいものの福岡市のなかでは天神地区と博多区に広告制作業[1]の立地がみられる．

　薬院駅周辺には通信業と情報サービス業の集積がみられる．薬院駅には西鉄天神大牟田線と市営地下鉄七隈線の2路線が乗り入れており，七隈線の博多駅延伸により駅周辺の利便性が向上している．薬院駅前に立地する2009年竣工の14階建てのオフィスビル「薬院ビジネスガーデン」（薬院1丁目）には，地場や県外の大手企業のオフィスに加えて，情報通信業関連の企業が多く入居する．代表的な企業として，ゲームソフトウェア開発を行うレベルファイブが2010年3月に薬院駅南の白金1丁目から，薬院ビジネスガーデンへ本社移転を行っている．ほかにもソフトウェアの受託開発を行うメディアファイブの本社や，ゲームのデバッグ業を行うデジタルハーツ株式会社の福岡ラボも薬院ビジネスガーデンに入居している．また近隣の渡辺通2丁目に

1）産業小分類の広告制作業は，中分類の映像・音声・文字情報制作業に分類され，主として印刷物にかかる広告の企画，制作を行う事業所が含まれる．なお新聞・テレビ・ラジオ・インターネットなど広告媒体に出稿し，広告の企画立案・コンテンツ作成を行う事業所は，産業大分類の「学術研究，専門・技術サービス業」のなかの「広告業」に分類される．

第Ⅱ部　都市・経済編

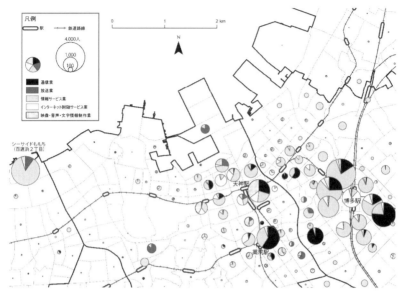

図 8-1　情報通信業の地理的分布（従業者数：福岡市都心部）

出所）経済センサス活動調査（2021 年）より作成.

はゲームソフト開発を行うガンバリオンが立地し，モバイルゲームの開発を行う株式会社アカツキも 2018 年に薬院 2 丁目に子会社であるアカツキ福岡を設立するなどソフトウェア業の新たな集積が薬院地区に生まれつつある.

(2) 学術研究，専門・技術サービス業の立地

　産業大分類の「学術研究，専門・技術サービス業」には，学術・開発研究機関，専門サービス業，広告業，技術サービス業といった都市型産業が含まれる．図 8-2 は福岡市都心部の学術研究，専門・技術サービス業の立地について，中分類シェアとともに地理的分布を示している．情報通信業と同様に，博多駅と天神駅周辺に多くの企業が立地しているが，博多と天神とでその特徴は異なる．すなわち博多駅周辺は土木建築サービス業を中心とした技術サービス業のシェアが大きい[2] のに対して，天神駅および赤坂駅周辺では法律事務所や公認会計士事務所・税理士事務所のほか経営コンサルタント業などが含まれる専門サービス業と，広告業の卓越した立地がみられる．

2）ただし博多駅西部の博多口周辺では，専門サービス業の割合が大きい.

94

第 8 章　福岡市における都市型産業の空間構造

図 8-2　学術研究，専門・技術サービス業の地理的分布（従業者数：福岡市都心部）
出所）経済センサス活動調査（2021 年）より作成．

　広告業においては，広告主とテレビや新聞など媒体企業との間を広告会社が仲介することから，取引主体間の地理的近接性が重視される（古川，2018）．福岡における広告業の空間構造について，古川（2014）が企業名鑑をもとに複数時点（1980 年と 2010 年）の立地分析を行っている．福岡の広告業の多くは東京に本社を置き，福岡には支所が立地しており「出先機関」としての役割が強いとされる．前節でみたように天神地区にはテレビ局，新聞社などのマス媒体が多く立地していることから，広告関連事業所は 1980 年当時において天神地区に著しく集中していた．一方，アジア太平洋博覧会の会場跡地である早良区百道浜 2 丁目に，1996 年にテレビ西日本と RKB 毎日放送が本社を移転させたことを受け，後追いで広告関連業の立地がみられるとし，「非常にコンパクトな範囲」で集積形成が進展していると指摘されている．

(3)　卸売業，小売業の立地
①卸売業
　福岡市の商業の立地をみると，卸売業と小売業とで集積の状況に違いがある．図 8-3 は卸売業に含まれる産業中分類 6 業種（各種商品，繊維・衣服等，

第Ⅱ部　都市・経済編

図 8-3　卸売業の地理的分布（従業者数：福岡市都心部）

出所）経済センサス活動調査（2021 年）より作成．

飲食料品，建築材料・鉱物・金属材料等，機械器具，その他卸売業）を抽出し，小地域別に従業者数を示したものである．博多駅と天神駅周辺への集中傾向がみられるが，博多駅東部にあたる筑紫口エリアでは機械器具卸売業への特化が確認できる．一方，天神駅周辺は飲食料品卸売業の割合が高い地区が散見され，大名2丁目では繊維・衣服等卸売業の割合が大きくなっており，後述するような飲食業やアパレルが卓越した商業地区の特性を反映した立地がみられる．

②小売業

　小売業の立地は卸売業と比べて，博多と天神の二極への特化が鮮明に表れている[3]（図8-4）．特に天神地区では地下街も含め，商業集積が卓越しており，百貨店が含まれる各種商品小売業や，アパレルが占める割合が高くなっている．天神地区への大型店舗の進出に伴う熾烈な商業競争は「天神流通戦争」と表現された[4]．2009年時点で店舗面積が 10,000m^2 を超える大規模小売店舗は天神地区において12店舗を数え，博多駅地区の3店舗を大幅に超えていた（石丸，2012）．天神地区では岩田屋本館，博多大丸（現・大丸福岡天

第 8 章　福岡市における都市型産業の空間構造

図 8-4　小売業の地理的分布（従業者数：福岡市都心部）
出所）経済センサス活動調査（2021 年）より作成．

神店），福岡ショッパーズプラザ（現・イオンショッパーズ福岡店およびノース天神）など 40,000m^2 を超える大型の百貨店やショッピングモールもみられる．

　2011 年になると九州新幹線鹿児島ルートの全線開業にあわせ大型ショッピングセンターの JR 博多シティが開業し，博多周辺の商業集積が進展したことで，天神地区との二極化がみられるようになる（松原，2014，p.82）．JR 博多シティには核テナントとして百貨店の博多阪急，専門店街のアミュプラザ博多が入居し，延床面積は 240,000m^2 を誇り，駅ビルとして全国最大規模の商業施設となる[5]．また博多駅周辺には 2016 年に博多マルイが入居

3）都心部以外に目を転ずると，東区にはゆめタウン博多やイオンモール香椎浜，西区にはマリノアシティやイオンマリナタウン，イオンモール福岡伊都，木の葉モール橋本などモール型の大型商業施設が立地している．ほかにも 2018 年 11 月には福岡 PayPay ドームやヒルトンシーホークが立地する中央区地行浜 2 丁目において「MARK IS 福岡ももち」（三菱地所）が開業し，2022 年 4 月には「三井ショッピングパーク ららぽーと福岡」（三井不動産）が博多区南部の青果市場跡地において開業している．
4）1971 年のダイエー福岡ショッパーズプラザの開店に端を発する天神地区の「流通戦争」の経緯については松原（2014）や西日本鉄道（2018）が詳しい．

97

第Ⅱ部　都市・経済編

する KITTE 博多（日本郵便運営）が開業し，延べ床面積は 64,000m² で天神地区の大手店舗を凌ぐ規模となっている．

　一方，天神地区の商業集積も，近年さらなる変貌を遂げている．1976 年に開業した天神コア（西日本鉄道運営）や天神ビブレ（ダイエー系列で，現在イオンモール子会社の OPA 運営），1989 年開業のイムズ（三菱地所運営）といった天神地区を代表としていたショッピングセンターが 2020 年から 2021 年にかけて相次いで閉店した．これは福岡市が推進する再開発事業の「天神ビッグバン」に伴うものである．博多駅周辺でも複数のビルの建替が「博多コネクティッド」というプロジェクトの下で進行中であり，福岡市都心部の商業の空間構造は再開発事業と深く関連しながら新たに形成されつつある．

（4）宿泊業，飲食サービス業の立地

　福岡市都心部の飲食店の立地をみると，博多駅，天神駅を中心として面的に集積が拡がっているほかに，中洲地区への卓越した立地が確認できる（図 8-5）．福岡を代表する歓楽街である中洲地区の飲食店は接待の場としても利用され，多様な主体との関係深耕の役割を有するほか，新奇的な情報や知識に接する機会を提供しうると考えられる．ただしコロナ禍において外食産業は大きな負の影響を受け，中洲地区（中洲 1 〜 5 丁目）の飲食店の従業者数は大幅に減少している．2016 年の経済センサス基礎調査によると中洲地区の飲食店の従業者数は 7,266 人であったが，2021 年には 4,657 人と 40％ 近く減少している．特に飲食店が集中する中洲 2 丁目では 2016 年から 2021 年にかけて 2,668 人から 1,812 人に急減し，中洲 4 丁目においても 2,566 人から 1,251 人へと半減している．このような飲食店の減少傾向は博多駅周辺でも共通しており，駅ビル開発で急増した博多駅中央街の従業者数は 2016 年時点で 6,207 人であったが，2021 年には 4,710 人にまで減少している．このように外食産業が負の影響を受ける中で，コロナ禍における「中食」の成長によって，博多駅前 4 丁目や大名 2 丁目において持ち帰り・配達飲食サービス業の集積が新たにみられるようになった．

　宿泊業をみると，福岡を代表する大規模ホテルとして，早良区のシーサイドももち地区（地行浜 2 丁目）にヒルトン福岡シーホークが立地している．

5）九州旅客鉄道株式会社『ファクトシート 2020』による．https://www.jrkyushu.co.jp/company/ir/library/fact_sheet/（最終閲覧日 2022 年 4 月 27 日）．

第 8 章　福岡市における都市型産業の空間構造

図 8-5　宿泊業，飲食サービス業の地理的分布（従業者数：福岡市都心部）
出所）経済センサス活動調査（2021 年）より作成．

同ホテルでは 2019 年に主要 20 カ国・地域（G20）財務相・中央銀行総裁会議が開催され，国際会議の会場としても活用されている．なお大規模ホテルの立地は MICE[6] 誘致の必要条件となる．現在，福岡市都心部では，博多駅筑紫口には都ホテル博多，天神駅西口には西鉄グランドホテル，中洲地区のキャナルシティにはグランドハイアット福岡など高級ホテルが立地しているものの，規模面で東京や大阪に劣っている．小栁（2018）によると，福岡市は東京都特別区部に次いで国際会議件数が多いが，MICE 施設の供給不足が課題となると指摘されている．国際的な MICE 開催であれば宿泊ホテルの不足も重要な課題となりうる[7]．こうした課題解決のため，福岡市は中央ふ

6）MICE とは会議（Meeting），報奨旅行（Incentive tour）コンベンション（Convention），展示会（Exhibition）の頭文字をとったものである．MICE は開催期間中に加えて，開催前後にも宿泊や会食を伴うため，多様な観光集客が見込まれる重要な市場であると考えられる．
7）福岡市は 2019 年開催の G20 首脳会議の誘致に失敗したが，その要因として外国要人が宿泊する高級ホテルの不足があげられた（読売新聞 2019 年 4 月 6 日付）．なお 2016 年には高級ホテルの容積率を緩和する「ハイクオリティホテル建設促進制度」を創設し，第 1 号として近鉄系の都ホテル博多（2019 年開業）に適用している（日本経済新聞地方経済面九州 2018 年 8 月 14 日付）．

第Ⅱ部　都市・経済編

頭，博多ふ頭のウォーターフロント地区における MICE 機能強化に取り組んでいる．さらに外資系高級ホテルのザ・リッツ・カールトン・ホテルの誘致に成功し，天神西部の大名地区（大名 2 丁目）において 2023 年に新規開業を果たしている．

3．福岡市の都市政策の展望

　福岡市都心部における都市型産業の空間構造をみると，博多および天神地区周辺の集中傾向がどの産業においても共通してみられた．そのなかで情報通信業ではシーサイドももち地区や薬院地区などに新たな集積形成が図られつつあることが明らかになった．また関連業種への地理的近接性が重視される広告業では，媒体企業が集積する天神地区のほかに，マス媒体への近接性を求めて新興の集積地が形成されていた．さらに小売業の空間構造をみると，博多駅周辺では商業ビル建設の進展により，天神地区にキャッチアップするように商業機能が強化されたことによって，博多地区と天神地区の二極化傾向が進展していることが明らかになった．

　上記の通り都市型産業の博多と天神への二極化は再開発事業の推進によって促進されている．ただし福岡市都心部の再開発事業の天神ビッグバンおよび博多コネクティッドはコロナ禍前に進行したものであり，劇的な外部環境の変化への適応に迫られているといえる．新型コロナウイルス感染症の 5 類移行や，2022 年以降の歴史的な円安により，インバウンド需要は回復傾向にあるものの，MICE 施設の強化による旺盛なインバウンド需要の取り込みは今後も予断を許さない状況にあるといえよう．産業集積政策においては，技術的関連性が低い経済活動に分散することが，不況などの外部ショックへの対応として適していることが示唆されており（與倉 2021），福岡市の都市政策においても，外部ショックを吸収するようなレジリエントな要素の導入が必要不可欠であると考えられる．

　本稿は與倉（2022）をもとに，最新の統計データを用いて大幅に加筆修正したものである．

参考文献

石丸哲史（2012）：福岡大都市圏—広域中心都市—，（所収野澤秀樹・堂前亮平・手塚　章編『日本の地誌 10—九州・沖縄—』朝倉書店：151-155）．

伊東維年（2012）：半導体設計開発拠点の構築と半導体設計企業，（所収伊東維年・柳井雅也編『産業集積の変貌と地域政策―グローバル時代の地域産業研究―』ミネルヴァ書房：95-154）.

吉良幸生（2010）：路地に集積するクリエイティビティの考察―路地のスケール感がまちの活性化を加速する，『都市政策研究』10, 69-78.

久保隆行（2015）：福岡市の産業特性とポテンシャル―ICT 産業を軸とした産業基盤強化に向けて―，『都市政策研究』17, 13-27.

小柳真二（2015）：クリエイティブ人材の福岡移住，『ビジネス・レーバー・トレンド』479, 22-24.

小柳真二（2018）：支店経済都市・福岡の変容，『経済地理学年報』64, 303-318.

西日本鉄道（2018）：『創立 110 周年記念誌―まちとともに，新たな時代へ―』.

古川智史（2014）：『日本の広告産業におけるグローバル・ローカル環境への適応と創造性に関する地理学的研究』東京大学大学院総合文化研究科博士論文.

古川智史（2018）：日本国内における大手広告会社の事業所配置とその再編，『経済地理学年報』64, 73-92.

松原　宏（2014）：地方中枢都市：福岡，（所収松原　宏編『地域経済論入門』古今書院：69-87）.

山﨑　朗（2010）：失われた 30 年―土地利用計画転換の遅れがもたらしたもの―，『土地総合研究』18（3），43-49.

與倉　豊（2017）：『産業集積のネットワークとイノベーション』古今書院.

與倉　豊（2021）：進化する産業集積とイノベーション―研究・政策動向に関する覚書―，『経済学研究（九州大学）』88（4），1-17.

與倉　豊（2022）：福岡市の都市集積に関する一考察，『経済学研究（九州大学）』89（1），1-21.

第9章

福岡市都心再開発「ソラリア計画」とその影響
－商業・飲食業の変化を中心に[1]－

加　藤　要　一

1．はじめに

　アジアの拠点都市をめざしている福岡市では現在，天神地区で新たな雇用と空間の創出するプロジェクト「天神ビッグバン」が進行中である．いまやアジアからの需要を呼び込もうとする天神地区であるが，その基盤は，1990年代から2000年代初頭にかけておこなわれた西日本鉄道（株）主導でおこなわれた駅ビル再開発「ソラリア計画」をきっかけとした商業集積にあると言える．この再開発によって，天神地区は「超広域型商店街」[1]に成長し，その商業吸引力は九州圏全体に及ぶようになったからである．特急かもめに乗車して天神地区に買い物に来る「かもめ族」なる言葉ができたのもこの頃である．この章では，このソラリア計画の進行する時期の，福岡市天神地区とその周辺部で商業・飲食業の変化はどのようなものであり，ソラリア計画がどう影響したのか，あるいは影響しなかったのかを主として商業統計，事業所統計の「小地域統計」をもとに明らかにしたい．また，同時期に日本全国各地でおこなわれた大規模な JR 駅ビル再開発の周辺地域への影響を分析し，ソラリア計画を比較することにより，その特質を捉えたいと考える．

　なお，2011 年開業の JR 博多駅ビルの影響，現在進行中の博多地区の再開発：博多コネクティッドの影響については，本稿で使用した商業統計，事業所統計の「小地域統計」が，2006 年と 2007 年を最後に途切れたことから，別の方法をとる必要があり，稿を改めなくてはならないことをお断りしておく．

1）商店街（商業中心地）は商圏の広狭によって，超広域型，広域型，地域型，近隣型に分類される．

2．他都市 JR 駅ビル再開発の影響

　1987 年の国鉄分割民営化により誕生した各 JR は，事業多角化のため駅ビル再開発をおこなった．代表的なもので竣工順に 1997 年京都駅ビル，1999年名古屋駅ビル，2003 年札幌駅ビルであり，いずれも延べ床面積 20 万平方メートルの巨大なものである．これら圧倒的集客を誇る中心駅への駅ビル建設によって，新たな商業集積の「核」が誕生し，従来の商業中心地であった京都の四条・河原町地区，名古屋の栄地区，札幌の大通地区との商業をめぐる「地区間競争」が生じた．その様相を統計資料により確認してみよう[2]．

　京都駅ビルは，1997 年に伊勢丹（37,400㎡）を核に開業している．表 9-1にて，この年の前後の変化に注目しよう．京都駅地区は，1997 年から 2002年にかけてほぼ伊勢丹の売場面積分 37,400㎡ の増加，年間販売額（以下，年販と省略，表中も同様）も伊勢丹分の約 400 億円の増加となっている．河原町地区は，駅ビルに対抗して売場面積が増加するも，年販が約 500 億円減少，売場効率を大きく低下させることとなった．商店数では最寄品がほぼ変わらないものの，比較的遠くから来街し購入する買回品が大きく減少しており，京都駅ビルの影響が見られる．ただし，年販では京都駅地区の倍をいまだ誇っており，従来の商業中心地としての「格」は保っている．市民へのアンケート調査[3] によると，「両地区のどちらが魅力あるか」との問いには，河原町地区 47.4%，京都駅地区 19.6% と答え，また「買回品をどこで買うか」との問いには，四条通（河原町）が 1 位で 44.7%，京都駅地区は 3 位で 9.1% となっており，消費行動の習慣性は強固であると言えよう．

　名古屋駅ビル再開発は，1993 年より旧駅舎の解体が始まり，2000 年 3 月，ジェイアール名古屋タカシマヤ（売場面積 75,065㎡）をはじめとした商業施

表 9-1　京都市 2 極における小売業諸指標の比較

	京都駅地区						河原町地区						
	商店数	年販	売場面積	売場効率	商店数		商店数	年販	売場面積	売場効率	商店数		
					買回品	最寄品					買回品	最寄品	
年	軒	億円	㎡	万円／㎡	軒	軒	軒	億円	㎡	万円／㎡	軒	軒	
1991	347	945	47,349	200	153	194	299	3,191	132,513	241	138	181	
1994	298	887	47,284	183	138	182	295	3,034	151,033	201	132	183	
1997	273	947	61,848	154	118	157	298	3,243	155,431	209	130	186	1997年　JR京都駅ビル開業
2002	301	1,313	88,048	137	140	181	278	2,884	182,507	164	115	183	
2007	325	1,128	84,967	174	144	181	273	2,658	182,253	164	118	157	

注：京都駅地区は皆山統計区，河原町地区は豊園，開智，永松統計区の合計値。年販は年間売上額。
出典：『京都市の商業』各年より作成。京都駅地区は皆山統計区，河原町地区は豊園，開智，永松統計区の合計値。

2）詳しくは，加藤要一（2013）を参照．
3）宮内尚志（2011）．

103

第Ⅱ部　都市・経済編

設，ホテル，飲食店，オフィスを含む敷地面積 82,191 ㎡，延べ床面積 416,565 ㎡の巨大な複合施設 JR セントラルタワーズが誕生した．表 9-2 にて，名古屋駅地区と従来の中心商業地である栄地区との比較をおこなう．1997 年から 2002 年にかけて，年販が 2302 億円から 2685 億円へ，売場面積が 116,193 ㎡から 170,119 ㎡へと駅ビル分が増加しているが，商店数では，722 から 614 へ，さらに 2007 年には 475 へと大きな減少を続けており，駅ビル再開発は駅近接の周辺地域の店舗の増加には寄与していない．このことは，表 9-3 で地下街の歩行者通行量においても傍証できる．すなわち，駅ビルで来街者が堰き止められて，栄地区まで足を運ばず，栄地下街の通行量が減少することは当然であろう．だが，名古屋駅地下街も栄地区と同様に減少しており，駅ビル周辺への来街者の回遊性が創出されていないことからも覗える．名古屋駅地区では，買回品，最寄品ともに商店数を減らしており，駅ビル近接地域から駅ビルへの商業機能の集中が読み取れる．これに対し，栄地区は年販が 1997 年から 2002 年にかけて駅ビル開業の影響により 4438 億円から 4085 億円へと減少するが，2007 年には 4306 億円へと回復している．また商

表 9-2　名古屋市の 2 極における小売業諸指標の比較

	名古屋駅地区						栄地区					
	商店数	年販	売場面積	売場効率	店舗数		商店数	年販	売場面積	売場効率	店舗数	
					買回品	最寄品					買回品	最寄品
年	軒	億円	㎡	万円/㎡	軒	軒	軒	億円	㎡	万円/㎡	軒	軒
1985	735	2,159	113,085	191	246	489	791	3,238	200,074	162	408	383
1988	778	2,274	106,888	213	281	515	825	3,805	217,494	175	434	391
1991	795	2,824	114,405	247	324	471	1,131	4,885	283,110	186	651	480
1994	702	2,425	115,113	211	293	409	950	4,708	254,170	185	499	451
1997	722	2,302	116,193	188	307	415	885	4,438	272,230	163	523	382
2002	614	2,685	170,119	158	252	382	958	4,085	271,150	151	565	393
2007	475	2,828	191,555	148	201	274	1,007	4,306	291,512	148	628	379

注：名古屋駅地区は新明統計区，栄地区は栄統計区の数値，年販は年間売上額．
出典：『名古屋の商業』各年版より作成．

表 9-3　JR セントラルタワー開業前後の地下街歩行者通行量

（万人）

	名古屋駅地下街3)		栄地下街3)	
	平日	休日	平日	休日
開業前1)	3.0	2.3	3.1	2.8
開業後2)	2.3	1.9	2.4	2.4
増減率	-22%	-14%	-24%	-15%

注：1)　開業前は，栄地下街は1993-1999間の4時点，名駅地下街は1992-1998間の4時点の平均．
2)　開業後は，栄地下街は2002-2008間の4時点，名駅地下街は2000-2007間の4時点の平均．
3)　調査地点は，名古屋駅地下街9ヶ所，栄地下街が18ヶ所．
いずれも，調査時間の変化による補正済み．
出典：『地下鉄栄地下街通行量調査』，『地下鉄名駅地下街通行量調査』各年より作成．

第9章　福岡市都心再開発「ソラリア計画」とその影響

店数も同時期 885 → 958 → 1007 へと増加，特に買回品の商店数が増加しており，栄地区の広域型商店街としての強さは維持できている．

　札幌駅ビル再開発は，「札幌駅南口土地区画整理事業」として 1998 年より工事着手，JR タワーと大丸百貨店札幌店（45,000㎡）が 2003 年に開業した．JR タワーは大丸と合わせて商業施設，飲食店，シネコン，ホテルを組み込む巨大な複合施設となった．また，並行して駅前広場（19,000㎡）が整備され，駅前地下街（アピア）も 1999 年に開業している．

　この再開発にともなう駅周辺地区と従来の中心商業地である大通地区の小売売上高の変化を，表 9-4 で見る．札幌駅南口地区では，年販がバブル期の 1991 年の 1122 億円をピークに減少傾向があったものが，一旦再開発で減少するものの，JR タワー開業によって 2004 年に 1140 億円とバブル期レベルに回復，2007 年には 1204 億円まで伸ばしている．店舗面積も駅ビル建て替えに伴い一旦減少するも，大幅贈となった．大通地区との比較では，札幌駅南口地区と大通地区では，かつては，例えば 1991 年の年販では 1122 億円対 2647 億円と，2.5 倍の差があったものが，2007 年時点では 1204 億円対 1572 億円と両地区の差があまりなくなった．これは，先に見た京都，名古屋が，JR 駅ビル地区の勃興がありつつも従来の中心商業地の優位が保たれているのとは対照的である．大通地区は，売場面積は札幌駅ビルへの対抗のため増加するものの，年販は駅ビル開業前の 2002 年の 2050 億円から，開業後の 2007 年には 1572 億円まで減少した．もともと，バブル期の 1991 年の 2647 億円をピークに減少傾向にあったものが，駅ビル開業の影響が打撃となり，段差を持って減少した形である．駅ビルの開業は，売場効率や，買回品・最寄品区分に影響を及ぼしている．従来の商業中心地であり地元百貨店が立地する大通地区の方が，札幌駅より売場効率が高かった．これは，単価の高い買回品の年販の高さに由来するものであった．しかし駅ビル開業後，買回品

表9-4　札幌市の2極における小売業諸指標の比較

	札幌駅南口地区								大通地区									
					買回品		最寄品						買回品		最寄品			
	商店数	年販	売場面積	売場効率	商店数	年販	商店数	年販	商店数	年販	売場面積	売場効率	商店数	年販	商店数	年販		
年	軒	億円	㎡	万円/㎡	軒	億円	軒	億円	軒	億円	㎡	万円/㎡	軒	億円	軒	億円		
1982	176	817	49,917	124	53	471	123	146	490	1,830	128,888	142	292	1,564	198	266		
1985	169	863	48,919	138	50	521	119	142	485	1,873	131,050	143	292	x	193	x		
1988	252	920	60,074	153	78	728	176	191	585	2,173	137,482	158	378	1,821	187	352		
1991	352	1,122	71,681	157	157	905	195	218	585	2,647	134,458	197	398	x	187	x		
1994	350	1,034	69,285	149	166	793	184	241	513	2,576	131,872	196	354	x	159	x		
1997	324	982	73,523	134	148	752	176	230	532	2,544	143,428	177	371	x	161	x		
1999	139	558	38,490	145	60	436	79	122	578	2,438	140,814	173	366	x	182	x		
2002	280	578	47,229	122	134	x	126	x	533	2,050	135,443	151	355	1,726	178	323	2002年	JR沿
2004	368	1,140	113,807	100	237	881	131	279	559	1,979	152,000	130	380	1,846	179	333	ラ~開業	
2007	388	1,204	118,608	101	241	938	125	268	447	1,572	161,435	97	288	1,335	159	236		

注：札幌駅南口地区はメッシュ番号644142783，大通地区は644142684の数値．Xは秘匿データ．年販は年間売上額．
出典：『商業統計メッシュデータ』各年版より作成．

105

第Ⅱ部　都市・経済編

表 9-5　JR タワー開業前後の歩行者通行量の推移　　(万人)

期間		札駅地下街	地下街西武東急口	札幌駅前	札駅と大通りとの中間地点	オーロラタウン	大通駅コンコース	大通り西	大通り東	狸小路西	狸小路東	すすきの	ポールタウン
		地下	地下	地上	地上	地下	地下	地上	地上	地上	地上	地上	地下
平日	1996-2002	18.7	21.7	12.3	21.9	14.0	22.1	13.3	10.3	13.9	11.7	12.7	19.8
	2004-1010	22.2	15.4	11.4	19.6	10.7	17.8	10.4	8.2	12.4	10.6	11.8	15.9
	増減率%	18.8	-28.1	-7.2	-10.7	-23.7	-19.2	-21.3	-20.6	-11.1	-1.0	-6.9	-19.4
休日	1996-2002	17.2	18.4	10.3	18.4	10.9	16.7	13.6	12.4	17.8	15.8	14.3	20.3
	2004-1010	22.3	14.3	9.3	14.0	8.1	12.9	11.0	8.7	13.9	12.1	12.0	14.4
	増減率%	29.8	-22.2	-10.3	-14.5	-25.2	-22.9	-19.0	-29.5	-21.8	-23.0	-18.2	-29.2

出典：札幌市商店街振興組合連合会『札幌市都心商店街通行量調査』各年より作成.

の年販，商店数ともに減少，売場効率も大きく低下し 97 となった．逆に札幌駅南口地区の買回品の年販，商店数が増加するも，売場効率は低下して 101 と，両地区ともほぼ同額となっており，両地区間の消耗戦ぶりが覗える．店舗を消費者が回遊しながら比較検討して購入する買回品は，比較的長距離から来街し購入する（「足が長い」）．そのため，来街者の回遊行動が「まちの賑わい」となる．また買回品の売上高は広域型商業地として指標にもなるものだが，大通地区はその「広域性」を失いつつあると言えよう．札幌駅ビル地区は札幌都市圏における広域型商業地としての地位を大通り地区から奪い，一極集中を進めつつある．

　歩行者通行量を見ても（表 9-5），駅ビル開発後，増加しているのは札駅地下街だけであり，地下街の西武東急口，札幌駅前は減少していて，駅周辺の歩行者の回遊性は低下している．また，駅から離れた大通地区や，すすきの地区など広範囲で歩行者通行量が減少している．大通地区に立地する百貨店では，代表的地元百貨店であった丸井今井と三越の売上が，駅ビル開業後急激に減少した．その結果，2009 年に丸井今井は民事再生法の適用を申請し，三越伊勢丹ホールディングスのもとで再建を目指すこととなった．駅ビルの来街者囲い込み効果は，他都市と比較し絶大だと言わなければならない．

3．福岡市天神地区「ソラリア計画」とその影響[4]

　福岡市郊外のベッドタウン化は，まず西鉄大牟田線沿線から始まった．1972 年に春日市，大野城市，筑紫野市，小郡市が，1982 年に太宰府市が市制施行した[5]．これは当線が主要駅での緩急接続や頻繁運転など都市私鉄型

4）詳しくは，芳賀博文・加藤要一（2020）を参照.
5）福岡都市圏では，ほかに 1981 年に宗像市，1992 年に前原市が市制施行した.

第 9 章　福岡市都心再開発「ソラリア計画」とその影響

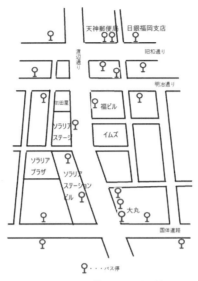

図 9-1　天神地区のバス停

のサービスを，福岡県でいち早く始めたからである．1987 年の国鉄民営化時点の 1 日乗降客は，博多駅が 11 万 3 千人に対し，西鉄福岡駅は 16 万 5 千人であり[6]，西鉄福岡駅の駅勢圏は博多駅より広かった．

　1989 年にソラリアプラザビル（店舗面積 19,700㎡）開業，いわゆる「第二次天神流通戦争」の幕開けとなった．1997 年にソラリアターミナルビル（店舗面積 37,604㎡）完成，2 階に大牟田線ホーム，3 階にバスセンター，その他の階には福岡三越が入居した．この時，福岡駅ホームは 70 m 南下した[7]．その南下した福岡駅ホーム跡地にソラリアステージビル（店舗面積 11,710㎡，延床面積 32,107㎡）が 1999 年に完成し，ソラリア計画が完了した．

　天神地区の駅ビル建設により，東西の歩行者の往来を妨げていた高速バスを中心とした旧バスセンターは，駅ビル 3 階のバスセンターに集約され，渡辺通りと西通りを結ぶ自由通路が開設され，東西の回遊性が向上した．また駅構造の特徴としては，よく JR 駅にあるような駅前広場がなく，駅ビルが直接道路に面している．市内路線バスはバスプールがなく，十数カ所に及ぶ街路のバス停に分散している（図 9-1）．またタクシープールもなく，道路の

6）『福岡市統計書』1987 年版．博多駅は在来線のみで，乗車人数を 2 倍した数値．
7）天神の中心地が岩田屋前から，ライオン広場へ南下，この南下によって岩田屋は駅乗降客にとって遠くなり，苦境に立たされた．

107

車線をつぶす形となっている．こうした状態は，効率を求める交通工学から言えば問題であろうが，そのために，かえって周辺商業施設相互の距離が近く，複数の商業施設を比較検討して購入する「買い回り」がしやすく，回遊性向上に寄与している．コンパクト・シティの先駆けとも言える．

4．天神とその西側（大名・今泉地区）

　このソラリア計画が周辺地域の商業にどのような影響をもたらしたかについて，小売業と飲食業を中心に確認する．以下に使用する資料は，福岡市役所編『福岡市の商業』『福岡市の事業所』の統計区（図9-2，3）ごとの小地域統計である．以下，統計区には「」を付けて表現する．

　まず，天神地区の状況（表9-6）は，駅ビル再開発がおこなわれた1990年代に，売場面積が約20万㎡から30万㎡へと1.5倍に増える一方で，年販は3500億円前後で増えていない．この時期は，「第3次天神流通戦争」（『天神パワー』[8]）と呼ばれるオーバーストア下の商業施設間の競争が現出した．年販は「第2次天神流通戦争」の1980年代から1991年への伸びが大きく，90年代以降の伸びは止まっている．バブル期の売り上げがその後も維持できているとも言えようか．ただ，買い回り品の「織物・衣服・身の回りの品」は，90年代が1000億円を超えるピーク期で，それ以降減少しており，90年

図9-2　各統計区の範囲　　　　図9-3　各統計区の範囲
　　　（天神とその周辺）　　　　　　　（博多部）

8）田村馨編（1998）

第9章　福岡市都心再開発「ソラリア計画」とその影響

表 9-6　小売業の推移（天神・警固・大名舞鶴）

統計区番号	統計区		小売業			織物・衣服・身の回り品小売業		
			商店数	年販(億円)	売場面積	商店数	年販(億円)	
301	天神	1982	851	2,314	176,422	418	606	
		1985	830	2,454	170,960	437	653	
		1988	924	2,836	179,039	513	807	1989ソラリアプラザ・イムズ開業
		1991	1,106	3,535	204,120	664	1,064	
		1994	1,097	3,694	202,370	626	1,040	
		1997	1,094	3,868	261,593	638	1,046	1996岩田屋Zサイド開業
		1999	1,004	3,653	300,467	534	752	1997エルガーラ・福岡三越開業
		2002	990	3,765	293,786	529	654	
		2004	1,021	3,247	277,201	523	624	2004岩田屋新館開業
		2007	1,123	3,817	295,239	647	704	2005地下街延伸
306	警固	1982	205	103	13,427	23	6	
		1985	199	141	10,677	36	11	
		1988	213	119	11,095	42	10	
		1991	222	185	12,658	55	20	
		1994	219	166	14,115	51	27	
		1997	232	218	14,683	61	44	
		1999	259	274	21,635	83	86	
		2002	283	434	21,927	115	61	
		2004	320	298	24,639	138	69	
		2007	297	219	21,323	141	57	
308	大名・舞鶴	1982	299	196	21,116	82	37	
		1985	273	232	19,166	78	59	
		1988	341	211	20,916	116	63	
		1991	378	361	24,547	138	88	
		1994	378	373	26,193	137	93	
		1997	404	389	29,442	145	109	
		1999	411	486	30,301	147	116	
		2002	447	388	33,187	200	143	
		2004	542	503	41,342	260	182	
		2007	474	397	37,230	236	151	

出典：『福岡市の商業』各年

代が個別店間の買い回り，つまり回遊性がもっとも高かった時期であった．

　飲食業（表9-7）では，天神地区は，飲食店数は一貫して減少，特に居酒屋などの遊興飲食店の減少率が大きい．天神3丁目の親不孝通りの衰退や鉄道高架下にあった「飲み屋」の移転なども一因であろう．天神地区は，中心市街地にあるべき機能の「買う」「飲む・食べる」のうち，「買う」機能は強化され，それに特化する一方，「飲む・食べる」機能は弱くなり，その機能は低下していったと言えよう．

　天神地区開発，特に駅ビルの形状により，東西の回遊性が向上した，駅より西の大名地区や今泉地区を見てみよう．統計区の「警固」に今泉地区が，同じく「大名・舞鶴」に大名地区が含まれる．小売業では，両地区ともに，店舗数，年間販売額（年販），売場面積ともに上下はあるものの，増加傾向にある．特に大名地区では，若者向けの衣服のセレクトショップや古着屋が多く進出したのがこの時期であり，買い回り品の「織物・衣服・身の回りの品」の数字の増加に現れている．

　飲食業では，両地区とも増加傾向にあるが，特に「大名・舞鶴」の増加が

109

第Ⅱ部　都市・経済編

表 9-7　飲食業の推移（天神・警固・大名舞鶴）

統計区番号 統計区		飲食店	一般飲食店	遊興飲食店
301 天神	1981	685		
	1986	666		
	1991	655		
	1996	616	367	249
	1999	585	369	216
	2001	561	368	193
	2004	519	343	176
	2006	467	328	139
306 警固	1981	263		
	1986	314		
	1991	284		
	1996	304	118	186
	1999	349	140	209
	2001	361	167	194
	2004	373	171	202
	2006	363	173	190
308 大名舞鶴	1981	323		
	1986	445		
	1991	479		
	1996	511	208	303
	1999	492	204	288
	2001	525	217	308
	2004	561	232	329
	2006	503	220	283

出典：『福岡市の事業所』各年

著しい．天神地区の飲食機能の低下の受け皿が，ここであった．「大名舞鶴」の数値には，クラブやバー，居酒屋などの遊興飲食店の割合が高い．この数値には 80 年代に歓楽街として発展した親不孝通りを含む舞鶴地区の数値と，90 年代の駅ビル開発により勃興した大名地区の数値が合算されていることに注意が必要だ．大名地区の勃興と，90 年代には繁栄に陰りを見せていた親不孝通り（2000 年に親富孝通りと改称）とは，繁栄交替を含んでいるからである．

5．博多部の状況

つぎに，博多駅周辺をみていこう．博多駅ビルの開業は後年の 2011 年であり，本稿の対象外である．年販でみると，90 年代，「天神」地区は約 3,500 億円を超える九州随一の商業集積地となったが，その頃「博多駅」地区は約 700 億円台で，4 〜 5 倍の差があった（表 9-8）．商店数は減少しないものの，「織物・以北・身の回り品小売業」の年販は 90 年代後半から減少した．これは「博多駅南」「博多駅東」も同様であり，博多井筒屋の閉店以降，博多駅

第9章　福岡市都心再開発「ソラリア計画」とその影響

表 9-8　小売業の推移（博多駅周辺）

統計区番号	統計区		小売業			織物・衣服・身の回り品小売業	
			商店数	年販(億円)	売場面積	商店数	年販(億円)
201	博多駅	1982	459	568	43,156	122	99
		1985	463	751	39,317	120	99
		1988	456	648	40,159	135	138
		1991	497	778	43,523	141	153
		1994	465	763	42,332	136	126
		1997	451	845	44,817	138	215
		1999	441	740	53,039	108	99
		2002	412	785	52,381	109	150
		2004	418	942	73,613	106	91
		2007	435	1,089	58,939	102	70 2007博多井筒屋閉店
202	博多駅南	1982	113	123	4,961	13	4
		1985	128	98	6,858	15	×
		1988	118	129	4,979	13	19
		1991	112	150	4,239	17	30
		1994	120	268	4,864	15	×
		1997	106	263	5,249	7	×
		1999	95	209	4,767	6	×
		2002	82	122	4,305	6	×
		2004	81	129	4,483	5	×
		2007	74	96	4,509	6	6
203	博多駅東	1982	61	79	6,129	9	9
		1985	77	108	3,640	11	15
		1988	70	71	4,569	11	4
		1991	81	214	5,873	9	33
		1994	78	223	6,189	12	42
		1997	97	312	6,964	14	×
		1999	104	262	7,588	8	×
		2002	85	266	6,337	8	×
		2004	78	311	5,792	8	×
		2007	74	229	3,637	6	2

出典：『福岡市の商業』各年

周辺の買い回り機能はほぼなくなったと言えよう．（この買い回り機能の回復が，博多駅ビルの開業で期待されるところである.）この買い回り機能は，天神地区が吸収したものと思われる．飲食店数（表 9-9）では，90 年代以降は維持されており，また遊興飲食店より一般飲食店が多いことなど，JR 駅近で，オフィス街としての特徴である.

　「冷泉」統計区は，かつての商業中心地であった旧市街の冷泉町，祇園町，店屋町，上川端町と，中州の歓楽街を含むエリアとなっている．この地区は，1925 年に福岡市最初の百貨店の玉屋ができたように，戦前からの福岡市の商業中心地であった．1963 年の博多駅の現在地への移転や，天神地区の商業地としての勃興により，商業地としては衰退する（表 9-10）．1991 年までは年販では「天神」地区の約 2,500 億円には及ばないものの，「博多駅」地区と並んで 500 億円から 700 億円の年販があったが，1991 年をピークに

111

第Ⅱ部　都市・経済編

表 9-9　飲食業の推移（博多駅周辺）

統計区番号 統計区			飲食店	一般飲食店	遊興飲食店
201 博多駅		1981	405		
		1986	407		
		1991	361		
		1996	355	266	89
		1999	348	260	88
		2001	361	268	93
		2004	382	274	108
		2006	367	244	123
202 博多駅南		1981	72		
		1986	90		
		1991	79		
		1996	86	53	33
		1999	86	55	31
		2001	101	63	38
		2004	92	57	35
		2006	88	54	34
203 博多駅東		1981	99		
		1986	105		
		1991	112		
		1996	103	72	31
		1999	108	71	37
		2001	110	64	46
		2004	119	63	56
		2006	123	63	60

出典:『福岡市の事業所』各年

表 9-10　小売業の推移（冷泉）

統計区番号 統計区		小売業			織物・衣服・身の回り品小売業		
		商店数	年販(億円)	売場面積	商店数	年販(億円)	
207 冷泉	1982	393	567	54,213	111	60	
	1985	349	644	46,422	97	66	
	1988	330	643	44,968	88	59	
	1991	341	706	48,459	101	72	
	1994	310	541	45,660	99	54	
	1997	312	568	47,425	81	45	
	1999	299	536	46,208	83	53	1999福岡玉屋閉店
	2002	286	263	19,503	78	38	
	2004	282	243	19,595	71	40	
	2007	284	220	23,247	73	36	

出典:『福岡市の商業』各年

2007 年には 220 億円まで減少している．特に 1999 年の福岡玉屋の閉店が大きく影響している．「織物・衣服・身の回り品小売業」の商店数の年販の低下は，買い回り機能の低下を示しており，この機能は天神地区が吸収したものと思われる．

「冷泉」の飲食店（表 9-11）は，旧市街の一般飲食店と，中州の遊興飲食店を含むものであり，特に遊興飲食店の多さは，中州の歓楽街としての圧倒

第 9 章　福岡市都心再開発「ソラリア計画」とその影響

表 9-11　飲食業の推移（冷泉）

統計区番号	統計区		飲食店	一般飲食店	遊興飲食店
207	冷泉	1981	1753		
		1986	2074		
		1991	2354		
		1996	2216	265	1951
		1999	2184	266	1918
		2001	1952	243	1709
		2004	1899	256	1643
		2006	1763	257	1506

出典：『福岡市の事業所』各年

的強さを示すものである．その店舗数は，バブル期の 1991 年まで増加する
ものの，その後減少，特に遊興飲食店数が大きく減少している．これはバブ
ル崩壊後の不況もあるが，天神地区の西側の「警固」「大名・舞鶴」地区の
飲食店，特に遊興飲食店の店舗数が微増か維持されている点や，「博多駅」
の店舗数が増加している点から，これら地域への「飲む機能」が転移したも
のと思われる．

6．おわりに

　図 9-4 は，都市圏のコア（中央区・博多区），インナー（福岡市の他区），
アウター（10％雇用の福岡都市圏）の三区分の小売業年販の推移である．イ
ンナー（福岡市の他区）が早くも 1994 年以降，停滞期となりレベルを維持
しつつ，アウター（10％雇用の福岡都市圏）は，郊外型 SC の立地が進み一
貫して増加，コア（中央区・博多区）は，1997 年まで急激な増加，以降減
少に転じている．1997 年から 2007 年まで都市圏全体の年販は 2 兆 9200 億
円から 2 兆 8500 億円と減少しており，先に見た天神とその西側の勃興，博
多部の衰退の地域間競争は，アウターとの競合と市場の縮小の中でおこって
いたのである．

　他都市のとの比較に戻ると，都市の中心駅の駅ビルとその周辺の空間的構
造は，来街者の回遊性パターンを規定し，そのために周辺商業地の商業立地
に影響を与える．特に他都市で見たように，駅ビルが「施設内完結型」であ
る場合，来街者をその中に滞留させ，駅周辺や従来の商業中心地の回遊性を
抑止してしまう．これを駅ビルの「ダム効果」（図 9-5）と呼びたい．地域の
活性化は，巨大な一施設内の活性化だけでは達成できない．すなわち，商業

113

第Ⅱ部　都市・経済編

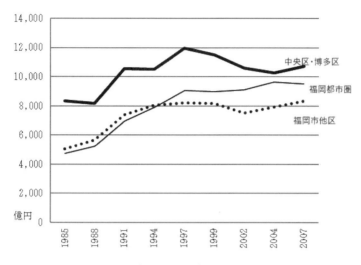

図9-4　福岡都市圏　小売業年間販売額の推移

出典：『商業統計表』各年

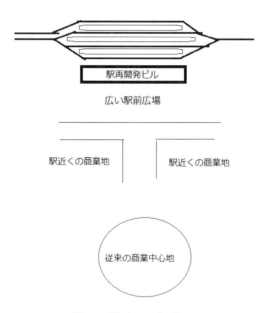

図9-5　駅ビルのダム効果

施設，数多くの小売店，路面店，飲食店が「群」として機能を果たしつつ，面としての「まち」を形成，来街者はそこを回遊して欲求充足をする．駅ビルは，そのような「群」との共存が達成できてこそ，地域の中での存在価値があるというべきであろう．

参考文献

加藤要一（2013）：駅ビル再開発が既存商業中心地に与えた影響－札幌，名古屋，京都の事例比較－，所収 芳賀博文・宗像優編『21世紀の都市と都市圏－福岡都市圏との比較研究－』九州大学出版会，20-38.

京都市役所（各年）：『京都市の商業』.

札幌市商店街振興組合連合会（各年）：『札幌市都心商店街通行量調査』,

田村馨編（1998）：『天神パワー（都市が変わる，流通が変わる，消費者が変わる）』西日本新聞社.

名古屋市役所（各年）：『名古屋市の商業』.

名古屋交通開発機構（各年）：『地下鉄栄地下街通行量調査』.

名古屋交通開発機構（各年）：『地下鉄名駅地下街通行量調査』.

芳賀博文・加藤要一（2020）：九州の鉄道会社による都市開発－ JR 九州と西日本鉄道の駅ビル事業－，九州産業大学『産業経営研究所報』52, 29-42.

福岡市役所（各年）：『福岡市の商業』.

福岡市役所（各年）：『福岡市の事業所』.

宮内尚志（2011）：京都駅周辺，四条河原町の商業地，日常の買い物等ついての京都市民の意識と実態調査結果について，『京都自治研究』4, 36-54.

第10章

福岡市中心部の再生
－天神ビッグバンと博多コネクティッドの経緯と現状－

芳　賀　博　文

1．はじめに

　日本では戦後の高度経済成長期に企業の管理機能が著しく伸張し，それらの業務を収容すべく主要都市中心部には大型のオフィスビルが建ち並んだ．その大半は（鉄骨）鉄筋コンクリート造（以下（S）RC 造）であり，建物の寿命は 50 年程度とされている[1]．また，1981 年に建築基準法の改正が行われて耐震性が格段に強化された新基準が採用され，それ以前に竣工したビルの地震に対する脆弱性が懸念されてもいる[2]．高度成長期から 50 年以上が経過した現在，こうした建物の耐用年数が近づくとともに老朽化が顕在化しており，全国各地でビルの建て替え（再開発）が行われている．一方で，グローバルな規模で激しさを増す都市間の競争下にあって，管理業務を伴う先端企業の誘致には受け皿となる高機能を備えたオフィスビルの存在が重要となってきた．業務のためのまとまった広い床面積や，ICT はもとより BCM[3] 機能を確保することは従来の古いビルでは困難になりつつあるためだ．こうした案件を国の規制緩和政策を巧みに取り入れて，市内中心部の広い範囲の建物を一体的に短期間で建て替えることで解決しようという野心的な試みが，福岡市で現在進行中である．本章では都市再生の参考事例として，

1）当初は鉄筋がアルカリ性のコンクリートに覆われて酸化が防がれるものの，二酸化炭素等によりコンクリートが徐々に中性化すると鉄筋の酸化が進んで膨張し，コンクリートが破壊されて建物が強度を失っていくため．税制面からも，RC 造および SRC 造の建物の法定耐用年数は 50 年前後（住宅用 47 年，事務所用は 50 年）である（国税庁ホームページ参照）．

2）建築基準法は 1950 年に制定され，大きな地震の後に耐震基準がこれまで 3 回（1971 年，1981 年，2000 年）大きく改正されてきたが，（S）RC 造の建物の耐震基準は 1981 年の改正以降大きく変わってはいない．従って 1981 年の改正以前に竣工した建物は新基準のものに比べて耐震強度が低いとされている．

3）Business Continuity Management（事業継続管理）の略．企業が災害，事件，事故に際して業務の中断による損害を最小限にし，早期に復旧するための対策や対応体制の平時からの準備．耐震・免震性能を含む防災やセキュリティー管理などが含まれる．

116

福岡市中心部における大規模な再開発の経緯と現状を概観する.

2. 中心部再開発の背景：見えない天井の打破

　福岡市の大きな特徴の一つとして，空港が中心部から非常に近い距離にあるという交通の利便性がある．玄関口となる福岡空港から地下鉄で博多駅まで5分，天神駅までは11分程度しかかからない．しかしながら空港近傍の市街地では，航空機の安全な飛行を確保するため航空法による建物の高さ制限があり，福岡市中心部では他の大都市のような100mを超える高さの建物が存在してこなかった（写真10-1，2）．空港が近いことはアクセスに便利な反面，都市開発にとっては不利な障害となっていたのである．この見えない天井を如何に克服するかが，中心部再開発の成否を左右する課題だったといっても過言ではない.

　実は海外には同様の状況にあった都市がある．香港ではかつて，主要空港の香港国際空港（啓徳空港）が中心市街地から至近の九龍半島にあった（福岡空港と同じ滑走路が1本）．アジアのハブ空港として発着数が多く，近隣の集合住宅の洗濯物をひっかけると言われたほど航空機が頻繁に市街地上空を飛んでいた．混雑で手狭となった当空港は，1998年に西方約35km離れたランタオ島の新空港（チェクラップコク国際空港）へ移転する．啓徳空港が閉港して航空機の発着による建物の高さ制限がなくなったことで，九龍地区には対岸の香港島に劣らぬ高さの超高層建築が，短期間で続々と建設されていった[4]（写真10-3）.

　福岡空港でも同様に，空港問題の議論が2000年代初めになされた．論点は「現空港の整備」か「新空港の建設」かに絞られ，新空港案では新宮沖の埋立て地に名古屋や北九州のような海上空港が想定された．耐用年数が近づいていた中心部のビルの多くは空港の移転動向を見極めるべく，建て替えは様子見の状況が続く[5]．これに対応して国（国交省）・福岡県・福岡市は，空港問題検討の場として「福岡空港調査連絡調整会議」を設置，2005～8

---

4) 例えば，環球貿易廣場（2010年竣工，高さ約484m：2023年末時点で香港最高），如心廣場（2007年竣工，高さ約320m），天璽（2009年竣工，高さ約270m），名鑄（2007年竣工，高さ約257m）など．なお，啓徳空港跡地にはクルーズ船ターミナルが2013年に開業している.

5) 例えば旧岩田屋百貨店の建物は当時1936年の竣工から70年あまりが経過していたにもかかわらず，内部の耐震補強を施したうえでPARCOに賃貸された.

第Ⅱ部　都市・経済編

写真 10-1　博多駅周辺のビル群（2021 年 10 月撮影）

写真 10-2　中洲地区上空を飛ぶ航空機（2023 年 5 月撮影）

写真 10-3　九龍地区の超高層建築群（2012 年 11 月撮影）

第 10 章　福岡市中心部の再生

年に住民から意見を徴収し（PI），結果を踏まえて 2009 年 4 月に現空港の整備（滑走路増設）を行うことが望ましいとの結論を出す[6]．すなわち，この時点で新空港への移転は凍結されたのだ．現空港の存続による高さ制限の継続する状況では従前より狭い床面積しか確保できず[7]，ビル所有者が建て替えを躊躇してしまう．これにより都心部での再開発は，既存規制の緩和策の方向へ舵を切らざるを得なくなったのである．

　規制緩和による現状打破の取り組みは，2010 年 12 月に就任した市長の高島宗一郎により開始された．高島は単に物理的な障害を取り除くのではなく，ソフト面から空間需要を拡大して，その受け皿としてハード面を整備するという戦略を取った．まずは 2012 年に企業の創業を促進する「スタートアップ都市ふくおか宣言」[8] を行い，2013 年に「創業・雇用」をテーマとした国家戦略特別区域（戦略特区）[9] に応募，2014 年に「グローバルスタートアップ国家戦略特区」として指定を獲得するのである．法人税率軽減，投資条件や外国人雇用の緩和など特区で認められる規制の時限特例を活かし，新たな雇用の創出や経済の活性化を図ると共に，天神は雇用改革拠点（新しい雇用の空間）として，ビルの建て替えを念頭に更なるパワーアップを目指した．行政（市）は開発の事業主体になるのではなく，規制緩和や事業の仲介を行うなど開発にインセンティブを与える役に徹し，民間によるビルの更新を後押しする．2015 年 2 月，一連の建て替え支援策はパッケージ化され，『天神ビッグバン』と名づけられて正式にスタートした．

6）PI の結果については九州地方整備局ホームページを参照．福岡空港では現在，ターミナルの再整備や誘導路の複線化を行ったほか，現滑走路に並行して 2 本目の滑走路が 2025 年春の完成を目指して造成中である．

7）容積率制に移行したことに加えて，仮に十分な容積率があっても，近年のオフィスビルは OA 床の普及や開放感を重視した天井高などにより階高が上がっているため，高さ制限があると階数が稼げない．

8）スタートアップには新規企業の起業に加えて，既存企業の新分野への展開，短期での利益拡大などが含まれる．

9）2013 年 12 月に成立した地域を限定して各種分野の規制を緩和し，国内外の人材や投資を呼び込んで経済の活性化を目指す制度．同法は安倍内閣による成長戦略（アベノミクス）における柱の一つ『第 3 の矢』として，地域振興と国際競争力向上を目的に設置された．都市再生・まちづくりの分野では，容積率・用途など土地利用規制の見直し，道路の占有基準の緩和等が想定されている．

119

第Ⅱ部　都市・経済編

3．天神ビッグバン

　九州最大の繁華街となっている天神地区は，江戸時代に城下町「福岡」の屋敷地であり，明治に入ると県庁や市役所が置かれて官庁街としての色彩を有していた．ここに東西を貫く唐津街道の裏通りが拡幅されて路面電車が開通し（明治通り），戦後の高度経済成長期には通り沿いにオフィスビルが建ち並んだ（写真 10-4）．同時期から博多に代わる中心商業地としても栄え，「都心会」や「We Love 天神協議会」といったエリアマネジメント団体を組織して地区内の協力体制が構築されてきた．そして，当地区におけるビルの建て替え時期が近づくにあたり明治通り沿いでの一体的な取り組みを行うべく，最大地権者である西日本鉄道を中心に 35 地権者で「天神明治通り街づくり協議会」が 2008 年に結成される．以後「アジアでもっとも創造的なビジネス街」を目標に掲げ，他都市視察や研究会・勉強会を実施，数々の協議と検討を重ねた結果を 2012 年 12 月に計画提案として市に提出し，翌年 9 月に地区計画として都市計画決定がなされた．

　これをベースに天神ビッグバンは対象エリアを広げ，天神交差点から半径 500m 圏内の約 80ha を範囲としている（図 10-1）．期間は 2015 ～ 24 年の 10 年間[10]で，この間にビル 30 棟の建て替えを誘導する．建て替えによる効果としては，エリア内における建物全体の延べ床面積が約 31 万㎡増加（従前の 1.7 倍），雇用者は約 6 万人増加（同 2.4 倍），建設投資効果は 10 年で約 2,900 億円が見込まれ，以降，毎年約 8,500 億円の経済波及効果がもたらされるという[11]．2023 年度末現在での竣工済，起工済，計画中の事業は表 10-1 の通りである．

　最大の目玉が，建物の高さ制限の緩和．航空法の規制（円錐表面）により，天神での建物の高さは従来まで 60 ～ 70 m（13 ～ 15 階程度）であったが（図 10-2），明治通り沿いにおいて 2014 年 11 月にエリア単位（約 17ha）の特例承認を受け，高さの上限が 76m（17 階程度）まで緩和された．さらに 2017 年 9 月には渡辺通りより西側で 115 m（26 階程度），東側で 76 ～ 100m（17 ～ 23 階程度）（図 10-3）と一層の緩和[12]が認められた[13]．

10）新型コロナウィルス等の感染対策を取り入れることを条件に，終了年を 2024 年から 26 年末へ 2 年延期することが 2020 年 10 月に発表された．さらには，複数街区にまたがる大規模プロジェクトの場合に限り 2026 年以降も優遇措置を受けられる．

11）福岡アジア都市研究所による試算（福岡市ホームページ「天神ビッグバン始動！」より）

第 10 章　福岡市中心部の再生

写真 10-4　天神交差点の様子（上：2019 年 10 月，下：2023 年 4 月撮影）

---

12) 同年 7 月に旧大名小学校跡地が先に 115 m へ高さ制限が緩和されている．両者とも福岡市と国交省との交渉の結果ではあるが，既存鉄塔等が存在する場合（天神の場合は 115 m の NTT 電波塔と 76 m の市役所避雷針），従来から高さの緩和が特例的に個別承認されてきた．例えば東京タワー（333 m）の周辺では，制限表面から突き出す 320 m を超える高さの超高層建築が竣工している．
13) これに伴い，「天神ビジネスセンター」（認定第 1 号物件）は着工を 1 年あまり延期して当初の地上 16 階建てから 19 階建て（高さ約 90 m）へ計画が変更されている．

第Ⅱ部　都市・経済編

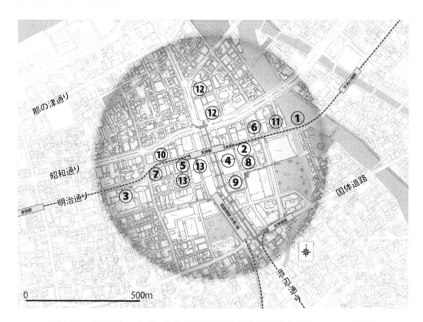

図10-1　天神ビッグバンの範囲と再開発事業（丸数字は表10-1に対応）
出所：福岡市ホームページ「天神ビッグバン始動！」および現地調査
　　　（福岡市ホームページの添付図に加筆）

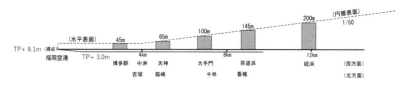

図10-2　福岡市における制限表面による建物の高さイメージ
注　福岡空港の標高は約9m（TP+9.1m）であるため、実際の建物の高さには建設地との標高
　　差が加わる。
出所：芳賀（2009）に加筆

　高さの緩和に加え，福岡市は独自の優遇措置（天神ビッグバンボーナス：天神BBB）を設けてビルの建て替えを支援する．市は都心部の魅力強化に寄与するプロジェクトに対して，容積率を緩和（最大400％上乗せ）する「福岡市都心部機能更新誘導方策」を2008年から運用しているが，天神BBBでは，更に50％上乗せを行って最大450％の容積率増加を与える．また，認定ビルに対するテナントの優先紹介，地域金融機関による専用融資の提供，市

第 10 章　福岡市中心部の再生

表 10-1　天神ビッグバンの主な再開発事業（2023 年度末時点で判明した事業のみ）

	名称	竣工（完成）年月	階数（高さ）	用途
①	水上公園の再整備	2016年7月		公園・店舗
②	天神ビジネスセンター（規制緩和ビル第1号）	2021年9月	19 階（89m）	オフィス・店舗
③	福岡大名ガーデンシティ（旧大名小学校跡地活用事業）	2022年12月	25 階（111m）	オフィス・店舗・ホテル（ザ・リッツ・カールトン）、共同住宅
④	ONE FUKUOKA BLDG.	2024年12月（予定）	19 階（97m）	オフィス・店舗・ホテル（ONE FUKUOKA HOTEL）
⑤	（仮称）ヒューリック福岡ビル建替計画	2024年12月（予定）	19 階（92m）	オフィス・店舗・ホテル（ゲートホテル）
⑥	（仮称）天神一丁目北14番街区	2025年3月（予定）	18 階（86m）13 階（67m）	オフィス・店舗・ホール
⑦	（仮称）住友生命福岡ビル・西通りビジネスセンター建替計画	2025年5月（予定）	24 階（113m）	オフィス・店舗
⑧	（仮称）天神ビジネスセンター 2 期計画	2026年6月（予定）	18 階（88m）	オフィス・店舗
⑨	（仮称）天神 1-7 計画（イムズ跡地）	2026年12月（予定）	21 階（91m）	オフィス・店舗・ホテル（エースホテル）
⑩	天神センタービル建替え	未定	未定	未定
⑪	天神一丁目15・16 番街区	未定	未定	未定
⑫	福岡中央郵便局およびイオンショッパーズ福岡の段階連鎖建替えプロジェクト	未定	未定	未定
⑬	天神二丁目南ブロック駅前東西街区	未定	未定	未定

出所：福岡市ホームページ「天神ビッグバン始動！」および現地調査

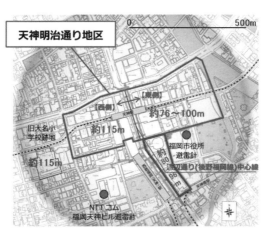

図 10-3　建物の高さ制限の特例措置

出所：天神明治通り街づくり協議会ホームページに加筆

写真 10-5　水上公園に建った「シップスガーデン」(2023 年 5 月撮影)

のホームページ等での PR，周辺部駐車場の優先利用など，天神 BBB には付随的な支援策が盛り込まれた．加えて 2020 年 8 月からは感染症対策を取り入れた場合も，最大で 50％の容積率加増が認められることとなっている．

具体的な事業は，2016 年の水上公園の整備から開始された（写真 10-5）．

これまでに決定した事業を通覧してみると，ほとんどの事業で区画の集約により従前と比べてより広いまとまった開発用地が確保されている．また，敷地の高度利用と容積率の増加により巨大化する各建物は，いずれも複合的な用途（オフィス，商業，ホテルなど）を有していることがわかる．市は，高付加価値のビジネス拠点として企業の支店業務の活性化のみならず，本社機能の誘致をも目指している．天神 BBB 適用の第 1 号として 2021 年 10 月に開業した「天神ビジネスセンター」には，ジャパネット HD の本社機能の一部や NEC の九州本部機能が入居することとなった．また，商業機能に加えて，都心居住やハイグレードな宿泊施設の充実など，天神地区のさらなる多様性をも見据えている．

4．博多コネクティッド

天神ビッグバンの開始から遅れること 4 年，福岡市は 2019 年 1 月に博多駅周辺でも再開発を誘引させる同様のプロジェクト構想を発表し，これは「博

第 10 章　福岡市中心部の再生

写真 10-6　博多駅前の様子（上：2019 年 10 月、下：2021 年 10 月撮影）

多コネクティッド」と名づけられた．当地区には，博多駅の現在地への移転（1963 年）や山陽新幹線の開通（1975 年）を契機に建ったオフィスビルが多く，築 40 〜 50 年を経て一様に老朽化しているが，天神同様に建て替えは進んでこなかった（写真 10-6）．当プロジェクトは，2022 年の九州新幹線西九州ルート（長崎新幹線）の開通や，2023 年の地下鉄七隈線博多駅延伸，はかた駅前通りや博多駅筑紫口広場の再整備など，交通基盤と歩行者ネット

第Ⅱ部　都市・経済編

ワークの拡充に併せて古いビルを高機能なものに建て替えることを目指すものである．

　対象エリアは天神ビッグバンと同じく半径500 mの約80ha（図10-4）であり，事業期間となる2019〜28年の10年で約20棟のビルの建て替えを予定する．天神の「大爆発」に対して博多の「コネクティッド」は，玄関口として駅と周辺とを「つなぐ」，駅の賑わいを周辺に「つなぐ」，歴史を「つなぐ」などの意味合いを持つ．換言すれば，駅の周辺地区へも再開発を波及させていくことで，駅と駅周辺との回遊性の向上を念頭に置いていると言えよう．一連の再開発により，エリア内における建物全体の延べ床面積は約16万㎡増加（従前の1.5倍），雇用者は約2万人増加（同1.6倍），建設投資効果は10年で約2,600億円が見込まれ，以降，毎年約5,000億円の経済波及効果をもたらすという[14]．2023年度末現在での竣工済，起工済，計画の決定した事業を表10-2に示す．

　当地区では，2011年の新駅ビル（JR博多シティ）建設や九州新幹線の全線開業を視野に，JR九州が中心となって「博多まちづくり推進協議会」が2008年4月に発足した．会員数は181，「歩いて楽しいまちづくり」と「美しく安全なまちづくり」をスローガンに，各種イベントの開催や清掃などの活動を協同で実施してきた．その後，JR博多シティの開業でビジネス中心だった街が，天神に次ぐ一大商業地区へ変貌する．当プロジェクト以前から，駅隣接地では福岡市による「都心部機能更新誘導策」の適用で，規定容積率を大幅に緩和させて竣工した物件[15]があったが，空港まで2km程度しか離れていないため図10-2にある様に，建物の高さは水平表面により空港標点との比高45 m以内に原則抑えられている[16]．

　福岡市は，2019年5月に建て替えの新たなインセンティブ制度「博多コネクティッドボーナス」の創設を発表し，同時にJR九州を中心として博多駅周辺の地権者17社[17]で構成する「博多駅エリア発展協議会」が発足した．博多コネクティッドでは，天神ビッグバンと同様に高さ制限の緩和が注目さ

---

14)　福岡アジア都市研究所による試算（福岡市ホームページ「博多コネクティッド」より）
15)　2016年に日本郵便所有のKITTE博多（800 → 1100%）とJRJP博多ビル（800 → 1140%）が容積率緩和を受けて開業し，以降も適用事例が増えている．
16)　特例による高さ45 mを僅かに超える建物もあるが，他の総ての建物が制限いっぱいの高さに達しているわけではない．写真10-1を見ても，軒高の凸凹な状態が景観に表れている．
17)　会長はJR九州，ほかに西日本シティ銀行，福岡地所，NTT都市開発，竹中工務店，西鉄，JR西日本，三井不動産，福岡銀行などが参加する．

第 10 章　福岡市中心部の再生

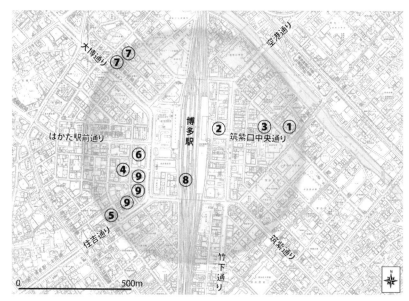

図 10-4　博多コネクティッドの範囲と再開発事業（丸数字は表 10-2 に対応）
出所：福岡市ホームページ「博多コネクティッド」および現地調査
　　　（福岡市ホームページの添付図に加筆）

表 10-2　博多コネクティッドの主な再開発事業（2023 年度末時点で判明した事業のみ）

	名称	竣工（完成）年月	階数	用途
①	博多イーストテラス （博多駅東一丁目開発計画）	2022年6月	10 階	オフィス・店舗
②	博多駅筑紫口駅前広場の再整備	2023年3月		
③	コネクトスクエア博多 （福岡県東総合庁舎有効活用事業）	2024年4月	11 階	オフィス・店舗
④	明治公園の再整備	2025年春以降		
⑤	（仮称）博多駅前三丁目プロジェクト	2025年6月（予定）	13 階	オフィス・店舗
⑥	（仮称）Walk プロジェクト*（新本店ビル）	2026年1月（予定）	13 階	オフィス・店舗等
⑦	（仮称）Walk プロジェクト*（別館＋事務本部）	2028年（予定）	未定	未定
⑧	空中都市プロジェクト （JR 博多駅ビル南側拡張）	未定	未定	未定
⑨	ANA クラウンプラザホテル建替計画	未定	未定	未定

* 西日本シティ銀行保有ビルの連鎖的再開発事業
出所：福岡市ホームページ「博多コネクティッド」および現地調査

127

第Ⅱ部　都市・経済編

れていたが，エリア単位での包括承認はなく，物件ごとの特例承認を得る国
との協議に市が協働する支援策に留まった．市は，現行の高さ約50メート
ルの上限を60メートル程度にまで引き上げるよう働きかける．天神と異な
り建物の高さを稼げなかった代わりに，博多では屋根のある（建物下層部を
利用した）公開空地の評価が高められている．公開空地の緩和で敷地一杯の
建物の建設も可能となり，容積率を有効活用しやすくなる．また天神BBB
と同様に，既存の容積率緩和を50%拡大（合計で最大450%）することに
加え，行政による認定ビルのPR，テナント優先紹介，資金融資（民間金融
機関）なども用意されている．

　博多駅には西側の「博多口」と東側の「筑紫口」があるが，JR博多シティ
の開業と同時に整備された博多口側に比べて，筑紫口側は賑わいの点で後れ
を取っていた．今回の博多コネクティッドでは，筑紫口側の駅前広場の整備
が口火を切る．歩道は路上駐輪場の撤去と拡幅で広げられ，回遊性の向上に
寄与する．これを起爆剤として，駅東側の再開発に弾みをつける狙いだ．ま
た，博多駅周辺では観光振興の「博多旧市街プロジェクト」が市により実行
されているほか，近年のインバウンド拡大を見越したホテルの開業ラッシュ
も起こっている．さらに，後背地には九州大学箱崎キャンパス跡地再開発が
控えており，2024年4月にJR九州を含む企業グループが開発の優先交渉権
を得ている．

5．おわりに

　福岡市は，江戸時代の福岡と博多という性格の異なる街が明治期に合併し
て誕生した（コラム2参照）．天神ビッグバンと博多コネクティッドはくしく
も，地理的にかつてのこの双子都市を踏襲しているかのように映る．しかし
ながら時代が代わって主役は異なり，両プロジェクトの背景には両地区にお
ける主要なデベロッパーとしての役割を果たしている2つの鉄道会社の存在
が見逃せない．すなわち，これまで数度にわたる再開発（第9章参照）を手
がけて天神地区を九州随一の商業地区へ育て上げた実績を有する西鉄と，民
営化後に新たな都市開発企業として台頭してきたJR九州である．福岡市の
策定した「新・福岡都心構想」には，「天神核」と「博多駅核」を二極とする
将来の都心構造図が描かれている（図10-5）．二極化していく中での新たな2
つの核地区の将来は，かつての福岡部vs.博多部という伝統的対立構図から

第 10 章　福岡市中心部の再生

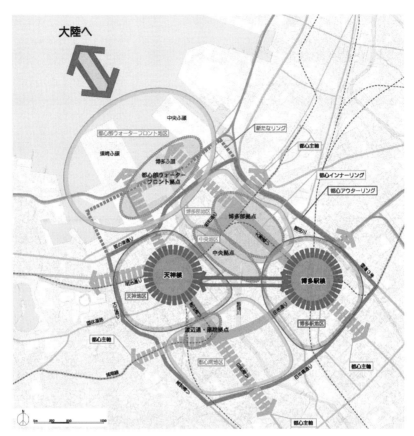

図 10-5　福岡市の新しい都心構造図
出所：「新・福岡都心構想」策定委員会（2006）

脱却し，巨大地場企業の開発戦略に大きく委ねられていると言える．
　世界の大都市では夥しい数の超高層ビルが目覚ましい勢いで建設される中，福岡市は空港が近いため（特に都心部においては）低い建物が延々と立ち並ぶ「特殊」な都市景観を生み出してきた．国内の主要空港が移転・拡張したのとは異なり，福岡では現空港の再整備を選択したことで，両プロジェクトはそうした環境下での生き残りをかけた行政による「知恵」だった．両者に共通するのは，容積率の加増に加えて，期間を限定することでスピードのある都市更新を図っていることだ．両プロジェクトにより天神は縦に，博多は横に，老朽化したビルを一気に更新し，併せて高機能なビジネス空間と

第Ⅱ部　都市・経済編

快適な都市空間とを手に入れる．今後は両地区で競い合いながら，「ウォーターフロント」も加えた三本の矢で福岡全体の発展，さらには九州全体の発展を牽引していくという将来像が描かれる．感染禍のみならず少子高齢化，DX・AI化といった社会が目まぐるしく変わる中，従来までの都心部から脱却して，如何に新しい価値を生み出す空間にしていくかが更なる知恵の絞りどころとなろう．

付記：本稿は芳賀（2021）のデータを更新した上で改稿したものである．

参考文献・資料（ホームページはいずれも 2023 年 11 月 30 日閲覧）
九州地方整備局ホームページ「福岡空港の総合的な調査 PI 実施結果のとり
　　まとめ」https://www.pa.qsr.mlit.go.jp/fap/pdf/torimatome.pdf
国税庁ホームページ「耐用年数（建物／建物附属設備）」
　　https://www.keisan.nta.go.jp/r1yokuaru/aoiroshinkoku/hitsuyokeihi/
　　genkashokyakuhi/taiyonensutatemono.html
「新・福岡都心構想」策定員会（2006）：『新・福岡都心構想』，福岡市総務企画
　　局．
天神明治通り街づくり協議会ホームページ「航空法の高さ制限のエリア単位
　　での特例承認について」　http://www.tenjin-mdc.org/
内閣府ホームページ「国家戦略特区」
　　https://www.chisou.go.jp/tiiki/kokusentoc/hyokaseika.html
芳賀博文（2009）：福岡市における高層建築の立地,『エコノミクス』13（1-2），
　　77-98.
芳賀博文（2021）：福岡市都心部の都市更新－天神ビッグバンと博多コネク
　　ティッド－，『都市地理学』16, 100-105.
博多まちづくり推進協議会ホームページ　https://hakata-machi.jp/
福岡市ホームページ「天神ビッグバン始動！」
　　https://www.city.fukuoka.lg.jp/jutaku-toshi/kaihatsu/shisei/20150226.html
福岡市ホームページ「博多コネクティッド」
　　https://www.city.fukuoka.lg.jp/jutaku-toshi/kaihatsu/toshi/HAKATA_
　　CONNECTED.html

コラム1

北九州市と福岡市

石　黒　正　紀

はじめに

　福岡県は，2020（令和2）年に人口513.5万人を有する西南日本における最重要県であるが，その中心となるのは県の北東端に位置する北九州市と北西岸に接する福岡市の2大都市である．2市は共に政令指定都市という我が国の主要都市であり，我が国及び福岡県の発展に大きな役割を果たしてきた．しかし，その成立の経緯や特徴，盛衰には大きな差異があり，本稿ではその辺の状況を少し検討してみることにする．

1. 北九州市

　北九州市は，1963（昭和38）年2月に世界的にも珍しい門司市（15.6万人），小倉市（31.3万人），若松市（10.5万人），八幡市（34.9万人），戸畑市（10.8万人）の5市が対等合併して成立した全国7番目（含む東京23区）の100万都市（103.2万人）で，5市が5区として全国6番目の政令指定都市になった．その後74年に小倉区が小倉北区と小倉南区に，八幡区が八幡東区と八幡西区に分区されて現在の7区体制になった．60年代は高度経済成長の最盛期で，市周辺は筑豊炭田を背景に鉄鋼業を中心とする我が国最大の素材供給基地として発展しており，4大工業地帯の一つに位置付けられていた．工業化が都市発展を推進する事例として広く注目されており，その一層の発展が期待されていたが，実際には工業化による大気汚染や洞海湾の水質汚濁といった激しい公害が進行していて，その対策に係る経費の確保が各市単独ではなかなか困難になり，合併による財政規模の拡大と投入が不可避だったのが現実であった．

　市当局や地元企業，市民の努力もあって公害はその後改善されていくことになるが，我が国の経済のサービス化などによる産業構造の変化とそれに伴

第Ⅱ部　都市・経済編

う北九州工業地帯の相対的地位の低下により，市の成長には陰りがみられて人口も 79 年の 106.8 万人をピークに減少に転じ，2005（平成 17）年には 100 万人を割り込むことになった．その後，市当局は市勢回復のために環境産業や情報産業などの誘致に取り組むなど様々な対策を重ねてきたが，若年労働力を中心に人口流出が続き，高齢者比率が 30.6%（2020 年）と政令指定都市の中では最高になり，人口も 93.9 万人（2020 年）まで減少してしまった．

２．福岡市

福岡市は，古くから港町で商人町だった博多と黒田氏の城下町だった福岡を母体として 1889（明治 22）年の市町村制の施行によって我が国で最初に成立した市の一つである．その成立時には市名の決定が問題になって最終的に福岡市になったが，JR（旧国鉄）の中央駅名は博多になっている．その後は県庁所在都市として戦前戦後を通して発展していくことになるが，北九州市が成立した当時の人口はまだ 70 万人程度であり，県内で 2 番目の政令指定都市になるのは 1972（昭和 47）年のことで，中央区，博多区，東区，西区，南区の 5 区で構成され，その後 82 年に西区が西区，早良区，城南区に 3 分割されて 7 区体制となった．

75 年に山陽新幹線が博多まで延長されて九州の交通拠点としての機能が強化され，人的交流も盛んになって人口も 100 万人に達した．市は新たな成長の段階に到達して 79 年には北九州市を抜いて九州最大都市となった．市は北九州市とは異なって製造業の集積は乏しいが，広域中心都市と呼ばれる九州ブロックの中心として卸売業や金融業などの第 3 次産業の集積が進行するとともに，中枢管理機能といわれる都市の中心的機能が都心部に立地し，その後も発展を続けていくことになる．

交通に関して言えば，福岡空港は都心からのアクセスの良い空港として知られており，東アジアの国々や地域への航空路が，65（昭和 40）年のプサンとの航空路の開設以降，順次 19 路線に拡大される一方，91（平成 2）年に博多港からプサン港との国際航路の開設もあって国際都市としても発展を遂げていくことになる．さらに 2011（平成 23）年の九州新幹線の全線開通による九州各地からの旅客の流入増加によって，駅前に新たな商業やオフィスの施設が立地して新しい商業中心が形成される一方，従来の中心地で若干の陰りがみられていた天神地区は，天神ビックバンと呼ばれる大規模な都市

コラム 1：北九州市と福岡市

再開発が進行して九州地方最大の中心地の復活が進行している．その結果，人的交流が活発化して多くの女性を含む若年人口の流入が進行し，15 〜 29 歳人口の比率は 17.6 ％（2020 年）と政令指定都市で最も高くなっており，人口は 161.2 万人（2020 年）に達して全国で第 6 位になっている．

むすび

　以上，簡単に両市の経緯について概観してきたが，都市成長の基盤になるものは北九州市の成長を支えた製造業ではなく，福岡市の成長を支えた政治と経済であることは明らかである．都市は地域の中心として人流と物流が盛んになることが必要であり，交通網の発展もその機能を支えるものとして重要である．九州ブロックの広域中心都市として機能している福岡市は，今後も成長していくことが想定されるが，北九州市の復活は簡単ではないと思われる．

参考文献

富田和暁・藤井　正編（2010）：『図説　大都市圏（新版）』古今書院.

野澤秀樹・堂前亮平・手塚　章編（2012）：『日本の地誌 10　九州・沖縄』朝倉書店.

平岡昭利編（2008）：『地図で読み解く日本の地域変貌』海青社.

コラム2

博多と福岡

芳 賀 博 文

はじめに

　博多と福岡はよく混同される．福岡市とは別に「博多市」がある（あった）と考えている人も少なくないが，歴史上そんな市が存在したことは一度もない．一般に河川などを境として併存する二つの街は「双子都市」と呼ばれており，江戸時代に那珂川を挟んで対峙した博多と福岡も典型的な双子都市であった．本稿ではこの地域が辿った軌跡を二つの街から概観する．

1．商都「博多」の繁栄

　博多湾岸地域一帯は古来より「博多」と称され，その地理的位置と内湾を有する地形とにより外交や貿易など，日本のゲートウェイとして1000年以上に渡って栄えてきた．博多の地政学的有用性が古くから重視されていたことは，奈良時代以前に九州統括拠点として内陸部に「大宰府」，対外迎賓館として沿岸部に「鴻臚館」が設置されたことからも窺える．さらに天智天皇による百済救援の大陸派兵に際しては最重要な兵站基地となり，白村江での敗戦後は大陸からの報復に備えて長大な「水城」が築かれてもいる．平安時代に入ると遣唐使が廃止されたものの，大陸から貿易商人が頻繁に来航し，博多は日宋貿易の中心地となる．特に平清盛が「袖の湊」を築港し，宋船で賑わう市街には唐人街が形成されている．同時に博多は外国からの侵略を度々経験するが，最大のものは鎌倉時代の「元寇」であった．最初の文永の役で市街は焼き払われ多大な被害を受ける．続く弘安の役では博多湾沿岸に約20kmの元寇防塁を築いて侵攻軍の上陸を阻んだ．元寇後に鎌倉幕府は大宰府に代わる西国の防衛拠点として「鎮西探題」を博多に設置する．室町幕府も鎮西探題に代わり「九州探題」を置き，引き続き博多を九州の統治拠点とした．その後，日明貿易で博多は再び国際貿易港・自治都市として泉州の

134

コラム２：博多と福岡

堺と並ぶ繁栄を極めたが，戦国期には周辺大名による戦火でほぼ壊滅状態に陥る．焦土となった博多を復興させたのは豊臣秀吉であり，この時の街並みが現在の博多地区の基盤となった．さらに九州平定後に筑前領主となった小早川隆景が，北東部の山城「立花城」から沿岸部の「名島城」へ居城を移したことで，政治的な機能も近隣地に付与された．

２．城下町「福岡」の登場

　関ヶ原の戦い後に豊前中津から筑前に入った黒田氏は，52万石の大藩に相応しい巨大な城郭と城下町を博多の西隣にあった福崎丘陵に建設し，当地を黒田氏の故地である備前国邑久郡福岡村にちなみ「福岡」と改名した．この時より，江戸時代を通して城下町「福岡」（福岡部）と町人町「博多」（博多部）とが，那珂川を挟んで対峙することとなる．那珂川で物理的に隔てられた両都市は一本の橋で結ばれていたが，福岡側の橋口には巨大な桝形門が聳え，河岸には約700mに渡り高さ10mほどの石垣が積まれて博多部を威圧していた．尤も，当時の賑わいの中心は博多部の「六町筋」という東西方向の目抜き通りであった．黒田氏は福岡城北側の唐津街道沿いに博多部を真似て東西に「六町筋」を造成し，旧領の中津から従った商人や職人を居住させている．福岡部の六町筋は江戸の日本橋を手本に，福岡藩が威信をかけて博多部に負けない街づくりが行われた（柳 1996）．福岡部六町筋の中心は「呉服町」と名づけられたが，これも博多六町筋の同名町の模倣である．福岡藩は博多部の呉服商人を強制的に移転させたり，呉服商以外でも福岡部では自由な商売を許可したりするなど，なりふり構わず城下福岡の街の振興に力を入れた．しかしながら，こうした藩による様々な梃入れにもかかわらず，江戸時代を通じて居住人口・運上銀（営業税）ともに福岡部が博多部を上回ることはなかった（武野 2000）．鎖国で貿易が長崎のみに限定されたことで国際貿易都市としての賑わいは影を潜め，博多は福岡藩の商人町としての内需路線で生き延びていくこととなる[1]．以後，福岡藩は黒田氏の治世下で改易や減封・移封等の処分を受けることなく継続し，博多と福岡も微妙な関係を保ちながら明治維新を迎える．

1）江戸時代の博多では工芸品の生産も盛んとなり，博多織や博多人形などの名品が福岡藩から幕府へ献上されていた．

第Ⅱ部　都市・経済編

3．福博の融合

　1888年の市町村制の公布により，翌1889年に当地は福岡区（旧福岡部）と博多区（旧博多部）が合併する．当然ながら新市の名称を巡り大いに揉めた．紛糾の末，市名を「福岡」，国鉄（当時は九州鉄道）の駅名を「博多」とすることで一旦決着するが，これに不満を持つ博多側議員は翌1890年に市名を「博多市」へ変更する議案を提出．博多は人口・経済力とも福岡を凌駕し議員数も多かったため，採決で当然「博多市」になるはずだったが，何故か投票結果は賛否が同数，最終的に福岡側出身の議長の裁決で否決となって「福岡市」が確定した．ただし市名は福岡となったものの，その発展の基礎は博多が作り出したと言ってよいだろう．特に博多の呉服商だった渡辺與八郎は，帝国大学を福岡に誘致する際に大きな功績を残したほか，外部資本に対抗する地元資本の「博多電気軌道」を発足させ，自身の所有地を無償提供して開通させた（偉業を称え本人没後に「渡辺通り」と命名）．また，明治から昭和前半まで商業の中心は博多六町筋を引き継いだ博多地区であったが，福岡側の九州鉄道（現在の西鉄）ターミナル駅に，関西の阪急を手本とした百貨店「岩田屋」が開業する．その前身の岩田屋呉服店も名だたる博多の老舗であった．さらには原田平五郎を筆頭とした博多商人を中心に，闇市とは一線を画す「新天町商店街」が戦後の1946年に創業している．その後も博多の商店街の店舗の多くが天神地区に出店し，商業機能は2000年代初めまで福岡側の天神地区へ一極集中する様相を呈していった．

むすび

　福岡市は博多と福岡という性格の異なる双子都市を母体とし，両者の長所をいかんなく発揮して九州経済圏における卓抜的な中核都市となるに至った．福岡市は現在「アジアのビジネス交流拠点」をも標榜しているが，長らくアジアに開かれていた国際貿易都市「博多」の雄志が，今でも継承されているといって過言ではあるまい．

付記　本稿は芳賀（2010）を要略したものである．

参考文献

武野要子（2000）：『博多：町人が育てた国際都市』岩波書店．

芳賀博文（2010）：双子都市から二極都心へ：博多と福岡の共存的発展史，『都市地理学』5，57-65.

柳 猛直（1996）：『福岡歴史探訪 中央区編』海鳥社．

第Ⅲ部　社会・文化編

第 11 章

福岡都市圏と中山間地域
―那珂川市の取り組みから―

寄　藤　晶　子

１．はじめに

　福岡県の魅力の一つに「豊かな自然への近さ」というものがある[1]．本章では，福岡市都心部へのアクセスの良さと豊かな自然環境を特徴とする那珂川市を取り上げて，福岡都市圏を支える中山間地域の状況と取り組みを紹介する．

２．人口の集中と土地利用

　那珂川市は福岡市の南に位置する．梶原川などの支流を持つ那珂川が市中央部を南北に縦断し，流域に沿った市域は南北に細長く広がる．北部の平地をのぞけば市域の大部分は背振山地北側斜面にかかるため，宅地は総面積の12％ほどしかなく，山林が70％を占める[2]（令和２年度統計なかがわ）．

　江戸幕府の命で作成された『天保郷帳』によると，1834 年には 30 の村が確認できる．1889 年(明治 22)の市町村制施行によってそれぞれが合併して，安徳村，岩戸村，南畑村を構成した（平凡社地方資料センター 2004）．その後，1956 年（昭和 31）の市町村合併促進法に基づいて，この３村が合併して筑

1）例えば，都会でありながらすぐそばに自然が多い（福岡県庁ホームページ）ことや，ほどよく都会でほどよく田舎（福岡県移住・定住ポータルサイト）といった言葉は頻繁に使用されている．

2）山林であるがゆえに，山芋，柿，筍，栗，材木，炭など中山間地域で一般的に見られるものに，蜂蜜やミカン，鶏卵，ゴボウ，農具・紙の生産を組み合わせる形で，近世までの集落はなりなっていた（「角川日本地名大辞典」編纂委員会・竹内理三編 1991）．戦後は福岡市への水道水供給，灌漑用水の補給と洪水調整を目的とした県営南畑ダム（1966 年竣工）を筆頭に，脊振ダム（1976 年竣工），五ケ山ダム（2018 年竣工）が建設された．治水が進んだ影響で，近年では，米以外にも，キュウリ・トマト・ナス・ピーマン・キャベツ・ブロッコリー・サトイモなどの野菜，果樹，花卉の育成も進められ，近郊農業化が進んでいる（那珂川市総務部総務課 2018）．

第 11 章　福岡都市圏と中山間地域

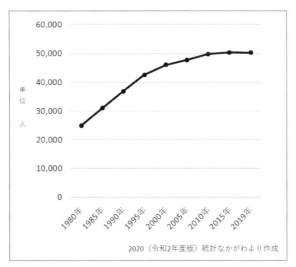

図 11-1　那珂川市の人口推移

紫郡那珂川町となり，2018 年（平成 30）10 月 1 日に那珂川市となった．

　住民基本台帳から人口の推移（図 1）を見ると，1979 年（昭和 54）から 1999 年（平成 11）にかけて，毎年 5,000 人規模で人口が増加したことがわかる．市制移行要件である人口 50,000 人に達した 2015 年以降も市の人口は微増減を繰り返している．

　「令和 2 年度統計なかがわ」によると，2015 年の夜間人口 50,004 人に対して，昼間人口は 41,612 人となっており，ベッドタウンとしての性格を持つことがわかる．また，市内で従業・通学する者（15 歳以上）は，15,426 人（1995 年）から 17,714 人（2015 年）へと増加した．このうち，市内に常住する者の割合が 58％（1995 年）から 51％（2015 年）へと縮小していることから，近年では通勤通学先としての吸引力も加わりつつあると考えられる．

　市内に鉄道はなく西鉄バス路線が公共交通の中心であったが，1990 年（平成 2）に隣接する春日市に JR 博多南駅が，駅前ビルが那珂川市側に完成した．JR 山陽新幹線特急車両で博多駅まで片道 300 円，約 8 分で移動可能となり，福岡市都心部へのアクセシビリティが著しく向上した．このことも影響して，市内の人口は，福岡市南区・春日市と隣接する北部地域に集中している[3]．

3）比較的早く住宅開発が行われた地区では，現在，住民の高齢化や空家化といった課題も出始めており，自治会活動の維持にも様々な工夫が行われている．

第Ⅲ部　社会・文化編

　1960 年と 1998 年の国土地理院地形図で市北部一帯の土地利用を比較すると，1960 年には小規模な集落とこれを取り囲むように畑や水田，桑畑が見られたが，1999 年になると農地に替わって建物が増え，学校も 1 校から 7 校へと増えるなど宅地開発が進んだことがわかる．実際，1995 年（平成 7）に 625 戸あった農家数は小規模農家を中心に，2015 年（平成 27）には 293 戸まで減少し，那珂川市全体で従事者数が半減する．経営耕地面積も樹園地が半減，田が 4 割減となり，総面積は 20 年間で縮小している[4]．

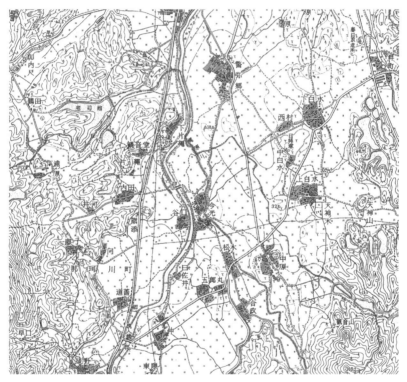

図 11-2　1960 年（昭和 35）の那珂川町（2 万 5 千分の 1 地形図「福岡南部」昭和 35 年修正）から現那珂川市北部を抜粋

4）ただし，専業農家数は 61 戸から 88 戸まで増加しており，農地を集積した専業化の傾向が見られる．

図11-3　1998年（平成10）の那珂川町（2万5千分の1地形図「福岡南部」平成10年修正）から現那珂川市北部を抜粋

3．市南部の中山間地域の取り組み

　市街地化が進む北部とは異なり，南部の中山間地域には自然が多く残る．特に，南畑地域（以下，南畑）は，2020年10月16日放送の日本テレビ系番組「アナザースカイ」で登場したタレントが"移住を考える土地"として登場するなど，全国的にも注目を集めてきている．

　南畑（ミナミハタ）とは，那珂川市南部に位置する中山間地域で，市ノ瀬（イチノセ）・埋金（ウメガネ）・寺倉（テラグラ）・南面里（ナメリ）・成竹（ナルタケ）・不入道（フニュウドウ）の6区からなる．通勤通学の困難さから人口が減少し続けていた同地区の区長らは南畑地域の持続可能性において人

第Ⅲ部　社会・文化編

口回復が至上命題とし，“ 誰もが住みたくなる南畑 ” という方針のもと，2013 年以降，移住促進関連事業に力を入れてきた[5]．

　市職員によると，南畑では 2012 年に区長らで構成する「南畑地域活性化検討委員会」を開始した．この委員会では，教育，広報，農業，交通，開発の 5 テーマで南畑の活性化を議論したが，中でも人口減少への対処と小学校の維持が重視され，移住政策が焦点化された．翌 2013 年，区長らは “ 誰もが住みたくなる南畑 ” の形成を目的とした「南畑活性化協議会」（以下，協議会）を立ち上げ，交流人口，関係人口そして移住へのきっかけとなりうる地域の魅力発信に力を入れることとなった．

　協議会では Facebook を開設するだけでなく，地域活性化プロデューサーとして他地域で成果をあげていたブンボ株式会社の江副直樹氏を招聘したほか，2014 年からは地域おこし協力隊を導入するなど，外部の専門人材を積極的に活用することで，外からの視点を地域の魅力発信に活かした（内閣府サイト）．

　南畑への移住促進については，行政も 2015 年より「福岡 R 不動産」との事業連携を開始し，入居可能な住宅の把握と不動産仲介の仕組みを整備した．この福岡 R 不動産とは，不動産仲介業の株式会社 DMX（福岡県福岡市）と，「東京 R 不動産」のコンテンツを構築してきた R 不動産株式会社（東京都）により運営サポートされているプロジェクトである（福岡 R 不動産ホームページ）．

　この事業連携によって移住支援ホームページ「SUMITSUKE 那珂川」が 2016 年 3 月に開設されると，約 1 年間に 70 件以上の問い合わせを集め，南畑を知る第一歩として効果を発揮した．同ホームページは，空き家物件情報はもとより，住民インタビューなどを取り上げて，閲覧者が暮らしを想像できるようなコンテンツとなっている．

　2017 年には，中ノ島公園にあった休憩所を改築して移住交流促進センター「SUMITSUKE 那珂川」がオープンし，先住者と移住者が交流を深め，地域での関係づくりを行う拠点が作られた．さらに同年には，協議会メンバーの添田繁昭氏ら 3 名が中心となり「株式会社　南畑ほうぶら会議」（以下，会社）を発足し，協議会での事業を法人化した．会社では，南畑で収穫されたもの

5）工芸作家らが創作拠点として自ら南畑に移住する傾向が，2006 年ごろから見られるようになっていた．こうした動きが，その後の移住者受け入れの取り組みに活かされていると見られる．

の加工・販売・開発など「南畑の場所やモノの全てを商品に」（那珂川市総務部総務課 2018）することで，地域に雇用を創出し，利益を生み出す仕組みを構築している．また，経済的な基盤を確立することが地域の活性化につながり，さらに地域の誇りを育てるという会社理念に沿って，2018 年からは「SUMITSUKE 那珂川」での移住事業や中ノ島公園の運営に携わっている．

こうした内発的発展が展開する中，民間ハウスメーカーも進出している．ログハウスなどの自然派個性住宅の販売と施工，メンテナンスを行う株式会社 BESS パートナーズ（東京都渋谷区）（以下，BESS）は，自然を感じられる分譲地開発「FuMoTo」プロジェクトを南畑で開始した．2022 年 1 月に販売開始された 25 区画は，移住交流促進センター近くに位置する．

1,080 〜 2,000 万円代の価格帯で販売する分譲地について，BESS は「用地開発から宅地開発，住人募集などを BESS/ アールシーコアが，地元事業者と共同で推進する独自事業」であり，その内容は「コミュニティ商品」であるとする（BESS の宅地開発とコミュニティ　ホームページ）．「FuMoTo」という商品名も "五感で自然を感じ手間をかける暮らしを楽しむ暮らし" を「麓ぐらし」と名付けたところに由来する[6]．

こうしたハウスメーカーによる「コミュニティ開発」の背景には，持続可能な地域社会を目指して継続されてきた南畑での取り組みと，その蓄積によって作り出された南畑や那珂川の地域イメージがあると考えられる．地元からローカルベンチャーが誕生するような南畑の人や場所の資源がブランド力を帯びて，民間企業の新しい動きを呼び込んでいるのではないだろうか．2023 年度に南畑小学校の児童数は，12 年ぶりに 100 名を超える見通しとなった（西日本新聞 2023 年 4 月 5 日）．地道な取り組みは着実に成果を生んでいる．

4．駅前ビルに「場所」を作る試み

博多駅まで新幹線車両で 1 駅 8 分始発終着で移動できる交通の利便性は，福岡県内他市町村には見られないものである．その存在は那珂川市の発展と

6）分譲地の購入希望者にはこの「麓ぐらし」の価値観と，BESS によって設定された "倫理観" への共感が求められる．倫理観の 6 か条は「麓六範」（フモトロッパン）と名付けられ，BESS が住人に求める共有すべき思考と行動の原則が書かれている．具体的には「挨拶」や「されて嫌なことはしない」というものから，「独り占めより共存」「正しいことは控えめに」「フェアが原則で受益者負担，原因者責任」といった踏み込んだものもある．

第Ⅲ部　社会・文化編

切り離せない．博多南駅前ビルはある意味で那珂川市の“顔”であり，その利活用をめぐる姿勢は市にとって重要な意味を持つ．

　市は2015年，まちの魅力を発信するための「まちづくりオフィス運営事業」の拠点を博多南駅前ビルに設けた．2018年には，ビル全体の管理委託[7]を那珂川市と博多南駅前Hug組の協同プロジェクト「こととば那珂川」（以下，こととば）に委託し，「ナカイチ」としてリニューアルオープンした．その結果，利用者の伸び悩みが課題であった駅前ビルにつながりの渦が生まれ，駅前ビルは多くのキーパーソンを生み出す場所として機能するようになった．

　中でも，こととばの取り組みをきっかけとした文化的事業の展開は無視できない．例えば，地域の歴史を歌詞にした民謡製作がある．博多南の歴史を詰めこんだ「クジラ踊り」という民謡の創造は，博多南駅前ビルの外観がクジラのような形をしているという発想からきたもので，地域住民から聞いた地域の歴史を歌詞にして，8番にわたり作成されている．伴奏には，川のせせらぎや新幹線の音，お店での「いらっしゃいませ」といった声かけなど，市内で耳にする日常の音が盛り込まれ，盆踊り用の振付には地域の人の働く仕草が盛り込まれた．

　盆踊りの振付や伴奏は，その時その時に関わる人によって様々なバージョンがあり，そのどれもが博多南の歴史や個々の人の想いにつながっている．それゆえ，クジラ踊りを一つのバージョンに閉じ込めて，イベントや行事で儀礼的に流すような「ただのコンテンツとして消費」するような動きには距離を置きたいと制作に関わった人々はいう．クジラ踊りに込められた意味を知り，感動した人が緩やかに繋がり合いながら使うことを期待している．

　文化を生み出し発信しながらも，それを決めつけて固定的なものとして扱わないという姿勢は，ナカイチという場所の運営にも表れている．こととばではナカイチを決まった目的のための場や特定の誰かの場にするのではなく，多様な価値観を持つ人が気軽に入ってこられる場にしようとしている．場所の機能や役割を決めつけず，固定しないからこそ，市民ひとりひとりが自分のこととして，主体的にまちづくりに携わることができ，新たなチャレンジも可能になるという．

　誰のものにもしない代わりに，市民全てにつながり得る場所にするという

7）これには博多南駅に隣接する博多南駅前ビルのほか，博多南駅前公園・博多南駅前広場・博多南駅前自転車駐車場の4つの公共施設が含まれる．

方針，すなわち場所の役割をあえて定めず，目的に応じて運営者が変えていくという姿勢は，取り組みに共感できない利用者の足が遠のくというジレンマも抱えている．"誰も取り残さない"公共施設として引き受けざるえない側面とのバランスを取りながら，那珂川市唯一の駅前ビルは今日も開かれている．

5．おわりに

　福岡県（都市圏）の魅力は，都市的生活と自然との近さにあるとも言われている．本稿では，まさにその魅力が存在する地域として那珂川市を取り上げた．2018年に市へ移行した那珂川市では，1970年代後半から市北部を中心に宅地化が進行し，人口も急増した．他方，南部の中山間地域では人口減少が止まらず，これへの対抗策として2012年ごろより移住者の受け入れ政策に取り組み，成果を生んでいる．福岡市都心部へのアクセスを担う市内唯一の鉄道駅前ビルでは，市民のための文化的事業が創造され，駅前ビルに付加価値を根付かせている．そうした取り組みは，那珂川市を単なるベッドタウンではなく個性のある自治体とさせ，翻って福岡都市圏の魅力と持続的開発を支えている．

　福岡県内各市町村に存在するこうした地道な取り組みこそが，福岡都市圏の持続可能性を支え，新たな動きを呼び込む力となっていることを最後に強く指摘しておきたい．

参考資料

「角川日本地名大辞典」編纂委員会・竹内理三編（1991）『角川日本地名大辞典40　福岡県』角川書店

内閣府「小さな拠点情報サイト」取り組み事例（検索日2022年1月20日）
　　https://www.cao.go.jp/regional_management/doc/effort/event/caravan_01.pdf

那珂川市　総務部総務課（2018）「ここから那珂川市　那珂川市市勢要覧」

那珂川市　総務部統計企画課（2021）「2020（令和2年度版）統計なかがわ（那珂川市統計書19号）
　　https://www.city.nakagawa.lg.jp/uploaded/attachment/19482.pdf

西日本新聞（福岡）2023年4月5日「福岡・那珂川市の南畑小学校，廃校

の危機一転 12 年ぶり 100 人台に」（検索日 2024 年 3 月 20 日）

https://www.nishinippon.co.jp/item/n/1076481/

日本テレビ「アナザースカイ」（検索日 2024 年 3 月 20 日）

https://www.ntv.co.jp/anothersky2/articles/2188wdrnuw0zbaxkdes.html

福岡県庁ホームページ「福岡の魅力」（検索日 2024 年 3 月 20 日）

https://www.pref.fukuoka.lg.jp/life/9/76/

福岡県　移住・定住ポータルサイト「福がお〜か暮らし」（検索日 2024 年 3 月 20 日）https://ijuu-teijuu.pref.fukuoka.lg.jp

福岡 R 不動産（検索日 2022 年 1 月 20 日）

https://www.realfukuokaestate.jp/about.php

BESS の宅地開発とコミュニティ（検索日 2024 年 3 月 20 日）

https://fumoto.bess.jp/

平凡社地方資料センター(2004)『日本歴史地名大系第四一巻　福岡県の地名』平凡社

寄藤晶子（2022）「那珂川市の研究〜人口，土地利用，農業，交通，観光，まちづくり〜」福岡女学院大学教職支援センター『教育実践研究』6，67-77.

謝辞

　本稿は，2022 年度に福岡女学院大学現代文化学科「現代文化演習」（3 年ゼミ）で実施した地域調査の成果（寄藤 2022）を加筆・修正したものです．当時の調査にご協力頂いた皆様に感謝いたします．

第12章

大都市近郊地域における観光まちづくりと地域外人材

岡　　祐　輔

1．はじめに

(1) 日本における観光まちづくり

　日本は，2003年のビジットジャパンキャンペーンを皮切りに，観光立国を打ち立て，2014年には，まち・ひと・しごと創生本部による首都圏への人口一極集中を回避するための地方創生を推進してきたことにより，観光まちづくりの議論が盛んになり，観光消費による地域経済振興を政策の柱にする自治体が増えている．

　観光まちづくりは，国内外からの需要を吸収できる産業育成，地方における雇用や起業の創出といった経済的効果が見込まれるだけでなく，地域住民の誇りの醸成や自信の創出，地域内外の交流を促進し，地域におけるコミュニティの維持や担い手の確保といった，社会的効果も期待されている．

(2) 観光まちづくりに欠かせない地域外人材

　さらに観光まちづくりによって，これらの効果を得るためには，地域が主体的に取り組みつつも，地域外人材による情報発信や空き家の利活用，創造的活動などが不可欠となっており，彼（女）らをどのように地域に活かすかという視点は重要である．

　地域外人材が移住後，起業したり，これまで地域になかった新たな活動を起こしたりするなどの性格を特徴づける指標として，フロリダ（2014）では，ビッグファイブパーソナリティ[1]が用いられている．フロリダは，このうち開放性が，起業家や技術者，芸術家などのクリエイティブ人材と相関が高い

1）5つの性格因子の概要については，「外向性」は人との交流が好きで活発である傾向，「協調性」は共感的で親切な傾向，「勤勉性」はきちんとしていて徹底している傾向，「神経症傾向」は緊張し不安な傾向，「開放性」は好奇心があり想像力のある傾向を示す（吉野・小塩，2020）．

第Ⅲ部　社会・文化編

ことを示し，開放性に対する地域の受け入れ態度に寛容性を用いた．開放性を移住・起業者[2]の動機に当てはめれば，知識や経験，技術といった自己の能力を発揮し，自分のやりたいことやアイデアを実現したい，多様な人材とネットワークを持ちたいといった性格が該当し，フロリダはこのような動機を「経験の開放性」と呼んでいる．

　地域外人材，とりわけ，移住・起業者のように経験の開放性が高い人々にとっては，地域の人たちと交流しやすく，新しいチャレンジに抵抗が少ない地域ほど，定住し，活動しやすいことは想定される．また，彼（女）らは，チャレンジ意欲が高い一方で，容易に離脱するため，地域活動が継続する上で，地域への愛着を醸成していくことが重要である（岡，2023）．

　観光まちづくりの社会的効果としては，地域での役割意識や当事者意識，地域への誇りや愛着を醸成し，地域内外の交流を促進することが示されており[3]，観光まちづくりを進めることによって，地域外人材の定住や地域活動を継続させることができる．

　なお，本章では，以下のように用語を定義する．

①観光まちづくり

　地域外人材と共に，地域が主体となって外から人を呼び込み，経済，文化，社会的の便益をもたらすまちづくり活動．

②地域外人材

　地域外在住ながら事業所や活動拠点を当該地域に有する人や他地域から移住した人．

③寛容性

　開放性に対する地域側の態度として，地域における仕事や住まい，コミュニティに関する相談，紹介などの支援行動．

④イノベーション人材

　移住先の地域で起業，定住して事業を継続し，仕事や地域活動において，これまで当該地域にはなかった新しい事業を創造する，または新しいアイデアを地域に持ち込むといったクリエイティブ人材．

2）本章で用いる「移住・起業」という用語は，他市町村からの移住と同時期か，又は移住前後に移住先で起業又は開業などの行動を示す．

3）牧瀬（2021）など，シビックプライドとしての議論も多い．

第12章　大都市近郊地域における観光まちづくりと地域外人材

2．大都市近郊における観光地の発展

(1) 福岡都市圏の観光

　観光まちづくりにおける地域外人材の役割や定住要因などを検討するにあたり，大都市を中心として一種の圏構造による地域差がみられる日本では，大都市への近接性が重要な意味を持つため[4]（岡，2023），日本全体の課題に関わる大都市近郊の観光地の事例として，福岡都市圏[5]を取り上げたい．

　表 12-1 は，福岡都市圏における自治体ごとの 2000 年と 2017 年の観光入

表 12-1　福岡都市圏の 2000 年と 2017 年の観光客入込数および増減率

(単位：千人)

	2000 年	2017 年	増減率（％）
福岡市	15,597	21,336	36.8
筑紫野市	1,345	1,857	38.1
春日市	886	30	-96.6
大野城市	296	229	-22.6
宗像市	4,573	6,506	42.3
太宰府市	6,189	10,540	70.3
古賀市	207	638	208.2
福津市	5,274	5,613	6.4
糸島市	2,596	6,483	149.7
那珂川市	428	310	-27.6
宇美町	766	1,115	45.6
篠栗町	1,306	1,985	52.0
志免町	9	5	-44.4
須恵町	64	47	-26.6
新宮町	96	375	290.6
久山町	506	506	0.0
粕屋町	367	35	-90.5
合計	40,505	57,610	42.2

注）観光入込客数は，合併前の市町村を現市町に合算して集計．2017 年
　をもって福岡県の市町村別統計は廃止されている．
出典：岡（2023）．

4）山村（2010）によれば，大都市圏の観光地モデルは，クローソンによる大都市の利用者指
　向型観光地モデルとキャンプベルによる大都市周辺の観光地を訪問する散在型大都市レクリ
　エーション圏とするモデルを発端とし，日本でも古くから研究されてきた．
5）福岡都市圏は，図 12-2 に示す 17 市町で構成され，地方公共団体（一部事務組合）である
　福岡都市圏広域行政推進協議会を組織している．

151

第Ⅲ部　社会・文化編

込客数[6]である．2017年における福岡市を除いた福岡都市圏の市町（以下「16市町」）では，太宰府市が1,054万人と最も観光入込客数が多く，次いで宗像市650.6万人，糸島市648.3万人となっている．2010年を基準とした2017年の観光入込客数の増減率をみると，新宮町290.6％，古賀市208.2％，糸島市149.7％であり，福岡市に隣接した市町が目立つ．一方で，糸島市を除き，福岡市に隣接する他の自治体は観光入込客数が多いとはいえず，観光資源と結びつかなければ，大都市と隣接する条件だけで観光客が増えるわけではない．

(2) 観光資源と観光需要

　大都市近郊の地域おいて，どのような観光資源が観光客に選ばれ，観光地化が進展しているのかを比較するため，16市町の目的別観光入込客数割合を示した（表12-2）．

　全体的にどの地域も，1つ，または2つのカテゴリーに依存している傾向があるが，糸島市，宗像市および福津市（以下「3市」）はカテゴリーの分布が広くなっており，他地域に比べ観光資源の多様性が高い．図12-2および表12-1で示したように，この3市は沿岸部に位置し，観光入込客数が多い．また新宮町と古賀市の伸びは大きいものの，これまでの観光地の進展要因を検討するため，この中で，同程度の観光地化が図られ（観光入込客数500万人以上），また，人口5万人以上の同規模自治体である3市を比較する．ただし，太宰府市もこの条件に合致するが，「太宰府天満宮」，「九州国立博物館」などの全国的に著名な施設で，歴史・文化の単一資源に依拠しており，県外やインバウンド観光が多い特殊な事例として状況が異なるため除外する．

　宗像市は「歴史・文化32.8％」の「宗像大社」，「スポーツ・レクリエーション24.7％」の「宗像ユリックス」，「グローバルアリーナ」，「都市型観光27.2％」の「道の駅むなかた」の物産館に見られる有名観光地や大型施設を有し，観光客の主要目的となっている．福津市も同様に「歴史・文化73.4％」の「宮地嶽神社」や「都市型観光10.6％」の「イオンモール福津」といった単一的な資源に依存している傾向があるが，近年の都市型観光として海岸沿いのカフェ・レストランが増えている．糸島市は，宗像市や福津市より比較的割合の高い「自然6.2％」には「白糸の滝[7]」や登山が含まれ，「歴

6）観光入込客推計調査は，観光庁が定めた「観光入込客統計調査に関する共通基準及び調査要領」に基づき，観光入込客数や観光消費額について，他都道府県と比較可能な共通基準での数値である．

第 12 章　大都市近郊地域における観光まちづくりと地域外人材

表 12-2　福岡都市圏自治体の観光目的別の観光入込客数割合（2017 年）

(単位：%)

目的 / 自治体	自然	歴史・文化	温泉・健康	スポーツ・レクリエーション	都市型観光	その他観光地点	行祭事・イベント	合計
筑紫野市	12.1	3.2	73.6	9.5			1.6	100
春日市		43.3			56.7			100
大野城市				29.3			70.7	100
宗像市	0.5	32.8	4.3	24.7	27.2	8.4	2.1	100
太宰府市		100						100
古賀市			21.3	6.7	58.8		13.2	100
福津市	0.7	73.4	2.2	6.9	10.6	3.9	2.2	100
糸島市	6.2	7.3	11.2	15.6	54.3	3.7	1.7	100
那珂川市				83.9			16.1	100
宇美町	0.1	82.6		1.1			16.2	100
篠栗町	7.6	74.0	14.2	0.2	2.6		1.5	100
志免町		60.0					40.0	100
須恵町	14.9	14.9		61.7			8.5	100
新宮町	38.2	0.5				50.0	11.3	100
久山町	13.6	37.7	35.6	8.5			4.5	100
粕屋町					37.1		62.9	100

注 1)　空欄は 0%.
注 2)　「自然：山岳，高原，湖沼，河川，海岸など」，「歴史・文化：史跡，神社・仏閣，まち並み，博物館，美術館，動植物園，水族館など」，「温泉・健康：温泉地，その他温浴・健康施設など」，「スポーツ・レクリエーション：ゴルフ場，サイクリング，ハイキング，キャンプ場，釣り場，海水浴場，テーマパークなど」，「都市型観光：商業施設，商店街，食・グルメ，農水産品直売所など」，「その他道の駅，パーキングエリア」，「行祭事・イベント：行祭事，郷土芸能，スポーツ観戦，映画祭など」
出典：岡（2023）.

史・文化 7.3%」の「二見ケ浦（夫婦岩・大鳥居）」，「温泉・健康 11.2%」の温泉や健康温浴施設，「スポーツ・レクリエーション 15.6%」の 6 つのゴルフ場，「フォレストアドベンチャー（自然体験型アスレチック）」などの観光資源の多様性が高い．糸島市には太宰府市を含め，宗像市や福津市のように大型集客施設が少なく，これといった有名な観光地がない．「都市型観光 54.3%」と最も多いものの，このカテゴリー内において，直売所[8)]，カキ小

―――――――――

7)　福岡県指定名勝．標高 900m の羽金山の中腹に位置し，落差は約 24m．周辺に約 10 万本の紫陽花が植樹され，ヤマメ釣りや素麺流しも楽しめる．
8)　農業者・漁業者が直接生産物を持ち込み，販売を行う直売所．糸島市には産直施設日本一の売上額を誇る JA 糸島「伊都菜彩」や JF 糸島「志摩の四季」がある．

第Ⅲ部　社会・文化編

屋[9]，カフェ・レストラン，クラフト工房の小規模観光施設の集積によっている．

(3) 地域外人材と観光地の発展

　さらに，自然環境や農林水産物などの観光資源を活かした，地域外人材による観光地の進展要因を検討するため，大規模施設によらず，小規模事業者らの集積により，近年，観光入込客数の増加率が高い糸島市を検討する．

　糸島市では観光客全体のうち，日帰り客が98.2％を占め[10]，糸島市外からの観光客のうち，福岡市からの観光客は最も多く，48.5％を占める（岡，2023）．糸島市は隣接する大都市の福岡市における日帰り観光需要によって，都市近郊型観光地として発展してきた．

　糸島市における1973年の観光入込客数は，旧市町合計で280.5万人となっており，2000年の259.6万人まで30年間ほぼ変わっていない．図12-1のように，2000年以降に観光入込客が増加し，2000年に野北海岸のカフェ，翌年に二見ヶ浦のレストランが立地したことを皮切りに，海岸沿いの飲食店が増え，直売所は，2002年に「福ふくの里」，2006年に「志摩の四季」，2007年に「伊都菜彩」が開設した．カキ小屋も2000年以降に漸次立地し，年間40万人以上が訪れることになった．2008年には「糸フェス」が始まり，陶芸や工芸などの作家たちの活動が活発化した．当時は数軒だった家具，食器，アクセサリーなどの工芸，服飾・雑貨の工房は，2015年時点で130軒を超える（岡，2023）．

　図12-2は福岡市からの観光客の訪問割合と観光地ごとの分布を示している．訪問地は，「二見ヶ浦」，「白糸の滝」，「伊都菜彩」において高い割合を示す．このほかに，日本三大玄武洞の一つであり，国指定天然記念物の「芥屋の大門」，夏場に海の家が多数並び，福岡県内で最も透明度が高い「芥屋海水浴場」がある芥屋地区も割合が高い．また，「カキ小屋」も冬場しかオープンしていない点を考慮すれば，比較的割合が高い．「白糸の滝」のほかに，県指定天然記念物である樹齢400年の大もみじや，国指定重要文化財を多数所有する「雷山千如寺」と，山岳地域への観光客も一定数みられる．また，

9）各漁港内に立地する焼きカキを体験できる漁師直営の小屋．2020年現在で27軒が営業している．

10）糸島市定例記者会見〈https://www.city.itoshima.lg.jp/s007/010/040/030/060/100/202001anken.pdf〉（2020年11月13日最終閲覧）．

第 12 章　大都市近郊地域における観光まちづくりと地域外人材

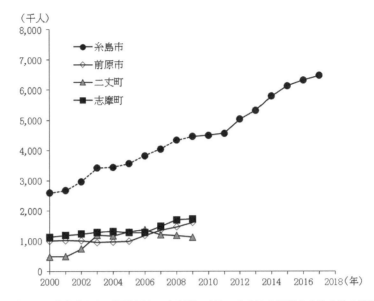

図 12-1　糸島市および旧前原市・糸島郡二丈町・志摩町の観光客入込客数の推移
注）合併前の 2009 年までは，参考に合算値を破線で示した．
出典：岡（2023）から作成．

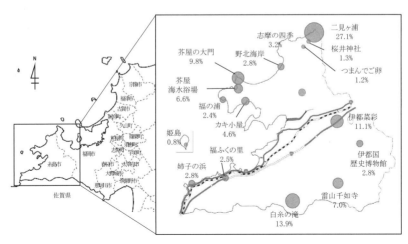

図 12-2　福岡都市圏の位置図と糸島市内観光地ごとの福岡市観光客の訪問割合の分布
出典：岡（2023）から作成．

第Ⅲ部　社会・文化編

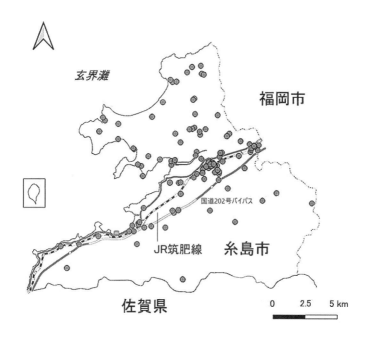

図 12-3　糸島市における飲食店の分布（2019 年時点）

出典：岡（2023）から作成．

　直売所には，「伊都菜彩」以外にも「JF 志摩の四季」や，福岡市からみて遠方にある「福ふくの里」にも一定の訪問率がある．糸島市は，単一の観光地に依存せず，多様な観光資源によって，観光客を惹きつけている．

　以上のような 2000 年代の変化に伴い，2019 年での同市では，市の中央部を東西に走る鉄道沿線上に中心市街地があり，人口も鉄道沿線地域に集中しているのに対して，観光業に属する代表的な業種である飲食店の分布をみると，中心市街地のみならず北部の沿岸・湾内側や南部の田園地域や山間地域にも広く分布していることが分かる（図 12-3）．

4．観光まちづくりにおける地域外人材の活動要因

(1) 移住・起業者の満足度

　地域外人材が糸島市で開業したことの満足度に影響を与える要因について，移住・起業者（U・I ターン者）以外も含めて包括的に検討するため，

糸島市でアンケート[11]を実施した．事業者たちの満足度を高める要因の一つとして，同業あるいは類似の業種にて出店したいという相談を受けることがあるかを質問した．「出店相談を受ける」という行為は，相談を受ける側にとっても，成功者として認められていると認識できることで，自身も満足度を高めることができる活動である．加えて，自分の能力や経験を他人に提供することで，他の事業者の成功や事業者間の交流の深化や拡大といった成果をもたらし，地域活性化に貢献できる活動の一つになりえると考えた．そのため，調査対象者らの「糸島市では能力を発揮できる」，「他人や地域に貢献したい」といった経験の開放性が，実際の行動に現れたものであると解釈した．

　この質問に回答したのは161人であったが，そのうち年1~2回相談を受ける人が63人，3~4回の人が7人，5回以上の人が9人と，合計79人（49.1%）もの人が，同業者などの出店の相談を受けると回答したことは驚きであった．

　事業者の移住等の属性別にみた内訳をみると，出身在住者で34人（出身在住者全体の47.9%），市外在住者で12人（52.2%），Uターン者で12人（52.2%），Iターン者では18人（45.0%）が出店相談を受けている．市外在住者とUターン者は，出身在住者と比べて4.3%高い．Uターン者は移住・起業の成功者，他方で地域とのパイプ役として，相談役に適任であろう．特に工芸店の経営では，作業場や販路の確保，イベントへの出展などの際に同業者とのネットワークが重要になるため，同業者からの出店や起業への相談を受けることが多くなるという[12]．

　このように同業・類似業者から相談を受けるか否かで，糸島市での開業満足度に違いが出るかどうかを検討した．まず，全体的にみると，相談を受けることがある事業者では，相談を受けない事業者に比べて，糸島市にて開業したことへの満足度が高い傾向がみられた．ただし，相談を受ける事業者は，そうでない事業者に比べると，経営自体がうまくいっている場合が多く，そのことが，相談を受ける事業者の開業満足度を高めている可能性もある．そ

---

11) アンケートは2021年6月から7月にかけて，NTTタウンページ，糸島市商工会ホームページ，糸島市観光協会観光マップから主要な観光関連事業者と考えられる糸島市内の飲食業，陶磁器，家具及び雑貨・アクセサリーの事業所を抽出し，調査票を郵送した．詳しくは，岡（2023）を参照のこと．

12) 筆者らが2021年3月に陶器作家T氏に行ったインタビューによると「作家には，糸島クラフトフェスに出たいとの相談に乗ったことがきっかけで引っ越してきた人がおり，それ以降，同業の作家からの移住相談をよく受けるようになった」とされている．

第Ⅲ部　社会・文化編

表 12-3　相談の有無と経営状態からみた開業満足度

（有効回答 159 人）

| 相談の有無 | 満足度／収支 | 開業満足度 | | | 計 |
		不満	普通	満足	
無	減収赤字	8　(30.8%)	11　(42.3%)	7　(26.9%)	26
無	収支均衡	3　(9.7%)	13　(41.9%)	15　(48.4%)	31
無	増収黒字	1　(4.0%)	8　(32.0%)	16　(64.0%)	25
有	減収赤字	1　(5.3%)	10　(52.6%)	8　(42.1%)	19
有	収支均衡	1　(3.4%)	7　(23.3%)	22　(73.3%)	30
有	増収黒字	1　(3.6%)	6　(21.4%)	21　(75.0%)	28
	計	15　(9.4%)	55　(34.6%)	89　(56.0%)	159

（$\chi^2(10) = 29.76$，$P < .01$）

注）収支の状況は減収・黒字と増収・赤字の事業者を収支均衡としてまとめて集計した．
出典：岡（2023）から作成．

のため，表 12-3 では，事業者の収益状況に応じて，相談の有無と開業満足度の関係を検討した．

結果は，相談を受ける事業者のうち，増収かつ黒字の 75.0%，増収または黒字（収支均衡）の 73.3% が，さらに減収かつ赤字の事業者でも 42.1% が糸島市での開業に満足しているのに対して，相談を受けない事業者では，満足と回答した比率がそれぞれ 64.0%，48.4%，26.9% に留まっている．反対に開業したことに不満と回答した事業者の比率が，全体では 9.4% に留まるものの，減収赤字でかつ相談を受けない事業者では 30.8% と顕著に高い．同業・類似業者からの相談を受ける人は，経営する店舗の業績にかかわらず，相談を受けない人に比べて開業満足度が高い傾向がある点が確認できた．

人脈や交流を重視する移住・起業者らにとって，地域での経営や原材料・人材の紹介など事業者間の相談できる体制が存在することは彼（女）らの満足度を高め，定住・事業継続の重要な要因になるのである．反対に，自分がやりたいことをできないことは，人生の重要問題として撤退・離脱の理由となりえる[13]．

(2) イノベーション人材が重視する地域性

糸島市の移住・起業者全体では，約半数が同業・類似業種の人から出店の

13）岡（2023）では，糸島市での移住・起業者が離脱した参与観察の事例が報告されている．

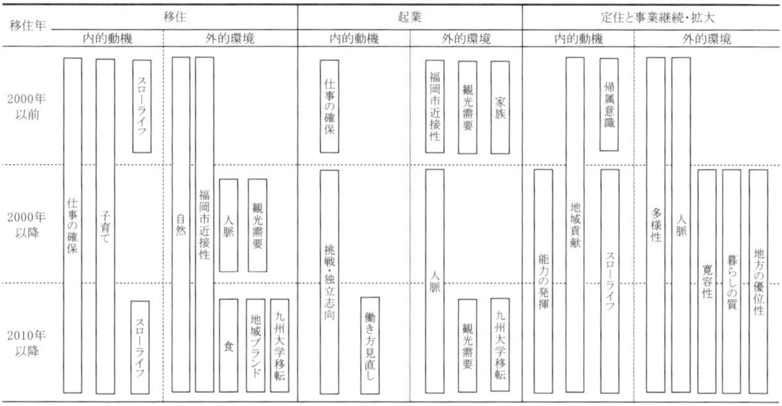

図 12-4　観光業におけるイノベーション人材の移住・起業進展過程

出典：岡（2023）.

相談を受けることで，満足度を高めることがわかったが，移住・起業者のうち，とりわけ，イノベーション人材が同市に移住・起業し，定住しながら，新たな事業などを持ち込む理由を検討するため，筆者は，イノベーション人材にインタビュー[14] を行った.

移住から起業，さらに定住と事業継続・拡大へと至る各過程においては，移住・起業者が持つ内的動機に対して，地域側における外的環境の存在が重要となる．観光客が増加し始めた 2000 年の前後と，糸島市の誕生で観光客の増加が加速した 2010 年以降に分け，外部環境の変化に沿って，移住から定住と事業拡大のプロセスにおける内的動機と外的環境を対照すると，図 12-4 のようにまとめることができる．

2000 年以前の移住時には，仕事の確保や子育て，スローライフへの内的動機に対して福岡市へのアクセスや自然環境である外的環境が重視され，当初から寛容性や多様性を求め，移住したいと考える人は少なかった．起業時も，仕事の確保という内的動機に対し，福岡市との近接性や観光需要の高さを重視し，定住と事業継続・拡大の段階へ，長く居住するにしたがって，地域貢献や帰属意識の内的動機が芽生え，外的環境では人脈や多様性を重視するように変化した．

14）糸島市役所の観光・移住・産業の振興に関わる各所管課の職員に，イノベーション人材の定義に該当すると思われる人を列挙してもらい，計 33 人を選定し，2020 年 12 月から 2021年 3 月にかけて（2 人のみ 2019 年 7，8 月）に実施した．詳しくは，岡（2023）を参照のこと．

第Ⅲ部　社会・文化編

2000年以降，イノベーション人材は，移住時には2000年以前と同様の傾向を示しているが，外的環境としては新たに人脈を活用する傾向がみられた．起業時には，仕事の確保ではなく，挑戦・独立志向の内的動機が増加し，外的環境では人脈を活用し，起業につなげる傾向がみられた．定住と事業継続・拡大時には能力の発揮，地域貢献およびスローライフといった内的動機に対して，外的環境をより活用する傾向があり，寛容性や多様性，人脈のほか，趣味や文化，食，職住近接などの暮らしの質の高さを重視していた．

2010年以降，イノベーション人材の移住時における内的動機は，自然や福岡市との近接性が重視され，外的環境では，九州大学の移転，食，地域ブランドといった新たな資源が活用された．起業段階では，独立・挑戦志向，働き方の見直しという内的動機に対し，外的環境では観光需要や，九州大学の関係を含めた人脈による起業がみられた．定住と事業継続・拡大の段階において，能力の発揮，地域への貢献といった内的動機に対し，外的環境では，移住・起業者らが行動を起こす際に相談できる人脈や多様性を受け入れる寛容性の高さや，競合が少なく，自分が活躍しやすい地方の優位性が認識されていた．さらには自然環境や食材，余暇の充実などの暮らしの質の高さを求める傾向が確認できた．

ただし人脈は，すべての年代，また移住，起業，定住と事業継続・拡大の全段階で重視されていた．自分が先達に世話になった恩返しや，自らコミュニティを立ち上げるなどのイノベーション人材の発言や行動に現れており，彼（女）らが増えるにつれて，地域側に存在するネットワークは強化されていった．

5．おわりに

観光まちづくりによって観光地化が進展することで，人脈を広げ，交流を深め，地域への愛着や誇りを高めるなどの社会的効果が発揮される．そして，先住した移住・起業者，とりわけ，イノベーション人材が定住し，地域の事業者間における移住・起業，経営などの相談，人材や物件の紹介といったサポート役を果たすようになる．このような支援行動は，地域外人材らの満足度を高め，地域に彼（女）らを定住させ，新たな事業や地域活動を促進している．ある程度の観光まちづくりの成果が上がるまでは，先住のイノベーション人材の継続的な活動に依存せざるを得ない側面があり，その役割が重要で

第 12 章　大都市近郊地域における観光まちづくりと地域外人材

ある[15]．そのため，観光まちづくりでは，先住のイノベーション人材らを地域で支援し，地域側の相談や紹介などの行動である寛容性を拡大させることが有効である．政策的な提言をするとすれば，糸島市で確認されたように「地域事業者のみんなが相談にのっている」といった地域側の受け入れ態度を促進する事業は有効である．実際に糸島市では，「みんなのそうぎょう」，「みんなのサロン」といった起業者間の助言や相談などの事業が始まった．今後，地域外人材の移住・起業やイノベーション人材の定住といった目的を果たすために，地域の寛容性を拡大し，行動を促す仕組みづくりは地方創生において，より重要性を増すだろう．

参考文献

岡　祐輔（2023）：地域の寛容性に着目した観光地におけるイノベーション人材の定住要因—，「九州大学大学院地球社会統合科学府」『博士論文』．

フロリダ，R. 著，井口典夫訳（2014）：『新 クリエイティブ資本論—才能が経済と都市の主役となる』ダイヤモンド社．

牧瀬　稔（2021）：市民のシビックプライドを高めるための観光のあり方，『観光とまちづくり』，20-21．

山村順次（2010）：『観光地理学（第 2 版）』同文館出版．

吉野伸哉・小塩真司（2020）：日本における外国人居住者に対する寛容性と Big Five の関連—社会生態による調整効果—，『心理学研究』91（5），323-331．

---

15) 観光地化が進んでいない地域では，観光による経済や移住・起業者数の規模が小さく，少数のイノベーション人材による効果は限定的で，特に初期には，事業者間や住民の相談などの支援行動が発揮されにくい（岡，2023）．

第 13 章

福岡都市圏の宗教文化と現代社会

藤 村 健 一

1．はじめに

　福岡都市圏では各所に著名な社寺が存在しており，その大半が古い歴史を有する．こうした社寺も，現代の社会変化や宗教界の変化の影響を受けている可能性がある．山中弘（2020）は，「制度宗教」の弱体化と「軽い宗教」の拡大が現代宗教の趨勢であると述べている．制度宗教とは，明確な教義と実践，それを維持・拡大するための組織と建造物，それらに自覚的に帰属する信徒を有する宗教集団のことである．一方の「軽い宗教」とは，市場との相互交渉の中で伝統宗教が希釈，断片化され，現代人のライフスタイルに適合するように変容したものと定義される．山中（2016，2020）はその例として，近年の宗教観光やパワースポット，御朱印の流行を挙げている．

　岡本亮輔（2020）も概ね同様の認識を持つ．岡本は「組織宗教」が衰退する一方で，2000年代にパワースポットや御朱印などの宗教現象が流行したことを指摘する．とりわけパワースポットブームは現代宗教の「軽さ」を顕著に示す例であるという．これらの流行現象は，大半が伝統宗教の社寺や聖域を舞台に展開している．このことは伝統宗教の活性化を示唆するようにさえ思える．ただしこれらの多くは，宗教組織や宗教者の発信から始まったものではなく，マスメディアの中で生み出され展開した世俗優位の現象である．

　それゆえ，伝統宗教の側が「軽い宗教」をどのように認識し対処しているかが注目される．山中（2017，2020）によれば，「軽い宗教」はマスメディアや世俗的な文化産業によって商品化され，深く重いコミットメントを望まない消費者へと提供される．しかし宗教が一方的に商品化されているわけではなく，伝統宗教の側も一般の人々の好みに合うようにみずからの宗教を扱いやすく加工し，市場に参入しているという．こうした認識は，「宗教と観光の融合」が起きているという岡本（2015:5）の主張と整合する．岡本（2020）によれば，多くの社寺が観光の一環で訪れた信仰なき訪問者を受け入れはじ

め，パワースポット的な言説と積極的に重なろうとしている．

　しかし筆者はこれまでの調査経験から，宗教者は経済的価値よりも宗教的価値を重んじており，みずからの信仰や宗教空間がビジネスの文脈で語られることを好まない傾向にあると感じる．岡本（2015：171-173，2017）も，社寺の境内地がパワースポットとされることに対して伝統宗教からの反発があることを指摘している．

　筆者は福岡都市圏に所在し，パワースポットや観光地とされている神社と仏教寺院のいくつかを対象として，2023 年 11 〜 12 月に神職や僧侶への聞き取りや現地調査を行った．これらを通して「軽い宗教」の現状とこれに対する宗教者の認識を明らかにし，現代の伝統宗教による社会変化への対応と宗教空間への意味づけについて考える．ただし本章では紙幅の都合上，寺院の調査結果については割愛する．

２．パワースポット

　「パワースポット」という言葉は 2000 年代以降，「何となく癒される場所，元気がもらえる場所，幸運に恵まれそうな場所」といった意味で用いられている（岡本 2017）．パワースポットには，有名な社寺や聖地が単にパワースポットと言い換えられた例や，社寺の側がパワースポットのイメージをある程度受け入れ能動的に反応した例，特異な景観や自然環境などの非宗教的な場所がパワースポットとして提示された例がある（岡本 2015:151-168）．パワースポットとされる場所の多くは従来の社寺や聖地だが，この言葉は伝統の重さや宗教臭さを感じさせない．そのため特定の信仰を持たない観光客でも気兼ねなく訪問でき，一般向けの旅行ガイドブックや雑誌でも取り上げやすい．ゆえにパワースポットとみなされることは集客に有効である（岡本 2017）．

　パワースポットブームは社寺を舞台としつつ，マスメディアや自称スピリチュアリストなど社寺とは組織的に繋がらない人々により牽引されている．そのためパワースポット訪問者は従来の参詣者と異なり，社寺側が求める行動や考え方をほとんど共有していない．パワースポットでは，訪問者が神木や巨石などに触れたり抱きついたりしてパワーやエネルギーを貰うことがあり，社寺の困惑を招いている．一方，社寺でパワースポット訪問者向けに新たな授与品が頒布されたり，境内に新たな装置が設置されたりすることもある．これらは伝統宗教が消費者（参拝者）の好みに合わせ，みずからの宗教

第Ⅲ部　社会・文化編

表 13-1　書籍・雑誌・ウェブサイトで紹介された福岡都市圏のパワースポット

①～㉑でパワースポットとして紹介されるか、または紹介記事に「パワー」という語句が使われた福岡都市圏の場所。掲載媒体数が 2 以下の場所は省く。ウェブサイトはいずれも2024 年 1 月 8 日閲覧。

名　称	所在地	掲載媒体数	名　称	所在地	掲載媒体数
太宰府天満宮	太宰府市	13	南蔵院	篠栗町	6
宗像大社	宗像市	12	志賀海神社	福岡市東区	4
宮地嶽神社	福津市	12	伊野天照皇大神宮	久山町	4
宝満宮竈門神社	太宰府市	9	櫻井神社	糸島市	4
筥崎宮	福岡市東区	8	雷山千如寺大悲王院	糸島市	3
香椎宮	福岡市東区	6	箱島神社	糸島市	3
櫛田神社	福岡市博多区	6	桜井二見ヶ浦	糸島市	3
筑前國一之宮住吉神社	福岡市博多区	6	芥屋の大門	糸島市	3

	種類	書名、誌名、ウェブサイト名	発行・公開年
①	書籍	『日本全国このパワースポットがすごい！』若月佑輝郎著、PHP 研究所	2010
②	書籍	『風水パワースポット紀行』山道帰一著、メディア総合研究所	2010
③	書籍	『厄除け・開運・パワースポット ニッポンの神社』流光七奈監修、主婦の友社	2018
④	書籍	『開運！パワースポット・ガイド 2020』婦人公論編集部著、中央公論新社	2019
⑤	書籍	『木下レオン吉方位の旅』木下レオン著、東京ニュース通信社	2021
⑥	書籍	『とにかく運がよくなる最強開運スポットガイド！』木下レオン・村野弘味監修、扶桑社	2022
⑦	書籍	『御朱印でめぐる福岡の神社 週末開運さんぽ 改訂版』地球の歩き方編集室著、Gakken	2022
⑧	書籍	『神秘の聖地 聖域 パワースポット 西日本』TAC 出版編集部著、TAC	2023
⑨	雑誌	『福岡 Walker 2016 1 月増刊号』KADOKAWA「ご利益＆開運ドライブ」	2015
⑩	雑誌	『福岡 Walker 2017 1 月増刊号』KADOKAWA「開運＆パワスポ最強おでかけ案内」	2016
⑪	雑誌	『KyushuWalker 2018 秋』KADOKAWA「2018年後半をハッピーに！最高の開運」	2018
⑫	web	「福岡・パワースポットめぐりの旅」近畿日本ツーリスト https://www.knt.co.jp/meito/sp/fukuoka_shrine/	不明
⑬	web	「【九州】2019 年に行きたいパワースポット 20 選！恋愛運・健康運・金運アップに！」じゃらんニュース　https://www.jalan.net/news/article/305157/	2019
⑭	web	「思わず行きたくなる！自然豊かな福岡のおすすめパワースポット」Relux Journal https://rlx.jp/journal/kyushu/49795	2021
⑮	web	「福岡のパワースポット 10 選」旅行のついでに開運も！」トラベル・スタンダード・ジャパン https://www.travelwith.jp/area/kyushu/fukuoka/topics/post-14089/	2021
⑯	web	「【2022 年最新】福岡県のパワースポットで運気アップ！最強ランキング TOP5」アットホーム　https://www.athome.co.jp/town-library/article/122846/	2022
⑰	web	「ご来福しよう！パワースポットが集まる福岡へ」福岡・大分デスティネーションキャンペーン　https://fukuoka-oita-dc.jp/articles/detail/b001d46f-375c-47f7-acf1-a59514f8ee26	2023
⑱	web	「福岡で運気を上げよう！おすすめのパワースポット 10 選」カラデル https://caradel.portal.auone.jp/post-10717/	2023
⑲	web	「【九州】パワースポットにおでかけ！運気の上がる神社 30 選」旅色 https://tabiiro.jp/higaeri/article/kyushu-shrine/	2023
⑳	web	「【2024 年開運】福岡県のパワースポット 3 選！運気上昇、上陸禁止の世界遺産、カエル寺」TABIZINE　https://tabizine.jp/article/351303/	2024
㉑	web	「【2024 年版】福岡県の最強パワースポット！神社や自然のパワースポットまとめ」なるほど福岡　https://www.naruhodo-fukuoka.com/power	2024

第 13 章　福岡都市圏の宗教文化と現代社会

を加工している例である（岡本 2020）.

　次に，福岡都市圏のパワースポットについて検討する．書籍や雑誌，ウェブサイトでパワースポットとして掲載された福岡都市圏の場所を表 13-1 に示す．表中の書籍のうち①の著者は「スピリチュアル・サクセス・ライフ・コンサルタント」，②の著者は風水師，③・⑤・⑥の著者・監修者は占い師を称する．雑誌はいずれもタウン情報誌である．ウェブサイトのうち⑯・㉑は主にタウン情報を扱っており，その他はいずれも旅行関係のサイトである．3 つ以上の媒体で取り上げられた場所は全部で 16 か所だが，うち 12 か所が神社である．仏教寺院は 2 か所（南蔵院・雷山千如寺大悲王院），自然景観も 2 か所（桜井二見ヶ浦・芥屋の大門）にとどまる．太宰府天満宮や宗像大社，宮地嶽神社，宝満宮竈門神社のように，パワースポットブーム以前から知名度が高く，観光客も訪れる神社が上位にある．そこで次節以降，これら 4 つの神社に注目し，パワースポットや観光地としての意味づけや神社側の認識・対応について分析する．

3．太宰府天満宮（太宰府市）

　太宰府天満宮（図 13-1）は菅原道真公を祀り，学業成就・合格祈願の神社として知られる．太宰府天満宮の記事は表 13-1 の③，⑥〜⑨，⑪，⑭〜⑳に掲載されている．これらの記事には，従来の定型的な神社紹介の中に「パワースポット」という語を挿入しただけの文章や，単に神社を「パワースポット」と言い換えたに過ぎない文章が目立つ．ただし，表 13-1 の⑦・⑧・⑪・⑳は，境内奥の山の上にある天開稲荷社をパワースポットとして注目する．同社は，太宰府天満宮の公式ウェブサイトによれば「九州最古のお稲荷さん」として親しまれ，天に道が開け運気が上昇する神社として信仰を集めている[1]．⑦は天開稲荷社に 1 頁を割き，「天に開かれたお社にパワーを頂く」「「奥の院」がパワースポットとして話題を集めています」などと紹介している．奥の院とは，天開稲荷社社殿の裏の石で囲まれた小祠である．この社殿の脇には「天開水」という看板と蛇口があるが，これについても「飲むことでパワーを頂ける「天開水」」と触れている．

　筆者は 11 月の土曜日の日中に太宰府天満宮を訪問した．本殿は大勢の参

---

1 ）https://www.dazaifutenmangu.or.jp/keidaiannai/tenkaiinarisha（2024 年 1 月 8 日閲覧）

165

第Ⅲ部　社会・文化編

拝客で賑わっていたが，そこから天開稲荷社へ向かう参道に流れる人も多く，天開稲荷社や奥の院も参拝者が絶えなかった．この参道に面した斜面に巨樹があるが，参道をゆく人々が次々と斜面を登ってこの木の傍に立ち，幹に手を当てるのを目にした（図 13-2）．彼らはこうして巨樹からパワーを得ようとしているように見えた．この木の前には荻原井泉水の句碑が立つが，木そのものは訪問時点では天満宮の境内図や公式ウェブサイト，Google マップには載っておらず，各種出版物での掲載も確認できない．なお，案内所で配布している境内図や公式サイトには神木の飛梅や大樟が掲載されているが，これらは柵に囲まれ，参拝者が手を触れることはできない．

　このように，太宰府天満宮境内のパワースポットを参拝する人が少なからず存在する．太宰府天満宮総務広報部長・神苑管理部長の松大路信潔氏によれば，天開稲荷社は以前から参拝者が多かったが，15 年ほど前からパワースポットとされ，最近特に増えてきた．松大路氏は，パワースポットとしての評判は神社側ではなく占い師や人々の噂で広がったもので，それほど注目していないと話す．信仰の形態も人それぞれである．神社は神の力で清められた聖なる空間であり，木や水にも霊力があるので，神社がパワースポットとされることもありうる．太宰府天満宮では行政の観光政策に協力しているが，参拝者を増やすための主体的な取り組みや広報は特にしていない．松大路氏は，神社はお参りして元気になって帰る場所であり，参拝者には「来て

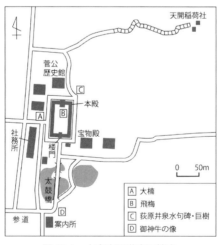

図 13-1　太宰府天満宮の境内

166

第13章　福岡都市圏の宗教文化と現代社会

図13-2　太宰府天満宮境内の巨樹に触れる人々（2023年11月筆者撮影）

良かった，また来たい」と感じてほしいが，お店とは違うので，来てもらうためにどうこうするのは違うと語る．

　太宰府天満宮では，御札やお守りなどの授与品の頒布（通信販売）や，祈願のオンライン受付の専用ウェブサイト[2]を設けている．このサイトでは御朱印は扱っていない．サイトには「本来，ご祈願をはじめ，お札・お守りは神社にご参拝して直接お受けいただきますが，諸々のご事情によりご参拝が叶わない方々のために，当宮では，ご祈願および郵送によるお守り授与のお申し込みを承っております」「システムの都合上，当宮の想いと異なる表記（ショッピング等）がございますが，ご理解のほどお願いいたします」と記されている．

4．宗像大社（宗像市）

　宗像大社は，日本神話に登場する宗像三女神（田心姫神・湍津姫神・市杵島姫神）が祭神であり，田心姫神を祀る沖津宮（沖ノ島），湍津姫神を祀る中津宮（大島），市杵島姫神を祀る辺津宮（九州本土）からなる．これらは2017年，ユネスコ世界遺産の構成資産となった．三女神は「道主貴」とも呼ばれ，「道」の神とみなされており，交通安全や芸道の神としても知られる．宗像大社の記事は表13-1の①・⑦〜⑫・⑯〜⑱・⑳・㉑に掲載されている．これらの記事では主に辺津宮（図13-3）が扱われる．ここでも定型的な神社紹介をなぞる文章や，神社をパワースポットと言い換えただけの表現が目立つが，①では「傷つき失った自分らしさを復活させてくれる」「物理的に女性の胸を豊

2）https://dazaifutenmangu-gokigan.jp/（2024年1月8日閲覧）

167

第Ⅲ部　社会・文化編

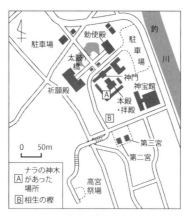

図 13-3　宗像大社辺津宮の境内

かにしてくれるという御利益もあります」など独自の解釈が示されている．

　⑦・⑨・⑪・⑰・㉑は，辺津宮境内の奥にある山の上に位置する「高宮祭場」を取り上げている．これらの媒体では，本殿・拝殿よりも高宮祭場の記述が詳しい．高宮祭場は無社殿の古代祭場で，柵で囲われ一般の参拝者は入れない．ここは市杵島姫神の降臨地とされ，周囲を森に囲まれている（図13-4）．⑨は「絶対に立ち寄りたい，辺津宮最大のパワースポット！」，㉑は「緑に囲まれており，心が浄化される福岡のパワースポットです」と紹介している．⑨・⑫・㉑は「相生の樫」を紹介する．これは境内林の中にある神木で，本殿から高宮祭場へ向かう参道の脇に立つ2本のカシである．一方の幹から伸びた枝が，他方の幹と繋がっているようにみえる（図13-4）．⑫は「特に人気なのが「相生の樫」と呼ばれるご神木．恋愛成就や夫婦円満のご利益があると言われています」と解説している．

　筆者は12月の土曜日の日中に辺津宮を訪問した．参拝者の多くは拝殿から高宮祭場を経て，沖津宮・中津宮の分霊を祀る第二宮・第三宮へ至る．高宮祭場には絶えず参拝者がいたが，相生の樫は注連縄や案内看板などが無く見つけづらいためか，立ち止まる人はいなかった．かつて相生の樫には注連縄がはられ，傍に案内看板と賽銭箱があり，柵で囲まれていた．2001年の社報『宗像』483号によると，若い女性の参拝者がこの木に良縁を祈願し成就したと明かしたことから，若い女性を中心に「縁結びの御利益があるのでは」と話題になった．これを知った神社は，参拝しやすいように環境を整備し，同年に「相生の樫」の命名式を斎行した．

第 13 章　福岡都市圏の宗教文化と現代社会

図 13-4　宗像大社の高宮祭場〔左〕と相生の樫〔右〕（2023 年 12 月筆者撮影）

　権禰宜の宗像崇史氏の話では，ここにお参りする人は多かったが，2023年に注連縄や看板などの設備をすべて撤去した．神社内で「必要性に乏しい．森は森であり，もとに戻そう」という意見が出たのが撤去の理由である．柵から身を乗り出して木に抱き着く人もいたという．なお，辺津宮の神木としてはこのほか，本殿脇の樹齢約 500 年のナラが知られていたが，これは2023 年に枯れたため伐採された．

　宗像氏は，世間で高宮祭場などがパワースポットと言われているが，神社はそのようなことは言っていないと話す．ただ，パワースポット目的で来てもらうのは構わない．宗像氏は個人的な意見と断ったうえで，神徳にあやかりたいのは分かるが，人様のお庭に勝手に入るのはどうかと思う．境内林の奥に勝手に入っていく人もいるが，参道を外れて森の中に入るのはよくない．お参りをするならマナーを守ってほしいと語る．地域の観光振興には協力したいが，当社は観光神社ではないし，神社としての尊厳は崩せないと述べる．

　宗像大社も，授与品の頒布（通信販売）や，祈願のオンライン受付の専用ウェブサイト[3]を設けている．このサイトでも御朱印は扱っていない．同社では「本来，ご祈願やお守りお札は神社にて直接お受けいただくものですが，新型コロナウィルスの影響により参拝が叶わない方々のために，郵送によるお守りの授与とご祈願のお申し込みを当ホームページ上にて承っております」[4]と説明している．

---

3 ）https://munakatataisha.shop-pro.jp/ （2024 年 1 月 8 日閲覧）
4 ）https://munakata-taisha.or.jp/about_hetsu.html（2024 年 1 月 8 日閲覧）

5．宮地嶽神社（福津市）

宮地嶽神社（図13-5）は日本一の大注連縄・大太鼓・大鈴で知られ，開運と商売繁盛の神として信仰を集めてきたが，近年は「光の道」（図13-6）でも有名である．宮地嶽神社の記事は表13-1の⑤，⑦〜⑪，⑬〜⑯，⑱，㉑に掲載されているが，これらのうち⑨・⑱を除くすべての媒体が「光の道」に言及している．宮地嶽神社の参道は，海岸から神社の入口に至る約1.3kmの直線道路である．その延長線上に神社の石段があり，最上段付近から参道と玄界灘が望める．毎年2月・10月にそれぞれ約1週間，晴天であれば夕日と参道・石段が一直線に重なる．この景観が「光の道」と呼ばれる．⑮では「1年に2回だけ太陽から神社へ真っすぐ伸びる光の道を見ることができ，その道はパワースポットとしても知られています．ご来光を受けると，運を引き寄せられると言われています」と紹介されている．

「光の道」は，2016年に男性アイドルグループ「嵐」が出演した日本航空のCMで使われ，広く知られるようになった．CMには，メンバー5名が境内の石段から「光の道」を眺めるシーンがある．同社は撮影地を公表しなかったが，同年2月に放映が始まるとインターネット上ですぐに話題となり，嵐のファンが訪れるようになった[5]．権禰宜の渋江公誉氏によれば，今でも嵐のファンとみられる女性の参拝が少なくないという．

宮地嶽神社では従来2月と10月の「光の道」の時期に「夕陽のまつり」を行っており，参拝客は自由に石段に座って夕日を眺めていたが，2016年から混雑による事故を防ぐため入場制限を実施し，先着順の無料観覧席と予約制の有料席を設けている．2023年10月の夕陽のまつりは14〜22日に行

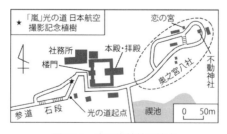

図13-5　宮地嶽神社の境内

5）今井知可子「「嵐」詣でファン続々」『西日本新聞』2016年2月20日朝刊

第 13 章　福岡都市圏の宗教文化と現代社会

図 13-6　「光の道」（2010 年 10 月撮影．宮地嶽神社提供）

図 13-7　宮地嶽神社で夕日を見る人々（2023 年 11 月筆者撮影）

われ，連日 430 人程度が来場した．神社のパンフレットや公式ウェブサイトには嵐や CM に関する直接の言及はないが，公式サイトの境内図では，石段を登り切った辺りが「光の道起点」とされている．その近くには「「嵐」光の道 日本航空 撮影記念植樹」と書かれた看板と 5 本の桜の木が立っている．渋江氏の話では，これらは嵐のファンである崇敬者の女性の提案で 2016 年に植樹された．本数は嵐のメンバーが 5 名であることにちなむ．ただし，嵐のメンバーや日本航空関係者が植樹したものではない．

　このほか，⑨は境内の奥之宮八社について詳述している．これは不動神社を中心とした 8 つの神社群である．その 1 つである「恋の宮」にはハート形の「恋むすび絵馬」が奉納されている．渋江氏の話では，もとは別個の扱いだった淡島神社と濡髪神社を 10 年ほど前からまとめて「恋の宮」と呼んでおり，毎年 8 月 7 日には「恋の宮神社例祭」を行っている．

　宮地嶽神社では御朱印や御札，お守りなどの授与品を頒布（通信販売）するための専用ウェブサイト[6]を設けている．渋江氏によれば，神社では御朱印に力を入れており，常に新しいデザインの御朱印を制作している．「光の道特別記念朱印」など期間限定の御朱印も制作し，SNS でも紹介している．2023 年から「風凛まつり」を始めるなど，新たな行事の企画にも注力して

---

6) https://miyajidake.shop-pro.jp/（2024 年 1 月 8 日閲覧）．ここには通販を行う理由の説明はみあたらない．

第Ⅲ部　社会・文化編

いる．渋江氏は，多くの人々に神社に来てよかったと思ってもらえるように
工夫していると語る．ただ，神社がパワースポットであるというのは人々が
言っていることであり，雑誌などメディアで紹介される内容も神社としての
見解ではないと話している．

　筆者は11月の火曜日に宮地嶽神社を訪問した．平日にもかかわらず石段
や拝殿,奥之宮八社には参拝者が絶えない．「光の道」の時期ではなかったが，
晴天だったこともあり夕方になっても参拝者が続々と訪れ，「光の道起点」
付近には夕日を待つ人が20人以上集まった．「光の道」にはならなかったが，
午後4時半頃から美しい夕日がみられ，人々はその景色を眺めたり，石段の
最上段から撮影したりしていた（図13-7）．

6．宝満宮竈門神社（太宰府市）

　宝満宮竈門神社は宝満山の麓に鎮座する．古代，大宰府の鬼門にあたる宝
満山で祭祀が行われたのが起源で，方除けや厄除の神として知られる．中世
には修験道場としても栄えた．現在では縁結びを願って参拝する人が多い．
権禰宜の馬場宣行氏によれば，主祭神の玉依姫命（神武天皇の母）には魂（玉）
と魂を互いに引き寄せる（依）神徳があると考えられ，江戸時代より縁結び
の神としても信仰されている．参拝者の約7割が女性で，とくに20～40代
の女性が多いという．

　表13-1の③，⑤，⑧，⑨，⑬～⑮，⑱，㉑が同社の記事を掲載しており，
いずれも恋愛や縁結びのパワースポットとして扱う．境内の「再会の木」は
⑧・㉑，「愛敬の岩」は⑧・⑨が恋愛のパワースポットとして注目する．神
社の公式ウェブサイトは，前者について「その昔，神功皇后が宝満山頂に植
えられ，親しい人々との再会を祈願したと伝えられる再会の木．この木に向
かって，好きな人との再会や，縁結び，まだ見ぬ人との出逢いを祈れば，きっ
と願いが叶うと信じられています．」と説明し，後者に関しては「目を閉じて，
好きな人を想い，あるいは未だ見ぬ人との出逢いを祈り，もう一方の岩に無
事に辿り着くことができれば，恋が叶うと信じられています．」と紹介して
いる[7]．ただし馬場氏によれば，これらはパワースポットブーム以前から存
在している．

7）https://kamadojinja.or.jp/keidai/（2024年1月8日閲覧）

第 13 章　福岡都市圏の宗教文化と現代社会

図 13-8　宝満宮竈門神社のお札お守り授与所〔左〕と絵馬〔右〕（2023 年 12 月筆者撮影）

　宝満宮竈門神社が恋愛のパワースポットとして注目されるきっかけとなったのは，2012 年の「お札お守り授与所」の新築とされる[8]．これは著名なインテリアデザイナーが設計した建物で，淡いピンク色を基調としたモダンな内装となっている（図 13-8）．神社には珍しい現代的な建築だが，馬場氏は「100 年後のスタンダードになるような現代的なものにしようと考えた」と話す．この新築によって若い参拝者が増えたという．旅行サイト「じゃらんニュース」でも「おしゃれすぎる授与所」として注目されている[9]．ただし，神社としてパワースポットを標榜することはないという．

　表 13-1 の媒体ではほとんど触れられてないが，宝満宮竈門神社は近年『鬼滅の刃』のファンの間で「聖地」とされている．『鬼滅の刃』は 2016 ～ 20 年に雑誌に連載された人気漫画である．出版社は漫画と神社の関連性を否定するが，主人公の姓が「竈門」であることなどからファンの間でゆかりの地とされたようだ．馬場氏の話では，ファンらしき若い参拝者が 2019 年からみられ，翌年にはコスプレしたファンが大勢訪れた．この頃には『鬼滅の刃』のキャラクターを手描きしたカラフルな絵馬が多数奉納された．神社では以前から，絵馬に願い事を書く若い女性への便宜として，お札お守り授与所にカラーペンを配置していたが，『鬼滅の刃』ファンがこれを用いたことでキャラクターの絵馬が急増したようである．現在ではファンの訪問は一段落したが，コスプレの参拝者もたまにみられるという．

　神社では当初，ファンの訪問に対し戸惑いもあったが，静観することにし

8）鈴木峻「「良縁を」期待もピンク色」『朝日新聞』西部本社版 2017 年 2 月 24 日朝刊
9）https://www.jalan.net/news/article/676065/（2024 年 1 月 8 日閲覧）

第Ⅲ部　社会・文化編

た．神社としては，来られる方は歓迎するというスタンスである．ただし信仰の場としての性格は変えたくないので，本殿でのコスプレ撮影は自粛してもらった．神社が『鬼滅の刃』との関係を広報することはなく，これにちなんだ授与品も置いていないが，主人公の服の柄に似た緑の市松模様のお守りが人気である．これに限らず，宝満宮竈門神社のお守りにはカラフルな物が多く，表13-1の⑬や⑮でも「オシャレなお守り」などと紹介されているが，授与品頒布（通信販売）のためのウェブサイトは設けていない[10]．

　筆者が宝満宮竈門神社を訪れたのは12月初旬の平日で，小雨が降る天候だったが，境内の紅葉が見頃だったこともあり参拝者は多かった．参拝者の年齢層は幅広い．再会の木・愛敬の岩で祈願する人やコスプレで参拝する人はみられなかったが，『鬼滅の刃』のキャラクターを描いた絵馬はいくつか確認できた（図13-8）．

7．おわりに

　本章で取り上げた太宰府天満宮・宗像大社・宮地嶽神社・宝満宮竈門神社は，パワースポットブーム以前から霊験あらたかな神社として知られ，観光地としても有名である．近年，これらに対して新たにパワースポットとしての意味づけがなされるようになった．これにより，従来みられなかった新たな信仰形態の萌芽が生じている．宮地嶽神社や宝満宮竈門神社は，アイドルやアニメのファンの「聖地」にもなっていた．

　しかし神社からすれば，これらの意味づけは外部からなされるものであり，神社が従来行ってきた宗教空間（聖域）としての意味づけとは異なる．そのため，近年のパワースポットブームに対しては一様に静観の立場をとっている．どの神社も，みずから境内をパワースポットやアイドル・アニメの「聖地」と称することはない．観光地と呼ばれることに拒否感を示す神社もある．

　一方で，各神社は観光客やパワースポット，アイドル・アニメの「聖地」という感覚で参拝する人々であっても，マナーに著しく反しない限り，拒否していない．各神社は境内の空間に関して，みずからの見解に基づかない意味づけをある程度許容している．また，インターネットで授与品の通信販売を展開したり，カラフルな授与品を開発したりしている．しかし，これらを

10）ただしFAXやメールでの購入申込は受け付けている．

「商品」として扱うことに躊躇しているところもある.

このように各神社では「軽い宗教」を選択的に受け入れているが，全面的に受け入れたわけではない．市場への参入もみられるが，総じて限定的である．こうした神社の姿勢を踏まえれば，今後「宗教と観光の融合」が一挙に進むとは考えにくい．境内地は聖域として神社がみずから管理し，祭祀の存続のためにこれを用いる．パワースポットへの訪問者や観光客の受け入れも神社を維持していく手段に過ぎず，必要以上に観光客を増やす必要はない．観光産業・文化産業の営利企業とはこの点で異なる.

今後は仏教寺院なども視野に入れ，宗教と観光の違いに留意しながら，引き続き伝統宗教による社会変化への対応と宗教空間の変容について考えたい.

謝辞

聞き取りに応じてくださった太宰府天満宮の松大路信潔様，宗像大社の宗像崇史様，宮地嶽神社の渋江公誉様・綾部恵子様，宝満宮竈門神社の馬場宣行様（順不同）に篤く御礼申し上げます．本研究は福岡大学の研究助成（課題番号：214001）による.

参考文献

岡本亮輔（2015）『聖地巡礼—世界遺産からアニメの舞台まで—』中央公論新社

岡本亮輔（2017）「パワースポットめぐり—伝統と観光が衝突する場所—」高山陽子編『多文化時代の観光学—フィールドワークからのアプローチ—』ミネルヴァ書房，71-86

岡本亮輔（2020）「ジェネリック宗教試論—脱信仰化する現代宗教—」山中弘編『現代宗教とスピリチュアル・マーケット』弘文堂，27-46

山中　弘（2016）「宗教ツーリズムと現代宗教」『観光学評論』4-2，149-159

山中　弘（2017）「消費社会における現代宗教の変容」『宗教研究』91-2，255-280

山中　弘（2020）「序論：現代宗教とスピリチュアル・マーケット」山中弘編『現代宗教とスピリチュアル・マーケット』弘文堂，1-23

第 14 章

福岡県における留学経験者の就業と定着の状況
－中国人留学経験者を事例にして－

阿 部 康 久

1．福岡県における留学生数と就業している留学経験者

　本章では，福岡都市圏成長の一側面として，福岡県における外国人留学生の卒業後の定着状況とその背景について検討していく．特に福岡県は，留学生の受入地域として，全国でも高いシェアを有している．このような留学生の卒業後の進路と定着状況に注目して，その背景や課題について論じていきたい．

　はじめに留学生の全国における分布状況を概観する．石川編（2011）や表14-1 が示す通り，留学生は大学が集中する首都圏等に多く居住しているが，日本では国公立大学が全国に配置されていることもあり，地方においてもある程度の居住者数がみられる．新型コロナウイルスの感染拡大により，外国人の受け入れが大幅に減少する前の 2019 年のデータにより，都道府県別に「留学」の在留資格を持つ留学生の数をみると，福岡県の留学生数は 20,955 人で，東京都，大阪府，埼玉県についで 4 位を占めている．外国人登録者数に占める留学生の比率では全国で 2 番目（外国人登録者数 2 万人以上の都道府県に限れば 1 番目）に高い．高等教育機関数が多いことに加えて，特にアジア諸国での知名度の高さやこれらの国・地域からのアクセスの良さにより，福岡県の高等教育機関を留学先として選ぶ外国人が多い点が指摘できる．

　その一方，就職する留学生経験者の多くは，高い技術や国際的な業務を行うことができる知識を持つ人が取得し，就業を行うことができる在留資格である「技術・人文知識・国際業務」を取得する．同資格保有者の総数と比率を概観すると，絶対数・外国人総数に占める比率のいずれも，東京都をはじめとする三大都市圏にて多くを占めていることが分かる．福岡県における同資格保有者は，留学生が多い割には少ないといえる．「技術・人文知識・国際業務」の資格を持つ人の数は全国で 8 位であり，外国人数に占める同資格の保有者の比率は 7.7% と全国平均を下回っている．日本で就職した留学経

第 14 章　福岡県における留学経験者の就業と定着の状況

験者の多くが取得する「技術・人文知識・国際業務」の資格保有者数を「留学」の資格保有者数で除すことで，留学生数と就職した留学経験者数の大まかな比率を求めてみると，福岡県は全国で 5 番目に低い比率になっている（表14-1）．そのため，受け入れた留学生の多くが卒業後，三大都市圏での就職，母国への帰国，第三国への再移動といった形で他地域に流出している．特に，日本で就職する場合でも，大企業の本社や事業所が多い首都圏をはじめとする三大都市圏にて就職する人が多数を占めているとみられる点は，本書全体の目標との関連では重要な側面である．

　ちなみに，在留資格別にみた外国人登録者数に関しては，就業内容や居住期間に制限のない「永住者」が最も多くなっている点にも注目したい．現在

表 14-1　都道府県別・在留資格別にみた在留外国人数と留学生比率（2019）

	総数	技術・人文知識・国際業務	技人国の資格保有者の比率	留学	留学生比率	永住者	永住者比率	就職者と留学生の比率（A/B）
北 海 道	42,485	3,914	9.2%	4,952	11.7%	5,719	13.5%	79.0%
茨 　 城	71,125	4,036	5.7%	4,626	6.5%	19,500	27.4%	87.2%
栃 　 木	43,732	3,161	7.2%	3,012	6.9%	13,957	31.9%	104.9%
群 　 馬	61,689	3,935	6.4%	2,955	4.8%	20,588	33.4%	133.2%
埼 　 玉	196,043	20,591	10.5%	21,792	11.1%	62,883	32.1%	94.5%
千 　 葉	167,512	19,462	11.6%	18,441	11.0%	50,961	30.4%	105.5%
東 　 京	593,458	90,316	15.2%	116,175	19.6%	150,603	25.4%	77.7%
神 奈 川	235,233	28,086	11.9%	19,307	8.2%	83,628	35.6%	145.5%
長 　 野	38,446	1,596	4.2%	1,873	4.9%	13,702	35.6%	85.2%
岐 　 阜	60,206	2,488	4.1%	2,147	3.6%	19,331	32.1%	115.9%
静 　 岡	100,148	4,952	4.9%	4,196	4.2%	38,176	38.1%	118.0%
愛 　 知	281,153	18,752	6.7%	17,994	6.4%	89,320	31.8%	104.2%
三 　 重	56,590	3,201	5.7%	1,680	3.0%	17,899	31.6%	190.5%
滋 　 賀	33,929	2,700	8.0%	1,390	4.1%	9,965	29.4%	194.2%
京 　 都	64,972	4,307	6.6%	14,004	21.6%	9,226	14.2%	30.8%
大 　 阪	255,894	23,590	9.2%	32,131	12.6%	52,702	20.6%	73.4%
兵 　 庫	115,681	7,107	6.1%	11,359	9.8%	25,881	22.4%	62.6%
岡 　 山	31,569	1,860	5.9%	4,465	14.1%	5,481	17.4%	41.7%
広 　 島	56,898	2,707	4.8%	5,666	10.0%	13,701	24.1%	47.8%
福 　 岡	83,468	6,421	7.7%	20,955	25.1%	14,214	17.0%	30.6%
全 　 国	2,933,137	271,999	9.3%	345,791	11.8%	793,164	27.0%	78.7%

注）外国人総数 30,000 人以上の都道府県のみ表記した．
出典：入国管理局ウェブサイトより作成．

177

第Ⅲ部　社会・文化編

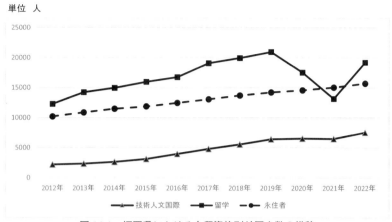

図 14-1　福岡県における在留資格別外国人数の推移

注：2014 年以前の人文知識・国際業務と技術の在留資格は分かれていたため合算した.
出典：入国管理局ウェブサイトより作成.

の規定では永住の在留資格を取得するには「原則として引き続き 10 年以上本邦に在留していること．ただし，この期間のうち，就労資格又は居住資格をもって引き続き 5 年以上在留していること」が必要である[1]．この要件に従えば，日本で 5 年以上就学した後に就職した人であれば，5 年間働くことで永住権を取得することができる．また 2012 年からは，高度外国人材の受入れを促進するため，高度外国人材に対しポイント制を活用した出入国在留管理上の優遇措置を講ずる制度が導入されており，この条件を満たす人であれば，より短い在留期間で永住権を取得することができる（出入国在留管理庁，2023）．

　全体的な傾向として，日本に留学してきた外国人のうち，ある程度の割合の人が，大学卒業後に「技術・人文知識・国際業務」の在留資格を得られる企業等にて就職し，数年間就業した後，「永住」の在留資格を取得するパターンがみられる．加えて，特別永住者，永住者の家族，日本人の配偶者といった在留資格を合わせると，就業内容や居住期間に制限のない在留資格を持つ人が大多数を占めるようになっている．そのため，近年では「定住化」のプロセスに入った外国人も多くなっているといえる．

1）出入国在留管理庁 https://www.moj.go.jp/isa/publications/materials/nyukan_nyukan50.html（2024 年 2 月 21 日閲覧）．

第 14 章　福岡県における留学経験者の就業と定着の状況

　福岡県においても，在留資格別の外国人数の推移をみると，2022 年まで「技術・人文知識・国際業務」・「永住者」の資格の保有者も増加しており，留学してきた人のうち，ある程度の割合の人が福岡県に定着していることが示唆される（図 14-1）．三大都市圏に比べると外国人大卒者が就業可能な（あるいは高収入が得られる）雇用機会は少ないものの，十分な都市機能とそれに由来する生活利便性に加えて，豊かな自然環境も存在することで，生活満足度の高い地域として評価する人も増えているといえる．

　以上の統計資料から，留学生が卒業・修了後に三大都市圏以外の地域において就業機会を得るのは難しい状況であるものの，近年では福岡県でも，ある程度の数・比率の留学経験者が定着する傾向がある点が推測できる．以下では，その詳細について，外国人の中でも，最も人口規模が大きい中国人留学経験者に対するインタビュー調査を通じて紹介していく．

　具体的には 2010 年 4 月から 2011 年 3 月にかけて行った，留学経験者 24名に対するインタビュー調査に加えて，2019 年に行った福岡で起業した留学経験者 6 名へのインタビュー調査の内容や，2012 年以降に知ることができた筆者の知人の事例も参考にしながら[2]，近年の状況についても紹介していく．また，これらの調査に加えて，入国管理局や福岡県商工部の担当者や在留ビザの取得に詳しい行政書士らへのインタビューも行った．

　2010 年度に行った調査対象者 24 名の属性を見ると，調査対象者の性別は男性 15 名，女性は 9 名であった．学歴別にみると，学部卒者 6 名，修士修了者 14 名，博士課程修了・単位取得者は 4 名であった．大学で専攻分野をみると，日本語教育，心理学，社会学，法学，経済・経営学，化学，情報学等多様な分野の出身者がいた．彼（女）らは留学に際しては全員が私費留学生として来日している．彼（女）らの日本企業への採用の経緯を見ると，通常の就職活動を通じて就職した人が 17 名を占めている一方で，中国人同士での人脈，ネットワークに頼らずに就職しているケースは少ないことが分かった．また在留資格をみると，「人文知識・国際業務」（当時は「技術」と「人文知識・国際業務」の資格が区分されていた）の資格を取得していた人が 14 名（その後 2 名が「永住」と「投資」に変更），「技術」の人が 6 名であった．他の在留資格を持つ人は計 6 名（教員 2，永住 2，教授 1，投資 1）である．

2）2010 年度に行ったインタビュー調査の内容の詳細は孫・阿部（2013）にて紹介している．また，2019 年の起業者への調査は，王・阿部（2019）にて口頭報告を行った．本稿では，紙面の都合上，発言内容等の詳細の紹介は割愛した．

第Ⅲ部　社会・文化編

　福岡県商工部国際経済観光課の担当者へのインタビュー（2010 年時点）
によると，近年，福岡県でも地場企業がアジアに対して関心を持つようになっ
てきており，留学生への採用意欲も上がっている．以前は，プログラマー等
の理系人材を欲しがる企業が多かったが，最近は，営業・販売部門を担う文
系人材への求人も増えているという．ただし，留学生の場合は地場企業に対
してなじみがなく，会社名を聞いたこともないため，なかなか採用にまで結
びつかない場合もある．需要と供給の間にミスマッチがあるというのが現状
である．

　また，2019 年に行った中国人起業者 6 名へのインタビュー調査では，福
岡の事業環境への評価として，福岡での事業は，オフィスの賃料等のランニ
ングコストを低く抑えられる等のメリットがある反面，取引先企業の少なさ
や他地域にある取引先へのアクセス等の面で，首都圏や他の三大都市圏に比
べると不利な面があるとの指摘がみられ，将来的には，首都圏等に事業の拠
点を移すことを希望する起業者が複数みられた．

　このように求人・求職上のミスマッチや起業者の事業継続の難しさにもか
かわらず，福岡県で就業する外国人数が一定の増加をみせている要因として，
在留資格の取得が，徐々に容易になっている点が指摘できる．例えば 2009
年 4 月からは，在学中に就職活動を行ったが内定がもらえなかった人でも，
特定活動という在留資格で 6 ヶ月間（1 回延長が認められるので最長で 1 年
間）は就職活動を継続できるようになった[3]．以前は在学中に就職が決まら
なければ，卒業・終了後すぐに帰国しなければならなかったことを考えれば，
留学生が就職活動を行える機会は増えているといえる（行政書士の A 氏へ
のインタビューによる）．また後述するように，他の就業可能な在留資格の
申請に際しても，出入国管理局における資格審査は，以前に比べると柔軟に
なっているとみられる．

2．福岡県における中国人留学経験者の就業状況

　はじめに，調査対象となった留学経験者が，あえて就業機会が限られる福
岡県で就職した背景について検討していく．調査対象者の傾向として，当初

3）　法 務 省 http://www.moj.go.jp/ONLINE/IMMIGRATION/ZAIRYU_HENKO/zairyu_
　　henko10_21_10.html ＞（2013 年 4 月 13 日閲覧）．

から福岡での就職を希望していた人が多かった．その理由をまとめてみると，2010 年度に調査した 24 名に関しては，福岡での滞在期間が長いため生活に慣れている点や福岡が暮らしやすいという点を理由に挙げた人が 7 名，次に家族の事情で福岡に残ったという人が 6 名いた．一方，福岡で長期間生活していたため就職に関する情報を獲得しやすかった点を挙げた人が 6 名，さらには，より直接的な理由として学校・指導教員からの推薦・友人等からの紹介により就職が決まったからという人が 5 名いた．

　調査対象者の傾向として，就職先の地域や職場を選ぶ際に，給与水準を重視していた人は少ない．調査対象者を含めた中国人留学生は，就職先を選ぶ際には，地方都市よりは大都市圏の企業の方が，賃金水準等の面でより良い就職先を得られやすいことは十分に認識している．しかしながら，中国人留学生の就業先の決定理由は，必ずしも賃金等の待遇だけで説明できるものではない．

　福岡で働くことを選んだ理由として，大まかに言って経済的理由と非経済的理由に分けられよう．非経済的理由として，配偶者等の家族がある人の場合，家族的な事情を考慮したというものである．また未婚者の場合も，生活の質の良さや現在の生活環境を変更したくないという理由を挙げる人が多かった．経済的理由としては，他の地域で就職活動をする経済的な余裕がなかったことや，修学地である福岡であれば求人募集や就職先企業に関する情報を獲得しやすいという理由が挙げられる．経済的理由に分類される事項については，就職先の賃金水準や職種・勤務内容に魅力を感じたという積極的な理由ではなく，むしろ大都市圏での就職活動を行うことが制約されている状況を示すものであるといえる．永井・徐（2009）も指摘しているように，条件の良い就職先は首都圏をはじめとする三大都市圏にあることが多いため，それ以外の地域で学ぶ学生にとっては，就職活動の費用が経済的に大きな負担になっている．そのため，希望する企業への就職に至らない例も多いと指摘されている．本調査の結果もそれを裏付けるものになっている．

　また彼（女）らが福岡に残って就職をした理由として，生活環境の中でも住居に関する点を挙げる人が多かった点も特徴的である．対象者の居住地を見ると，職場に近い地区を選んで居住地を決めることは少なく，学生時代の住居に暮らし続ける例も多い．それでも，対象者の多くは通勤時間が 40 分以内であるという．また，免許を取得していれば自家用車で通勤する場合もある．対象者からは，通勤時間に関しては，長時間の通勤を強いられる大都

第Ⅲ部　社会・文化編

市圏よりは，福岡の方が暮らしやすいとの指摘が多くきかれた．

　大都市圏に比べて家賃が安い点を挙げる人も多かった．未婚者の場合は，平均的な家賃は月3〜5万くらいであり，大都市に居住する場合に比べると安いと考えている人が多い．また既婚者の場合は，民間の賃貸物件のほかに公営住宅に居住している人も多かったが，中古の一戸建住宅を購入した人もいた．民間の賃貸物件に居住している人では，家賃の高さに不満はあるものの，総じて住環境への満足度は高い．一戸建の住宅を購入した世帯では，毎月，家賃と同程度のローンを支払わねばならず，若干の不安を抱いているようだが，それでも福岡での住居に対して満足している人が多い．多くの人が，大都市圏の賃貸住宅に住むよりは家賃は安い上に居住スペースも広く，家族に良い居住環境を提供できると感じている．調査対象者の給与水準は17万円〜23万円程度であり，大都市で働いている人に比べて月収は3〜5万円くらい少ないが家賃もこれと同程度低いので，実質的にあまり変わらないと考えている人が多かった．より感覚的な表現をすると，大都市に住むのであれば「1カ月の給料の半分が家賃として消えることを覚悟しなければならない」という認識を持つ人も多くみられた．このような福岡の生活費の低さは，就職先を選択する際に大きな判断材料になったといえる．また，2019年に行った起業者への調査でも，生活環境への評価の高さを福岡で起業した理由として挙げた人が複数みられており，生活環境の良さは留学経験者らが福岡にて就業・定住を決める大きな要因として，より重要なものになりつつあるとみられる．

3．業務内容と在留資格のミスマッチ

　調査対象となった中国人元留学生の職種をみると，事務系，営業系，サービス系，日本語教師，プログラミング業務等がみられる．多くの調査対象者は，自身の仕事内容を留学生としての知識や大学で学んだ技術を活かせる職種ではないと感じている．聞き取りを行った24名中，中国と多少なりとも関連している業務を行ったことがある人は6名しか確認できなかった．調査対象者の多くは，実際には高い技能・学歴や語学力を活かせる業務よりは，日本人の求職者が少ないサービス業務に従事していると考えられる．

　留学生と採用企業のマッチングを行っている福岡県商工部国際経済観光課の担当者や留学生の在留ビザ取得に詳しい行政書士のA氏へのインタ

ビューによると，留学生が企業等から就職の内定をもらうことができた場合でも，業務内容が就労ビザの要件に合致していないとビザの取得が困難になるという．すなわち留学生の場合は，日本学生が就職活動を行う場合とは異なり，就職先企業で行う業務内容と大学で勉強してきた内容との間に整合性があり，語学力等の人文知識を活かせる業務が勤務内容の概ね 50％以上を占める場合でなければ，就労ビザを取得できないという課題があるのである．すなわち，就労ビザの取得基準と実際の勤務内容にはミスマッチが存在しているといえる．

　特に「技術・人文知識・国際業務」の資格のうち「人文知識」や「国際業務」の分野で就労を希望する人では，実際には「日本人の人手不足解消」を目的として採用された人が多い．また「技術」に相当する在留資格を取得している人の場合も，比較的低い技能でも務められるプログラミング業務に従事している人も多い．

　A 氏がビザ取得のサポートをした人の事例では，例えば，国際業務を行っていない企業に採用された場合，「技術・人文知識・国際業務」の在留資格を取得するために，当該企業が今後そのような業務を立ち上げることを前提にした事業計画書を作成している．ただし，このような場合は，就労ビザを 1 年毎に更新する必要があるため，1 年後，計画通りに国際業務の立ち上げがなされていないと更新が難しくなる．他の例を挙げると，プログラマーとして企業に採用された留学生が「技術」の在留資格を取得しようとしたことがあったが，給与支給見込額がプログラマーにしては低すぎたため，入国管理局から説明を求められた事例があった．企業側としては，実際には，プログラマー以外の仕事をさせることを考えて採用していたようで，給与は一般の事務職と同水準であった．この人の場合は，残業手当等を給与に含めることで給与支給見込額を変更してもらい，給与を多くみせることで審査をクリアしたという．

　近年では，コンビニエンスストア等のサービス業分野での採用も増加しているが，本来ならこれらの企業の海外業務等の「国際業務」に従事するのでなければ就労ビザを取得することはできないという．特に地方都市では，学生時代にアルバイトをしていた企業に，そのまま正社員として採用されることがあるが，このようなケースでは就労ビザの取得要件を満たしていないことが多いという．企業規模との関係でみると，同じ業種であっても海外事業を行っている大企業であれば，実際には国内向けの業務に従事する場合であっ

第Ⅲ部　社会・文化編

ても就労ビザの取得が容易である一方，このような事業を行っていない中小企業の場合は取得が困難になる場合が多い．また就労ビザの取得基準自体も，申請した入管の所在地や個々の担当者の解釈によって異なっている．担当者の解釈は微妙に違うので，同じような条件であっても，認められる場合とそうでない場合があるのが実態である（A氏へのインタビュー調査による）．

　特に，前述したように就職が内定した留学生が，就労ビザを認められる重要な基準の一つとなっているものとして，大学での専攻と実際の就労内容が合うか否かという点がある．しかしながら，実際には，留学生が大学で学んでいた知識が業務内容と一致しているかどうかの判断は非常に難しい．調査対象者では修士・博士号取得者も多いが，それでも必ずしも専攻と一致する仕事をしているわけではない．

　全体的にみると，福岡県で就職した留学経験者の業務内容には，実際には日本人従業員が行うべき「日本語による業務」が多く含まれている．特に事務職・サービス業務等に従事している人の場合，高い日本語能力を持ち，滞日年数も長い点が特徴的である．彼（女）らは，面接を受けた際には日本語能力だけでなく日本の文化・習慣・事情・マナーへの理解について詳しく質問されたという．採用後も，会社で普段使われる言語は日本語なので，会社側は彼（女）らに高い日本語能力を求めることが多い．

　一方，理系学部を卒業・修了してプログラマーとして勤務している人では，実際の業務では高い日本語能力はそれほど必要なく，むしろ海外の子会社や取引先と連絡を取るために英語や中国語能力が必要になることもあるという．ただし，彼（女）らの場合も，職場では日本人の上司や同僚とコミュニケーションを取り，社内の文化や社内の雰囲気に溶け込むためには日本語能力が必要になるという．入社試験の際には，日本人と同様に日本語による筆記試験と面接が課され，会社や上司が彼（女）らに求める日本語能力や日本の文化・習慣への理解力への要求は高いと感じている．以上のように，彼（女）らの実際の勤務内容は，実際には「技術・人文知識・国際業務」等の就労ビザが想定する業務内容とは必ずしも一致していない場合も多い．

4．近年における就労ビザ取得審査の変容

　以上で述べた就業者の実際の業務内容に対して，就労ビザ取得の条件は，基本的には，近年でもあまり変わっていないようである．ただし，形式的な

第 14 章　福岡県における留学経験者の就業と定着の状況

基準とは別に，福岡の出入国管理局では，ビザの取得申請を行う留学経験者に対して，ある程度，柔軟な対応をしているという印象を持つ人は多い．実際に 2023 年 10 月に福岡出入国在留管理局審査管理部門担当者に行ったインタビュー調査によると，就労ビザの取得希望者への対応として，提出書類に不足するものがあったり，追加書類が必要な場合には，機械的に申請を却下するのではなく申請者に連絡を取り，個別に対応するようしているという．また，2010 年度の調査の際には，管理局職員が申請者本人に面談を行い，申請された在留資格の妥当性を確認する例が報告されていたが，近年では，提出された書類だけでは判断できない場合に問い合わせをすることはあるものの，通常は面談まで行うことは少ないとのことだった．また担当者の私見ではあるが，申請者への対応については，「以前に比べても柔軟な判断をするようになっているように思える」と述べている．

　具体的な事例を紹介すると，2010 年度の調査時には，取得の条件が比較的あいまいだとされていた「人文知識」と「国際業務」に対応する業務の範囲については，明らかに専門的知識を必要としない単純作業的な業務であれば「技術・人文知識・国際業務」での就労ビザ取得は難しいものの，管理・運営業務の割合が高い業務を行う場合や，小売業の企業で外国人観光客を対象とする企業（免税店等）でも，許可が得られる事例が多くなっている．具体的には，就業する企業を規模や事業内容に応じて 4 つのカテゴリーに分類しており，企業側から理由書・申請書を提出してもらい，その内容を審査してビザ取得の可否を判断している．上場企業や大企業等の場合などでは，提出する書類が簡略化されている（出入国在留管理庁ウェブサイト 2023）．

　また，四年制大学の卒業者については，教養教育の授業で幅広い知識・素養を身に着けていると解釈することができるので，自身が専攻した分野と業務内容とに関係があるか否かについては，かなり広めに判断するようになっているという（逆に言えば，専門学校や短期大学の卒業者については，自身の専攻分野と業務内容との間に離齬がある場合は就労ビザの取得は難しいと判断されがちである）．加えて，出入国在留管理庁ウェブサイトでは，過去に在留資格の取得が認められた事例等を公開することで，似たような条件で申請する人が，在留資格を得られる可能性があるか否かを判断しやすくしている（出入国在留管理庁ウェブサイト 2023）．以上のように，2010 年の調査時に比べると，形式的な審査基準は変わっていないものの，近年では実際の就労資格に関する審査はかなり柔軟になっているとみられる．

第Ⅲ部　社会・文化編

　また，入管所在地による違いとして A 氏の経験によると，福岡の入管では申請数自体が少ないので，書類の内容を丁寧に確認してもらえ，不足書類が 1 点くらいあっても柔軟に対応してくれるという．これに対して，首都圏や，大阪等の入管では，申請数が大変多いので，審査も形式的なものになりがちである．前例があり，必要書類が揃っているものについては早く処理してもらえるが，そうでないものについては通りにくいと感じるという．

　2010 年度以降に筆者の知人が経験した事例を挙げると，特に大企業にて就職が内定した留学生であれば，就労ビザの取得は非常に容易になっている．国際業務の比率が明らかに高いことが分かる外資系企業であれば，かなり短い審査期間で就労ビザの取得が認められた例があるほか，海外業務の比率がそれほど高いとは認識されていない企業であっても，ある程度の規模がある企業であれば，採用担当者が作成した業務内容の説明書を提出することで就労ビザの取得が認められている．その他にも，申請者の経歴を審査する過程で，より在留期間や就業内容の制限が少ない在留資格のビザを申請することを提案してもらえたという事例を複数回，聞くことがあった．

5．就職者の就業継続意志

　本節では，日本でどの程度の期間働くつもりがあるのか，あるいはどの程度の期間，日本に居住する予定なのかを紹介していく．前述したように，彼（女）らにとって，日本での仕事の内容は，日本人労働者の代替労働的な側面が強いため，高いレベルの技術や経営管理方法を学び，スキルアップしていけるものではなく，勤務内容に対する評価は高くない傾向が見られた．また対象者では，日本の大企業で働きたいという意識を持つ人もいたものの，全体的にみると希望する職種でなくても，あるいは大企業でなくてもよいので福岡で就職したいという人が多かった点が特徴的である．彼（女）らの就業に関する意識としては，日本で働くことができる会社であればよいという側面が強いといえよう．

　その一方で調査対象者らでは，就職活動を始めた時点では，語学力や専門分野の勉強等を活かせる仕事を探していたという人も多かった．しかしながら，実際に採用された職種や職種，企業名は当初の希望とは違うケースも多くみられた．このように希望していた勤務内容と現実のギャップが存在しているため，彼（女）らの中には，福岡での就業期間は，数年程度の一時的な

ものになるだろうと考える人もいる．

　その一方で，比較的満足できる職種に就いている人の場合は継続意志が強い点も指摘できる．また，2012年以降に行った中国人留学経験者や起業者らへのインタビュー調査をみると，日本への定住を考えている人も多くなっており，特に福岡に定住したいと考える人では，生活環境の豊かさ等を評価している人の事例もみられる．就業している職種や会社の規模，それらに起因する満足度の違いにより，就職後の継続意志には差異が生じていることは推測できる．とはいえ前述したように，日本での就職活動や永住資格の取得が比較的容易になっていることで，満足できる職種に就職して長期間滞在している人が多くなっているとみられる．

6．おわりに

　以上，本章では非三大都市圏の中で留学生の受入が多い福岡県を事例にして，留学経験者の就業と定着の状況を検討してきた．在留外国人統計により，福岡県にて就学していた留学生の卒業後の進路をみると，近年でも帰国するか，雇用機会が多い三大都市圏にて就職する傾向が強い点は変わらないものの，受け入れた留学生のうち，福岡県で就職・定住する人も一定数はみられるようになっているといえる．2010年度に行った中国人留学経験者へのインタビュー調査では，留学経験者らが福岡県で就職した理由として，家族が福岡県にて就業・居住していることや，他の何らかの事情で三大都市圏にて就職することができなかったことが，きっかけとなったという人も多かった．一方，その後の2019年に行った中国人起業者6人に対する調査や筆者の知人の例を見る限り，地域での生活満足度の高さを福岡県での就職や起業の理由として挙げる人もみられるようになっている．

　最後に，近年，先進国において議論されている労働力不足を外国人労働力の導入で補おうとする「補充移民」の受け入れという方策について，その運用方法に関して若干の見解を述べたい．本稿で扱った福岡県で就業する中国人留学経験者の場合，専門的・技能的能力を活かした業務を行うことを前提に「技術・人文知識・国際業務」の在留資格を取得しているにもかかわらず，全ての人が語学力や専門的知識・技術を活かす仕事に就いているわけではない．こうした在留資格と実際の業務内容の「ずれ」については，むしろ実態に合わせて在留資格認定のあり方を再検討する必要があるように思われる．

第Ⅲ部　社会・文化編

本調査では，福岡県では留学経験者が日本人の業務を代替する仕事に従事しており，労働力不足を留学生や卒業した留学経験者で補うという現象が起こっている．逆にいえば福岡県では，日本人と同じ仕事を任せられる語学能力の高い留学生が多く育成・供給されているという見方も可能であろう．このことから，労働力不足を外国人で補うことを真剣に考えるのであれば，日本語能力や日本社会・文化に対する理解力も外国人留学生の「専門的・技能的能力」として評価し，ビザ発給要件に加えることも検討しても良いのではないかと考える．実際には近年，「技術・人文知識・国際業務」のビザ取得者数が増加傾向にあることや，出入国管理局担当者へのインタビュー内容によると，特に四年制大学卒業者以上の学歴を持つ留学経験者では，このような能力もビザ取得の際の審査の際に考慮されるようになっていることが示唆される．しかしながら特に，福岡県においては，多くの留学生を受け入れているにもかかわらず，現在でも依然として，このような留学生の卒業後の雇用機会が少ないというミスマッチが存在している．このような課題を緩和するために，留学生が有する「専門的・技能的能力」を再定義していくことも検討してはどうかと考えた．

参考文献

王酩・阿部康久（2019）：福岡県における在日中国人による起業の増加とその背景　―外国人統計の分析と起業者へのインタビュー調査に基づいて―，福岡地理学会 2019 年度夏季例会（口頭発表）．

石川義孝編（2011）：『地図で見る日本の外国人』ナカニシヤ出版．

孫艶・阿部康久（2013）：地方都市における中国人元留学生の就業状況と継続意志―福岡県を事例にして―，『華僑華人研究』10, 5-21.

永井隆雄・徐亜文（2009）：中国人留学生の就職とキャリア支援の必要性，『キャリアデザイン研究』5, 159-167.

柳下真知子（2001）：『補充移民』の発想の展開と含意，『人口学研究』29, 53-56.

United Nations（2001）*Replacement Migration : Is it a solution to declining and ageing populations?*, New York: United Nations Publication.

出入国在留管理庁ウェブサイト（2023）：https://www.moj.go.jp/isa/publications/materials/newimmiact_3_system_index.html

第 15 章

福岡市の都市空間構造からみた外国人向けの
受入インフラの発展過程

コルナトウスキ・ヒェラルド

1．はじめに

　この 10 年間における福岡の外国人人口の急増に伴い，地域に流入する外国人人口を受け入れる社会的インフラが整備されつつある[1]．とりわけ文化的共存という理念のもとで，受入インフラの実現に向けて様々なボトムアップ方式のイニシアチブがみられるようになった．しかし，こうしたイニシアチブは，地域特有の建造環境と密接に関係していることもあり，地域において実際に提供されている支援サービスやコミュニティアクティビティが受入インフラ整備の具体性に大いに影響している．言い換えれば，受入インフラは「場所」に根ざしたものであり，そこでは支援などの様々なサービスやサポートが提供されると同時に，利用者にとってその建造環境が使いやすい「自分の空間」であり，場所のアイデンティティづくりまで関連しているものである．したがって，「場所」は受入インフラの具体的な背景となり，地域固有の資源が活用されることにより，自己肯定感から帰属意識まで生み出される空間的な舞台となる．しかし，受入インフラは「インフラ」であるため，継続的な投資やメンテナンスが不可欠であり，場所がその舞台であるといっても，その維持を可能とする地域マネジメントが必要とされる．

　本章では，博多区吉塚市場の事例を取り上げ，「吉塚市場リトルアジアマーケット」への変貌を（特に非高度人材の）外国人の受入インフラとして捉え，その整備について検証する．吉塚市場リトルアジアマーケットは，在留外国人に着目した商店街の活性化企画から誕生したものであり，エスニックタウンのように，エスニック料理店を誘致し，商店街全体のデザインや雰囲気を一新することで，賑わいを創出し，商業の活性化につなげようとした取り組

---

[1] 2024 年 1 月の時点で外国人人口が 44,830 人まで増加しており，2014 年 1 月時点の 18,265 人の倍増以上である（福岡市 2024）．

第Ⅲ部　社会・文化編

みである．しかし，こうした急速な変貌に伴い，社会的な問題やニーズにも注意を払う必要性が高まり，吉塚市場は，徐々に受入インフラの役割を果たすようになった．

　しかし，吉塚市場のような受入インフラは，近年だけではなく，特に戦後福岡の都市化過程に大いに関わってきたものであると本章では主張したい．そのため，古くからゲートウェイ都市として知られている福岡の都市空間構造を受入インフラの観点から考察する．次節では，福岡における受入インフラの全体像をつかむため，まずは「庶民の地理学」の方法論を述べる．その理由は，受入インフラの整備は，国家や自治体だけではなく，市民社会・コミュニティから流入者当事者まで大幅に関わる過程であるため，こうした過程を掴むボトムアップのアプローチ，なおかつ，日常生活から生まれる主体性（エージェンシー）にフォーカスを与えるためである．第3節では，いくつかの歴史的な事例を取り上げながら，福岡の都市化過程における受入インフラを概観する．それに続いて，吉塚市場の事例を検証する．最後に，両節から導き出される理論的・実践的な知見をまとめる．

2．方法論

　本章で使用するデータは，筆者が2022年から2024年にかけて実施した2つの調査から得られたものである．一つ目は，福岡の産業基盤に入り込んでいる技能実習生や留学生を含む非高度人材の在留外国人の地域生活に関する聞き取り調査である．調査内容は，彼らを特徴づけている流動性・一時性（およびそれに関連する低い社会経済的地位）が搾取や，困窮，社会的孤立などの脆弱性を招いている実態についてであり，彼らの生活の場である地域がいかにこうた脆弱性に対応していくか，その支援体制のあり方である．これに関しては，福岡で支援サービスを提供しているアジア女性センター（女性に特化したサービスを提供），ネットワーク九州（移住労働者と共に生きるネットワーク・九州，第一線の介護サービスや法律相談を提供），一般社団法人You Make It（留学生のための雇用・生活サービス），JICA九州（外国人生活者に関する啓発活動や官民間のサービス提供の調整），そして西林寺と株式会社吉塚リトルアジア人材センター（吉塚及びその周辺における外国人が生活する上での様々な課題解決に向けたサポート・プラットフォームの運営）への聞き取りを行った．さらに，2023年度末，これらの民間団体は，筆者

が企画し吉塚市場で開催した「外国人生活者の社会的インフラと地域活力を考えるワークショップ」という今後の支援ネットワーキングの可能性を探るイベントに参加している.

　同じく 2022 年に始まった二つ目の調査は,筆者の勤務大学での公開授業プロジェクトとして実施している「福岡の庶民の地理学」である.本プロジェクトの目的は,福岡の都市化過程を伴った地域中心の社会関係から福岡の空間構造を理解することである.すなわち,福岡各地域における日常生活の主体である庶民による記述(話されたもの,撮影されたもの,書かれたもの)を通じ,福岡の社会的地理を実証的に把握する試みである.すべてのセッションでは,地域の内部関係者が自らの関心の場所を案内し,地理的な特殊性について語ってもらう.本章では,そのうち福岡県護国神社・六本松 1 丁目(引揚者の救済を目的とした借地),美野島通りエリアの夜遊び経済(セクシュアル・マイノリティの人たちの街)の 2 つのセッションを取り上げる.

　「庶民の地理学」では,場所が中心的な概念である.場所についての議論は,人文地理学においてよく確立された概念であるため,ここではあまり詳しく触れないが,場所を通じ生活者・利用者がその空間的範囲と直接結びついていることが重大なポイントである.多くの地理学者が指摘しているように,場所とは人々の記憶と想像力に関わるものであり,人は場所を作ると同時に,場所は人のアイデンティティ形成に関わるものである(例えば,山崎 2010=2013;Creswell 2015).しかし,場所は何よりもまず,個人や集団のイニシアチブによってつくられるものであり,それは苦闘したり逆境を克服したり,成長と繁栄(ウェルビーイング)の共有を目指したりすることにまで及ぶ.このように,「庶民の地理学」にとっては,人々と場所,そしてそれらを結びつける認識の感覚をフィールドワークや聞き取り調査などを通じて調べることが主たる方法である.

　ここでいう「人々」とは,中流階級の典型的な構成員と考えられるような人々であり,富裕層のような贅沢な消費パターンとは無縁の都市(日常)生活を送っている一方,下層階級が日々経験している苦難とも離れている.また,住民運動やボランティア活動など,市民社会で重要な役割を担っているのは,こうした人々であることもよく指摘されている(例えば Sugimoto 2010).ここではっきりさせておきたいのは,「人」と「場所」の結びつきは,必ずしも政治的な関係に限られたものではないということである.むしろ,住民やステークホルダーと利用者にとっては,コミュニティを囲む空間であ

第Ⅲ部　社会・文化編

る場所がいかに認識され，または日々の中で経験されるか，場所性が喚起する社会的意味に関わっている．したがって，ここでは，場所と庶民の関係性を政治的な目的やインプリケーションに限定されない，日常生活空間または日々の利用空間における日常的で非見世物的なアクティビティの場として扱う．これは，政治のダイナミクスを軽視するのではなく，むしろ共同体圏の日常的な生活経験と生活・利用空間に対する実用性の方に焦点を当てているからである．したがって，地域空間を受入インフラとした場所へと変貌させること自体は政治的な行為と見なすこともできるが，インフラを動かして維持していく動機はそれに関わる庶民によって異なると考えられるため，インフラとして「運営されている」場所（性）がこうした様々な動機から生み出された結果として捉えることもできる．

　両調査は，人々がその特定の空間に対する独自の理解から，どのように場所づくりに関与しているのかについての聞き取りやフィールドワークに依拠しているのが共通点である．ルフェーヴルの用語で要約すると，一つ目の調査は，人々による「空間的実践」，すなわち場所における特定の社会形成（この場合は支援サービスが中心）の生産と再生産に注目しているのに対し，2つ目の調査は，「表象の空間」，すなわち地域空間が場所として，それに関連するイメージやシンボルとともに，どのように直接的に生き抜かれ，したがって「住民」や「利用者」にとってどのような意味を持っているかを理解しようとするものである（Lefebvre, 1991）．

3．福岡の都市化過程における受入インフラの役割

　吉塚市場の事例に入る前に，福岡の都市化過程を受入インフラから考えてみよう．前節で述べたように，様々な流入者を対象とした受入インフラとは，多くの場合，市民組織によって運営される支援サービスと，利用者が「自分の空間」を作り出せるような建造環境が組み合わさったものである[2]．支援サービスの目的は，人々がなるべく障壁のない（日常）生活が送れるためのフォローであり，「自分の空間」のような場づくりは，人々が一般社会で前に進む環境を確保する機会であると言える．戦後福岡の歴史的空間的なコン

2）Kornatowski et al.（2023）では，支援サービスのインフラは「ケアのインフラ care infrastructures」，エスニックタウンや居場所のような，流入者が作り出すインフラは「定着の空間 arrival infrastructures」と呼んでいる．

第 15 章　福岡市の都市空間構造からみた外国人向けの受入インフラの発展過程

テクストを見てみると，引揚者や外国人帰還民をターゲットに，博多港の存在は受入インフラ整備に顕著な役割を果たしたといえる．引揚げ港・博多を考える集い（2011）が記録しているように，引揚者の受け入れを進めるためには，日本上陸後，それぞれの目的地へ出発する前の休憩・宿泊は博多埠頭付近の寺院や学校が使用されており，孤児収容などの目的で，当時の西鉄市内線（市電）沿線で収容施設も設立されていた．さらに，島村（2015）は，こうした受入インフラが，例えば羽根土原開拓地のように，「緊急開拓事業」という名目で，福岡市周辺部（この場合は西区）を開拓するきっかけともなったことを述べている．このように，引揚者の受入インフラは，福岡の都市化にも関与していたが，こうした中で興味深いのが福岡地区（旧城下町エリア）中心の南部に設備されていた城内住宅地と護国神社敷地内住宅地（現在の六本松一丁目）である（服部他 2006 も参照）．両住宅地は，市内での戦災被災者と引揚者の救済を目的に建てられた集団住宅地であり，地域の新たな利用者（＝引揚者と戦災被災者）が自助で将来を方向付けられるように，国による救済の動機で整備された受入インフラであった[3]．護国神社敷地は，神社の建設が戦時中に地域の婦人会や若者という住民組織によって支えられ，住宅の方では，自治会も組織され，2024 年の時点でも，独特な雰囲気を持つレトロな街として残っている．

　一方，特定の理由で帰国できなかった外国人住民（主に朝鮮人）は，自活するために自力で生活基盤を築かなければならなかった．島村（2001）が丹念に記録しているように，これらは福岡の日雇い労働市場というもうひとつの労働力向けの受入インフラと部分的に重なる不法占拠地域であった．ここでは，博多区と東区を中心とする，福岡の現在の外国人人口地理の核心にも迫る（図 15-1 を参照）．実は，千代から片粕にかけての建造環境に関しては，多くの公営住宅団地（三浦 2015 も参照）が，今日でもこの歴史を物語っている．同様に，千鳥橋周辺には，今でも日雇い労働の広告や改装された簡易宿所のような宿泊施設がちらほらとある．団地の間や周辺には，古い建物が密集した地域が残っている．島村はまた，この地域は住宅地であるだけでなく，非公式の商業施設や生産部門もあったと指摘する．不法占拠者の中には，

3）現在の城内住宅地は，公園化・史跡整備のため，住宅移転と緑地化が図られており，昔の姿をほぼ消している．一方，護国神社敷地内住宅地はまだ存在しているが，2070 年までになくなる予定で，周りの雰囲気と合わせた文教地区に変わることが検討されている（護国神社のインタビューによる）．

第Ⅲ部　社会・文化編

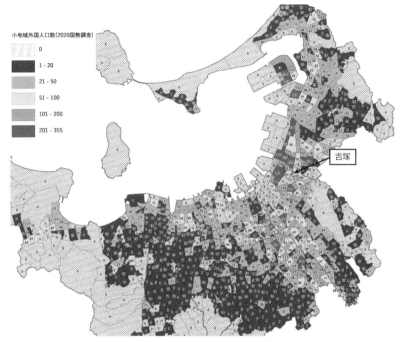

図 15-1：福岡市の外国人分布（国勢調査 2020 年より描画）.
出典）水内（2023）より引用.
注）朱澤川作成.

大浜地区や天神の渡辺大通りで「闇市」を営む者もいた．今でも人気のある立ち飲み屋が並ぶ薬院三角市場も，こうした歴史を物語っている．また，日雇い労働者の中心地であった築港地区（現在福岡ボートレース場の近く）にも，かつて不法占拠者の集落があった．

　戦後歴史はあまりはっきりしていないが，現在行われている外国人支援に関連して非常に重要な位置付けを持っているのは美野島である．イエズス会社会司牧センターオンライン資料によると，太平洋戦争直後，福岡の博多地区に位置する美野島は非常に貧しい地域であった[4]．引揚者や外国人，社会からはじき出された人たちが多く住んでいたが，那珂川の氾濫を防ぐために堤防が築かれると，日本人も多く住むようになり，（ブルーカラー労働者が比較的に多く居住している）庶民的な地域へと変貌した．受入インフラに関

4）http://www.jesuitsocialcenter-tokyo.com/eng/?page_id=4792

第 15 章　福岡市の都市空間構造からみた外国人向けの受入インフラの発展過程

しては，1952 年，パリ外国宣教会の司祭たちが木造の礼拝堂と家を建て，それが美野島小教区となり，その後，近くにカトリック幼稚園が建てられた．司牧センターは現在，ホームレスの人たち，薬物中毒者，外国人労働者のためのサービス拠点となっており，食料提供などの緊急支援の最前線として機能している．移住労働者と共に生きるネットワーク・九州もこの司牧センターと提携しているが，法律相談などの緊急支援のあとの細かい支援は同センターが（地域とは特に関係なく）引き継ぐ体制をとっている．

　最後に，男性同性愛者を中心とした夜遊び経済の場にもなっている美野島通りエリアについても受入インフラから考えることができる．このエリアは近年増えてきたゲイバーが密集していることで人気を集めているが，性感染症の予防啓発やセクシュアルマイノリティの居場所づくりに取り組んでいるコミュニティセンター（オープンスペース）という支援サービス拠点もある．特に興味深いのは，このような「ゲイタウン」の発展を可能にしたのは，地域に比較的多く残っている木造物件の存在であり，こうした物件は住吉の夜遊び経済の箱物となっている．また，この地域は博多駅に近いこともあり，民泊ビジネスも多くあり，流動性の高さと受け入れに対する包容力の強い地域の典型的な特徴を有している．こうしたインフラは，それほど目立っていないが，春吉にも広がっているようである（筆者による内部関係者のインタビューによる）．

　では，受入インフラとして考えてみたこれらの地域には，どのような共通点があるのか？明確な共通点は，(1)これらの地域が福岡の歴史的コアの周辺部に位置していること，(2)これらの地域にはローカルな商業機能が備わっていること，である．千代の団地でさえ，韓国食料品店やミニモールなどの商業施設を持っており，これらは単なる居住機能を超えた受入インフラとしての機能を果たしてきたことは間違いない．福岡の歴史的コアの周辺部は，戦前の木造アパートや小さな商店街が残っている密集市街地が比較的多くあり，以前の引揚者・戦災被災者や現在の外国人などの社会的構成が目立つ，福岡のインナーシティとして考えることもできる．これから紹介する吉塚市場もまた同じような特徴を持っている．

第Ⅲ部　社会・文化編

4．受入インフラとしての吉塚市場リトルアジアマーケット[5]

(1)　インフラ設備の開始のきっかけ

　2020年に吉塚市場リトルアジアマーケットが誕生した．その背景には，以前の吉塚市場が抱えていたシャッター商店街問題や店主の高齢化問題がある．一方，この市場は，「博多華味鳥（トリゼンフーズ株式会社）」の発祥地でもあるため，当社の会長が商店街の組合長を務めており，創業地を放置できないという思いにより新しい事業が動きだした．そのきっかけは，吉塚市場とその周辺に近年激増している在留外国人の存在であった．つまり，在留外国人の増加が商店街活性化のチャンスとして捉えられ，特に周りに増えていた日本語学校や専門学校に通う留学生や，近くの工業・流通地帯で就労している技能実習生などの在留資格保持者の存在が，商店街の改造に繋がるヒントとなった（図2はそのメンタルマップを表している）．その実現に向けて，経産省の「商店街活性化・観光消費創出事業」（4,000万円以上）に申請することになり，採択された．しかし，激増している在留外国人の存在といっても，その大多数はベトナム人やネパール人など東南アジア・南アジア出身者であるため，東アジアの雰囲気を再現する「アジアマーケット」にすることを決めた．そして，改修費を補助する形で，なるべく南アジア各国の料理店を誘致するため，事業立ち上げに奔走した[6]．

　このように，〈食〉を中心とした事業立ち上げ後は，さらなるアピールポイントとして，特に東南アジア系の在留外国人が〈安心〉を得られる信仰拠点も建立され，それは，「地域に開いたお寺」である西林寺によって創設された「吉塚御堂」である（2021年3月完成）．この御堂は，ミャンマーから運ばれた全長約2mのお釈迦様を祀っており，法要や旧正月のイベントが行われる礼拝所としての役割を果たしている．御堂創設のきっかけなったのは，コロナ禍中で本国に帰国できず，お参りするところがないという困りごとの相談が在留外国人から寄せられたことである．

　その後，地域住民及び商店街の店主と在留外国人の間の〈繋がり〉をファシリテートするため，イベントなどにも利用できる「アジアンプラザ」というオープンスペース（多目的コミュニティスペース）も設備された．このプ

5）本節の一部はコルナトウスキ（2024）に基づく．
6）当時は，ミャンマー，タイ，ベトナム，ネパール，中華を含む5カ国の料理店がオープンした．

第15章　福岡市の都市空間構造からみた外国人向けの受入インフラの発展過程

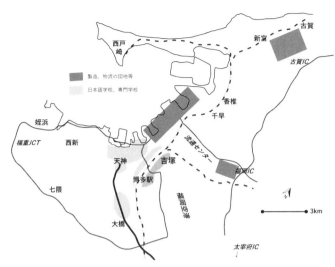

図15-2　吉塚周辺部における在留外国人（留学生）の就労先
（主にアルバイト先）と非就労先（主に学校）．

出典）竹内（2023）より引用．
注）筆者作成．

ラザは，誰でも立ち寄れる空間として，プロモーションイベントなどにより商店街の商業機能を強化する機能を有していると同時に，「共生・共修」を目的とした文化交流イベントや様々な情報・資料を置くスペースとしても利用されている．

　こうした(1)エスニック料理，(2)御堂，(3)コミュニティスペースの3つが具体的な受入インフラの構築につながったのである．

(2) 今後の発展

　吉塚市場に上述した3つの施設ができ，のちに商店街の活性化と連動する受入インフラとその地域マネジメントへと発展した．吉塚御堂では，「仏光会」を立ち上げ，外国人信仰者が主体的に活動できる場を設けた．月に2回お参りが行われているが，信仰者の互助ネットワークも形成され，心のケアの場ともなっている．しかし，外国人の流動が増す状態の中で，それを利益のチャンスとして狙う人材紹介会社などが入り込むという問題が発生した．より細かな地域マネジメントが問われるようになったのである．それへの具体的な対応としては，まずお参り以外の活動が禁止とされたが，さらなる支援

第Ⅲ部　社会・文化編

体制の必要性も判明したため，アジアンプラザを中心として地域の外部ともつながる支援のプラットフォームが立ち上げられた．

　プラットフォームは広く構築されている．一つは，吉塚周辺に日本語学校が多いことから，4校との共同事業が立ち上げられ，それはのちに人材センターの運営へと展開する．ここでの具体的な活動は，生活・就労・転職相談から日本語学習まで様々であるが，地域で総合的なサポート体制を張り巡らせていくことによって，受入インフラのセキュリティー問題にまで取り組むこととなった．これには，地域の地理も大きく影響している．すなわち，図2で示しているように，付近の港湾や流通センター，またその周辺部にある古賀市の工業集積地などの福岡の産業が位置しており，プラットフォームが労働者人材の確保及び管理によって，福岡都市圏の経済に貢献する場としても考えられるようになった．このように，2022年末に，「福岡リトルアジアコミュニティ（FLAC）協議体」が設立され，弁護士，司法書士，行政書士からなる，外国人が抱える法的トラブル，労働問題，在留資格などの無料相談会を開催するようになった．なお，これらを支えるための収益は，マッチングで生み出す予定ではあるが，当面は補助金で賄かなわざるをえないのが現状である．

　協議体以外でも，第2節で取り上げた支援団体やNPOのような組織がアジアンプラザを利用し，学習・教育支援から食料支援（特にコロナ禍）・就労相談イベントや，医療オリエンテーション，社会保険，国民健康保険に関する相談などを幅広く展開している．留学生に特化した支援は，南区（西鉄沿線）まで広がっている（図1を参照）．こうした連携を通じ，周辺の病院や児童養護施設との連携も生まれ，現在は子ども食堂にもスペースを提供している．

　しかし，徐々に強固な受入インフラが整備されつつあるといっても，地域の今後の方向性に対し，コミュニティ全体の合意が得られているわけではなく，密集市街地でもあることも相俟って，外国人を巻き込む防災訓練などの未着手の課題が残っている．こうした問題に対しては，現在アジアンプラザを中心に「ダイアログ（対話）」という活動が進められており，地域住民と在留外国人とのさらなる交流が模索されている．

5.　結論

　本章では，吉塚市場を事例に，福岡の都市化におけるインナーシティ中心

第15章　福岡市の都市空間構造からみた外国人向けの受入インフラの発展過程

の受入インフラの役割を検証した．福岡は現在もゲートウェイ都市に引き続き成長都市としてのイメージを高めている．受入インフラを場所の概念に根ざし，民間団体などによって支援サービスが提供され，その建造環境を利用者に「自分の空間」を作り出す空間として定義することで，本章はその都市社会的な文脈での重要性を指摘した．また，様々な流入者を積極的に都市空間に受け入れ，地域に溶け込ませる上での，受入インフラの役割を考察した．本章では，外国人人口の目覚ましい増加を受けた福岡における，主に（非高度人材的な）在留外国人に対する地域の取り組みを取り上げた．この増加は今後も続くと予想されるため，より多くの地域が独自の多文化共生ビジョンを模索し始めるであろう．そこで本章では，そのようなビジョンやイメージの役割を理解するために，「庶民的な」，主に中流階級の市民社会メンバーが，外国人人口の増加を地域でマネジメントするために，実用主義的な方法で新たな空間を切り開いているという，庶民の地理学的アプローチを用いた．

　吉塚市場リトルアジアマーケットという受入インフラの場所は，改装された商店街を中心に，〈自助〉でエスニック料理の業界で前に進む機会を（限られた規模ではあるが）提供する一方，吉塚御堂では，仏光会などの在留外国人による〈互助〉ネットワークをもファシリテートし，特定のニーズを抱えている外国人のためには，様々な支援団体が関われるアジアンプラザという〈共助〉の場を開いている．

　現時点では，これらの活動が実際に商店街の商業活力を高めているのかどうかはまだ不明である．とはいえ，主要なステークホルダーは，この小規模で顔の見える商店街が，ユニークでレトロなインナーシティ的な雰囲気によって，いつか人気商店街になるものと確信しているようである．また，吉塚市場がもつ細かな受入インフラは，他の地域の参考モデルになる可能性を秘めている．こうした観点から吉塚市場のステークホルダーが外部と内部との交流を創出する発展に今後も着目していきたい．

【参考文献】

コルナトウスキ ヒェラルド（2024）「エンクレイヴ化過程における共助支援ネットワーキングの役割—福岡と横浜の在留外国人向けの「連帯ハブ」を事例に—」『空間・社会・地理思想』27 号：145-156.

島村恭則（2005）「朝鮮半島系住民集住地域の都市民族誌 福岡市博多区・東区の事例から」『国立歴史民俗博物館研究報告』124：183-251.

第Ⅲ部　社会・文化編

島村恭則（2015）「引揚者たち」『新修 福岡市史 民族編二』221-245, 福岡市.

竹内正宣（2023）「外国人の集住地区での支援の試み」『外国人生活者の社会的インフラと地域活力を考えるワークショップ』，九州大学（吉塚リトルアジアマーケットアジアンプラザ），3月10-11日.

服部英雄・本田佳奈（2006）「城内住宅誌その1 総論と前史（戦中編）」『比較社会文化』12巻：111-148.

引き揚げ港・博多を考える集い（2011）『博多港引揚』図書出版のぶ工房.

福岡市（2024）『ふくおかの統計　令和6年2月号』. https://www.city.fukuoka.lg.jp（最終アクセス2024年3月3日）.

三浦耕吉郎（2015）「片粕——改良住宅の民族史」『新修 福岡市史 民族編二』531-601, 福岡市.

水内俊雄（2023）「外国人の雇用・定住の多様化と揺れる労働市場や地域の課題」外国人生活者の社会的インフラと地域活力を考えるワークショップ』，九州大学（吉塚リトルアジアマーケットアジアンプラザ），3月10-11日.

山崎孝史（2010 初版 =2013 改訂版）『政治・空間・場所—「政治の地理学」に向けて—』ナカニシヤ出版.

Cresswell T.（2015）*Place: An Introduction*, Malden: Wiley Blackwell.

Kornatowski G., Mizuuchi T.（2023）"Introduction: Towards a Framework of Urban Inclusivity", in: Mizuuchi T., Kornatowski G., Fukumoto T. (eds), *Diversity of Urban Inclusivity: Perspectives beyond Gentrification in Advanced City-regions*. 1-25. Singapore: Springer.

Lefebvre H.（1991）*The Production of Space*, Malden: Wiley Blackwell.

Sugimoto Y.（2010）*An Introduction to Japanese Society*（3rd Edition）, New York: Cambridge University Press.

謝辞

　本研究はJSPS科研費22K01047と九州大学アジア・オセアニア研究教育機構（Q-AOS）学際的研究教育活動支援プログラムの助成を受けたものです．聞き取り調査とフィールドワークでは，第2節で取り上げた団体や地域内部関係者に大変お世話になりました．この場を借りて重ね重ね感謝申し上げます．

第16章

福岡都市圏における市町村の再編成と行財政の課題

美 谷　　薫

1．はじめに

　2000年代前半の「平成の大合併」と呼ばれる全国的な市町村合併の展開と前後して，地方行財政を取り巻く環境は大きく変化してきた．その空間的な枠組みである「行政区域」をめぐっては，行政分野ごとの「広域化」の取組みが進められるなど，大きな変動期が続いているといえよう．

　近年では，人口減少の動きが，それまでの過疎地域のみならず全国的に波及し，「縮小社会」にどう対応するかという点が地域運営において大きな課題となっている．しかしながら，本書が対象とする福岡都市圏全体では人口増加の傾向が続くなど，地域社会を取り巻く環境は地方圏の他の都市域とは大きく異なった状況を呈している．

　一方で，都市圏の内部に着目すれば，人口の構成やその変動には地域差があり，中長期的な視点でみると，とくに基礎自治体としての市町村の運営のカギとなる行政需要の変化や財政構造には，検討すべき課題が多数生じているものと予想される．

　福岡都市圏における行政区域に係る論点としては，指定都市である福岡市とその周囲の市町との間での自治体規模の差異が代表的なものとして挙げられよう．これは美谷（2022）で挙げた今後の「行政区域」研究の7つの視点のうち，「行政区域の再編史とその地域特性」や「行政区域の再編にみられる『空間編成』の論理の解明」に関連するものと位置づけられる．

　本章では，以上の点を踏まえて，福岡都市圏を，便宜的に福岡都市圏広域行政事業組合を構成する17市町と定義し，現行の地方自治制度の下での市町村の再編成過程を整理する．その上で，現在の財政の状況を確認しながら，今後の地域運営における市町村行財政の課題について議論していきたい．

第Ⅲ部　社会・文化編

2．第2次世界大戦後の市町村の再編成と区域の特徴

(1)「昭和の大合併」の展開

　現行の地方自治制度が導入されて間もない1950年10月の段階では，現在の福岡都市圏の圏域には1市16町51村があったが，市制を施行しているのは福岡市のみであった（図16-1）．この時点で町制を施行していたのは，その後の町村合併を経て1970年代以後に市制に移行した地域の中心地や，福岡市に隣接して後に編入された地域などである．志免町，篠栗町，宇美町のように，現在までそのまま町制を維持している地域もあるが，この時期の基礎自治体の多くは人口規模の小さい農村部の村であった．

　1953年の町村合併促進法の施行以後，福岡都市圏においても1956年9月末の同法の失効まで順次町村合併が進展していくこととなった．この「昭和の

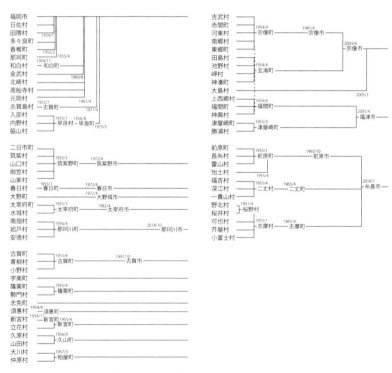

図16-1　福岡都市圏における市町村の再編成過程（1950年10月〜）
市町村自治研究会監修（2023）より作成

第 16 章　福岡都市圏における市町村の再編成と行財政の課題

大合併」では，福岡市に香椎町などの隣接する 5 町村が段階的に編入された[1]ほか，二日市町や赤間町，前原町など，従来の地域の中心地である町が近隣の村と合併したり，小規模な村同士が合併する事例が多くみられた（図 16-2）．

　ただし，「昭和の大合併」の主要な合併形態の一つとされる，地域の中心地としての町が周囲の村と合併して，新たに市制を施行するような事例は，福岡都市圏ではみられなかった．また，糸島郡，宗像郡では関係町村が 4 〜

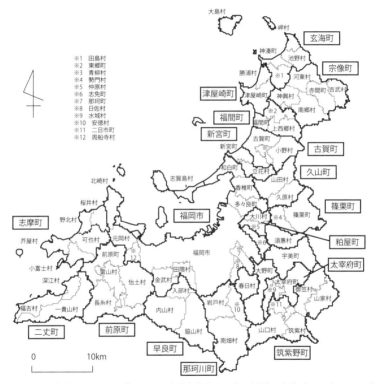

図 16-2　福岡都市圏における「昭和の大合併」前後での市町村域の変化（1950 年・1965 年）
注）図中の細線が 1950 年，太線が 1965 年の区域を，囲みありの市町村名が 1965 年のものを示す．この間に合併をしていない志賀島村（1965 年は志賀町），春日村（1965 年は春日町），大野町，宇美町，須恵村（1965 年は須恵町），大島村は 1965 年の町村名を省略した．
国土数値情報，市町村自治研究会監修（2023）より作成

1）福岡市編（1990）によれば，1950 年に市，市議会ともに近隣町村との合併について調査を開始したものの，この段階では具体的な実現には至らなかった．町村合併促進法施行後，福岡市は必要最小限度の合併を期するものとして，隣接する 5 町村との合併を掲げ，1954 年から翌 55 年にかけて段階的にこれらの町村を編入した．

第Ⅲ部　社会・文化編

5となるような合併が複数実施されたのに対して，糟屋郡や筑紫郡では2〜3の町または村での小規模な合併が中心となるなど，地域によって合併の形態に多少の差異も生じていた．全体として，町村合併促進法の施行期間中には20件の合併が行われた．

1956年の新市町村建設促進法施行後，5年間の同法の施行期間中に行われた合併は，1960年代に入って福岡市が西側の村を複数編入した[2]事例のほかには，1957年3月の2村合併による粕屋町発足のみとなっていた．この点からは，現在の福岡都市圏では，町村合併促進法下での「昭和の大合併」が比較的スムーズに展開していったものと理解できる．

なお，春日町（現春日市）や大野町（現大野城市），宇美町や志免町のように，この段階から現在まで合併を行わず，旧来からの区域を維持したままの市町村も存在している．

(2) 高度経済成長期以後の市町村の再編

「昭和の大合併」の後も，全国的にみれば行政区域の再編が進められ，特に地域開発や指定都市移行を目的とした都市域の拡大の動きが顕著なものとなっていた．福岡県内でも，1963年の5市合併による北九州市の発足のような新たな都市合併の形態もみられた．一方，福岡都市圏では，「昭和の大合併」後の市町村の再編は，1972年の指定都市移行と前後しての，1971年の志賀町，1975年の早良町の福岡市編入の2例にとどまっていた．ただし，この時期には，福岡市がその他の隣接市町にも合併を申し入れるなど，実現には至らなかったが，他の地方圏の指定都市を目指す動きなどと同様に，より広域の市域を確保しようとする取組みも存在していたとされる[3]．

2）この5町村の編入は，福岡県知事からの合併勧告に基づくものとされる（福岡市編1990：188）．また，粕屋町発足につながる2村の合併も同様であるとされている．当初，福岡市はこの5町村や後に粕屋町となる2村を含めた10町村との合併に関する調査を進めていた．

3）福岡市編（1990）によれば，福岡市では，市勢の発展に伴う市域の拡張あるいは都市計画上の課題への対処という観点から，1961年の総合計画において「適正市域」の概念を掲げており，1964年にはまず市議会が周辺16町村を対象とした合併調査を開始した．1967年に市議会は粕屋，志賀，大野，春日の4町を「早急に合併すべき町」などとする市長への要請文書を提出した．1970年代に入り，市としてもこの4町との合併交渉を進めることとなったが，目標とした1971年春の合併に応じたのは志賀町のみであった．その後，指定都市移行を見据えた1972年の総合計画でも，適正市域の概念の下で8町編入を段階的に目指すとともに，筑紫郡，糟屋郡，糸島郡の全域編入も長期的な検討事項としていた．これを受けて実際に周辺市町への説明なども行われたものの，実現したのはダム建設との関連から早期の合併を希望していた早良町の編入のみであった．

この間，福岡都市圏では，市制施行要件の特例の実施などとあわせて，1972年4月に筑紫野町，春日町，大野町[4]が同時に市制を施行したほか，1981年に宗像町，1982年には太宰府町が市に移行している．これらの動きは，都市圏内での人口増加やその主因となる住宅開発などの地域的展開と関連しているものと考えられる．その後，1992年には前原町が，1997年には古賀町が市制を施行している．

(3)「平成の大合併」の動向

　1990年代後半になると，改めて全国的な市町村の再編成を目指す動きが本格化した．国は市町村合併が実現した場合の財政優遇措置などを多数講ずる一方で，地方交付税制度の運用手法を変更するなどして，小規模町村を合併に追い込むような取組みを進めることとなる．この結果，各地で広域での合併が進むこととなるが，国のスタンスはあくまで「自主的な合併の推進」というものであったため，市町村合併の動きは地方圏を中心とするものとなっていた．財政を維持できる水準にあるかどうかが合併の判断につながる状況であったことから，大都市圏では合併の実現は限定的なものとなっており，これは福岡都市圏でも同様の事情であったと考えられる．

　福岡都市圏における「平成の大合併」は，2003年4月の旧宗像市と玄海町の合併による宗像市の発足，2005年1月の福間町と津屋崎町の合併による福津市の発足，同年3月の大島村の宗像市への編入の3件のみであった．このほか，市町村合併特例法の時限的な優遇措置の適用が終了した2006年4月以後では，2010年1月の前原市と二丈町，志摩町の1市2町の合併による糸島市発足の事例[5]が存在する．

　民間レベルでの合併の機運醸成の取組みや，糟屋郡での合併に係る法定協議会設置を目指す動きなど，複数の合併を目指す取組みがほかにも存在したが，いずれも実現には至らなかった[6]．福岡都市圏における「平成の大合併」

4）大野町は市制施行時に大野城市に名称変更した．
5）1市2町での合併は，2002年に法定協議会が設置され協議が行われたものの，2004年にいったん協議会が解散している．その後，2007年に同じ枠組みでの協議会が設置され，二度目の協議で合併に至っている．
6）福岡県企画・地域振興部市町村支援課編（2018）には，筑紫野市と太宰府市における地元経済団体が中心となった任意合併協議会設置を求める請願などの事例が挙げられている．また，糟屋郡では複数の枠組みで検討や調査研究がなされたものの，足並みがそろうことなく法定協議会の設置にはつながらなかったとされる．

第Ⅲ部　社会・文化編

は，外縁部でのみ実現に至っており，上述の通り，今次の合併の動向が市町村の財政状況と大きく結び付いていた点に加えて，福岡市の隣接地域では，狭域かつ一定の人口規模を有しているという行政区域の編成上の特性から，合併を指向するような動きにはつながりづらかったものと理解できる．

（4）福岡都市圏における市町村区域の編成の特徴

　以上のように，福岡都市圏における第2次世界大戦後の行政区域の再編成過程を振り返ると，「昭和の大合併」の時点では，比較的スムーズに市町村の再編が行われたが，相対的に規模の小さい合併が中心となっていた．福岡市は，その後も段階的に周辺町村との合併を実現し，いっそうの広域化を模索していたものの，広島市や仙台市のように，極端な市域拡張につながるような動きを実現することはなかった．これらのプロセスにより，指定都市である福岡市とその周囲の市町の間での，今日の極端な規模の差異が生み出されている．

　福岡都市圏においては，「平成の大合併」が十分には進展しなかったが，その理由には，町も含めて基礎自治体の人口や財政が一定の規模を有しており，この時期の合併推進の背景が小規模自治体の財政問題を中心としていたことから，必ずしも合併にメリットを感じづらい点があったためと考えられる．これらの事情は，福岡都市圏のこれまでの成長の傾向と今後の成長見込みを反映したものとも捉えられる．

　一方で，前述の通り，都市圏内部でも人口増減や高齢化の状況は地域差が拡大し始めており，市町村の行財政運営にもその影響が波及し始めるものと予想される．そこで次節では，ごく限られた事例からではあるが，福岡都市圏の市町における財政状況や財政構造の変化などについて整理していくこととする．

３．財政的側面からみた福岡都市圏の市町村の特性

（1）現在の歳入構造

　本節では，総務省の地方財政状況調査のデータに基づき，直近の2021年度における福岡都市圏17市町の歳入・歳出（目的別歳出）の状況を整理する（図16-3）．まず単純に歳入・歳出の規模をみると，福岡市が歳入1兆1179億円，歳出1兆1610億円で最大となっており，残りの16市町の総額

第 16 章　福岡都市圏における市町村の再編成と行財政の課題

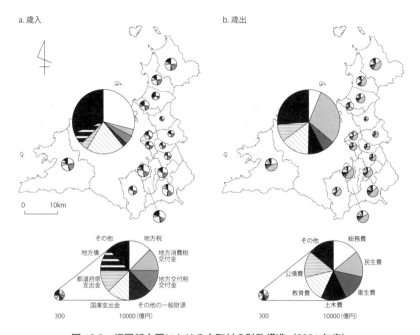

図 16-3　福岡都市圏における市町村の財政構造（2021 年度）
地方財政状況調査より作成

をも大きく上回る財政規模を有していることが読み取れる．一方，最小となるのは久山町で，歳入が 66.1 億円，歳出が 60.7 億円である．

そのほかの市町についても歳出規模のみで比較すると，筑紫野市や糸島市など人口 10 万前後の市は 400 億円前後，それよりも人口規模が小さい太宰府市や那珂川市などでは 200 億円台，町部では 100 億円台などで，ある程度類似した傾向にある．大まかには人口規模と財政規模の間には一定の相関がみられる．

歳入の特性について，大まかな区分ごとの内訳に基づいてみると，まず地方税については，歳入に占める割合が福岡市では 29.1 ％であり，最も割合が高い筑紫野市は 34.2 ％，最も低い糸島市が 21.1 ％で，おおむね 20 ～ 30 ％前後に収まっている．この値については，あくまで歳入の全体に占める割合であることから，他の費目が一時的に増加すれば，相対的に数値が低くなることに注意が必要である．単年度の数値で財政状況を分析する際には，このような問題点もあるが，それを踏まえても，自主財源の中の地方税の割合がおお

第Ⅲ部　社会・文化編

むね 3 割前後で，極端に値が低い市町村が存在しないという状況は，一定規模の都市圏内の市町であるという特性を反映したものであると考えられる．

　国からの財政移転のうち，地方交付税交付金の割合については，福岡市が4.4％で最も低く，宇美町が 19.9％で最高となっている．「平成の大合併」で発足した宗像市，福津市，糸島市はいずれも 20％弱で相対的に高くなっているが，これは都市・農村双方の行政需要を有する点も影響しているものと予想される．どの市町も割合が 2 割以内で，全国的にみれば数値は低くなっていることから，歳入の確保には大きな問題がないものと理解できる．

　このほか，国庫支出金については，事業の実施状況にもよるが，久山町が15.7％であるのを除くと，いずれも 20％台となっており，市部で割合が高い傾向にある．なお，地方債は粕屋町が 9.1％で最も高い割合となっているが，いずれも 1 桁台に収まっている．

　市町ごとの構成を比較すると，福岡市ではその他の割合が大きく，これは特定財源としての諸収入の金額が大きいことによるとされる．その他の一般市では，上述の通り，市税と地方交付税交付金の比率は概ね連動しており，市税収入の割合が低い市では地方交付税交付金の割合が高くなる傾向がみられる．町部においては，久山町で国庫支出金の割合が低く，新宮町ではその他の割合が高くなっているが，後者については，寄付金の費目が多くを占め，いわゆる「ふるさと納税」の影響が大きいものと考えられる．

(2) 現在の歳出構造

　同様に，歳出の特性をいくつかの目的別分類の費目に注目してみていくと，まず総務費は，最も割合の低いのが福岡市の 6.5％であり，10％台半ばの市町が目立つものの，新宮町が 34.0％と高く，久山町が 26.8％でこれに続いている．新宮町の場合，総務費の決算額の 43.7 億円のうち，「ふるさと納税事業委託料」が一事業で 21.68 億円と半数近くを占めており[7]，上述の「ふるさと納税」の寄付額に連動して，返礼品等の事業に係る支出が突出していることが影響しているといえよう．

　福祉関係経費が中心となる民生費については，多くの市町で 40％台前半を占めている．この年度は基礎自治体が新型コロナウイルス感染症の対応に追われていたという背景もあるが，基本的には少子高齢化の進展による福祉

7）『令和 3 年度　新宮町一般会計歳入歳出決算書』p.55 による．

ニーズの伸びを反映して，一定の高い割合を示しているものと考えられる．民生費が占める割合は，新宮町が27.0％，久山町が28.3％と低く，これに福岡市が29.5％で続いている．一方，最も高い割合となったのは筑紫野市の50.3％であり，このような状況からは，福岡都市圏においても，若年人口の増加が顕著な地域を除けば，少子高齢化の進展に対応するための福祉ニーズに係る事業が，引き続き行政サービスにおける中心的な位置づけであり続けることが予想できる．

このほか，衛生費の占める割合は6.4〜11.6％，土木費については3.2〜8.8％，公債費については5.2〜10.7％の範囲となっており，単年度で比較したことを考慮すれば，市町間でそれほど大きな相違はないものと理解される．教育費については，大野城市の6.6％が最も低く，福津市の19.9％や那珂川市の15.8％などと差が大きく開いているが，例えば，福津市では57.27億円の支出のうち19.32億円を占める中学校の改修事業が実施されており[8]，他費目の場合と同様に，このような大規模な施設整備が行われる際に，一時的に特定の費目の割合が大きく増加する傾向が確認できる．

市町ごとの構成を比較すると，福岡市では商工費などのその他の割合が大きく，財政規模の大きさから，総務費や民生費などの割合が相対的に低くなっている．その他の多くの市町では，大まかには民生費が4割程度を占め，衛生費や土木費，公債費などがそれぞれ10％以下，教育費が10％程度という構成になっている．

(3) 篠栗町と新宮町の財政構造の変化

次に，福岡都市圏の今後の市町村行財政の課題をより具体的に検討するために，本項ではより長いスパンでの，直近の人口規模が類似する2町における財政状況の変化を確認する．具体的には，2021年度の住民基本台帳人口が3万人台前半の篠栗町と新宮町を取り上げ，2002年度（平成14年度）から2021年度（令和3年度）までの20年間の財政構造の変化を，同様に地方財政状況調査のデータから分析する．

なお，直近の人口規模は類似しているものの，この20年間の人口動態は両町で大きく異なっている．住民基本台帳人口でみると，篠栗町はこの20

8）福津市『令和3年度　決算報告書』p.15の福間中学校整備改修事業の数値である．福津市『令和3年度主要施策成果報告書〈一般会計〉』p.20によれば，同事業は校舎の老朽化とともに生徒数の増加に対応したものとされており，人口増加への対策の事例にも位置づけられる．

第Ⅲ部　社会・文化編

年間でほぼ横ばいの状況にあり，2002 年度に 30,154 人であったものが，2005 年度に 3 万 1 千人台となって以後，17 年間にわたって数百人以内のレンジで推移している．一方の新宮町の人口は，2002 年度の 22,682 人から緩やかに増加を続けていたが，2009 年度から増加幅が大きくなり，2015 年度には 3 万人を超えている．その後，増加幅は再び穏やかなものとなり，2021 年度には減少に転じて 33,615 人となっている．

　まず篠栗町について，その総額の推移をみると，2002 年度は歳入が 114.95 億円と規模が大きかったものの，その後減少に転じ，2000 年代の歳入は 80 〜 90 億円台で推移し，歳出は 70 億円台の年度もみられた（図 16-4）．2010 年代に入ると歳入・歳出ともに 90 億円台後半の年度が続いてきたが，2019 年度以後は再び 100 億円超となっている．2020 年度は後述の通り，新型コロナウイルス感染症対策などの影響で，一時的に歳入が 150 億円を突破するといったイレギュラーな動きをみせている．

　歳入の内訳をみると，他の費目の増減とも関連するが，地方税の割合は 3 割前後で安定的に推移している．ただし，2002 〜 04 年度は地方債の割合が一時的に 2 割超に増加したことを受けて，相対的に地方税の割合は減少している．また，地方交付税交付金の割合は 20 ％台後半で推移しているが，同様に，地方債や国庫支出金が増加した年度においてはその割合が低下している．このような点からは，篠栗町の財源の状況は，人口動態を反映する形で安定的に推移していることが読み取れ，国庫支出金や地方債の一時的な増加は，これらの財源を充当する大規模な建設事業などの実施と対応したものであると考えられる．また，近年，国庫支出金の割合が急激に伸びている点は，新型コロナウイルス感染症対策の影響によるものである[9]．

　歳出の状況は，衛生費や土木費，教育費が 10％ 前後で推移しており，特定の年度に数ポイント増減することが確認できる．これらの点は，上記の通り，その年度にこれらの費目を充当する大規模な事業が実施されている影響であると推察される．また，公債費の割合は 2010 年代前半に 2 割近くで推移する時期もみられたが，近年では順調にその割合を下げている．総務費は 10％ 前後で推移しているが，2020 年度に 29.2％ と急激に伸びたのは，新型

9）2021 年度を例にとると，『令和 3 年度　篠栗町一般会計歳入歳出決算事項別明細書』pp.14-16 によれば，国庫支出金 30.25 億円のうち，子育て世帯や住民税非課税世帯等に対する臨時特別給付金給付に係るものが 8.99 億円となっているほか，地方創生臨時交付金が 2.09 億円，ワクチン接種に係るものが 2.66 億円を占めている．

第 16 章　福岡都市圏における市町村の再編成と行財政の課題

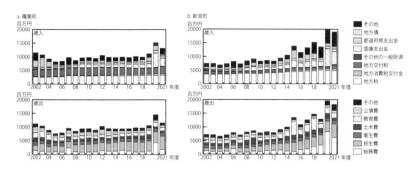

図 16-4　篠栗町と新宮町における歳入・歳出構造の変化（2002〜21 年度）
地方財政状況調査より作成

コロナウイルス感染症対策の定額給付金に係る事業実施によるものである[10]．民生費については，当初20％台前半であったものが，2010年代に入る頃から30％台で推移するようになり，年度を追うごとにより割合が高くなっている．人口規模は安定的であるものの，老年人口の割合は増加を続けており，福祉ニーズの増大が影響しているものと予想される．

　一方の新宮町の財政状況を歳入・歳出の合計額の推移からみると，当初は70億円台で推移していたが，2008年度ごろから歳入規模は80億円台となった．歳入は2014年度以後，歳出は2015年度から100億円台で推移し，増減の幅もそれ以前と比べてかなり大きなものとなっている．歳出では，最小の2004年度の66.0億円と最大の2020年度の195.6億円の間には3倍近い開きがあり，篠栗町の事例でみたように，2020年度に新型コロナウイルス感染症対策でのイレギュラーな事業があったとはいえ，この間の新宮町では，人口流入に伴う大幅な行政需要の増加に対応してきたことがうかがえる．

　歳入の状況をみると，当初，地方税の割合は40％台を占め，2004年度には50％を超えていたが，2015年度以後は，地方債や国庫支出金の割合が増加したことで，20〜30％台に低下している．一方，篠栗町では20％超を占めることが多かった地方交付税交付金の割合が数％で推移している点は，これまでのところ，町税収入が安定的に確保できてきたことの裏返しであるといえる．2008年度以後，国庫支出金の割合が大きく増加しているのは，補

---

10)『令和2年度　篠栗町一般会計歳入歳出決算事項別明細書』p.32 によれば，総務費46.36億円のうち，特別定額給付金に31.5億円が充当されている．

211

第Ⅲ部　社会・文化編

助事業に力を入れてきたことを反映したものと考えられ，地方債の割合の増加とあわせて，人口増加に対応した基盤整備事業に注力してきたためと推察できる．

これらの点は，歳出の側面で，例えば土木費の支出の割合が篠栗町では数％で推移していたのに対して，新宮町では10％以上となる年度が大半を占め，2008〜2009年度には20％超となっている状況などからも読み取ることができる．また，教育費の比率も20％超となる年度が複数あり，人口流入に対応する形で学校教育施設の整備などにも多くの予算を充当しているものと考えられる[11]．福祉関係などの民生費については，他の市町と比較するとその割合は低いものの，当初は10％台であったものが，2010年代に入ると20％台で推移するようになり，年度によっては30％を超えている．このように，新宮町では，急激な人口流入に起因するさまざまな行政需要の増加に対応していることが財政構造の変化からも読み取れ，人口動態が安定的な篠栗町と比較して，町における事業の質量が目まぐるしく変化しているものと予想される．

4．行財政的側面からみた福岡都市圏の市町の課題

本章では，これまでにみてきた福岡都市圏における市町村の区域編成の特徴と，財政状況の特性という観点から，行財政の課題について考察する．まず前者については，第2次世界大戦以後に，福岡都市圏では行政区域の再編が一定進められ，極端に人口規模が小さい町村が残存する状況にはない．一方で，指定都市である福岡市とその周囲の市町の間には，面積や人口といった側面で，きわめて大きな差異が存在しており，それらは行財政能力の格差を生み出している状況にある．ただし，福岡都市圏の継続的な成長は，福岡市のみならず周辺市町の人口動態にも大きな影響を与えており，それにより「平成の大合併」の時期においても，都市圏全体での行政区域の再編成にはつながらなかった．

---

11) 関連して，公共施設の建設やインフラの整備に充当される普通建設事業費（歳出の性質別分類の一つ）の割合をみると，2007年度まで10％前後で推移していたものが，それ以後は20％を超える年度も多く，2015年度は38.6％に達している．ただし，その推移は年度ごとにかなり変動しており，2012年度は7.6％にとどまったほか，2018年度以後は減少傾向が続いている．

第16章　福岡都市圏における市町村の再編成と行財政の課題

　一方で，全国的な少子高齢化の動向は市町村の行財政に大きな影響を与えており，高齢化による福祉ニーズの増大だけでなく，子育て世代の流入を促進するための子育て支援の拡充なども，民生費支出の増大につながっている．さらに新宮町の事例でみたように，町村部での急激な人口変化は，行政需要の極端な変動をもたらすことにつながる．一時的なニーズの増加に対して施設整備のようなハード面での対応を行った場合，将来的に過剰なストックを抱えることになり，後年度の行財政運営に大きな課題を引き起こしかねない．また，少子高齢化の進展の状況次第で，対応が迫られる行政需要の内容も大きく変化するため，それらにどのように柔軟に対応するかといった点も大きな課題となる．

　以上より，既に人口動態が横ばいに転じている市町も複数みられるなかで，福岡都市圏における市町村の行財政上の課題は，極端な人口変化の動きに対して，いかにメリットを大きくし，デメリットを小さくするかという点であるといえる．とりわけ，組織規模や行財政能力の点で十分な余裕のある福岡市とは異なり，周囲の市町では，その対応はきわめて難しいものと考えられる．一方で，さらなる市町村合併のような行政区域の再編は，必ずしも簡単ではないことから，国が力を入れているようないっそうの市町間の連携で対応することが求められよう．

　福岡都市圏においては，高度経済成長期から水資源確保のための広域行政体制の構築に代表されるさまざまな連携が進められてきたが，近年では，糟屋郡の志免町，宇美町，須惠町が行政運営のために必要な各種システムの共同開発を行うなど，新たな取組みが行われるようになっている．行財政運営の課題は，都市圏内部のすべての市町で必ずしも共通するものではないことから，それぞれが抱える行政分野ごとの課題にアドホックな連携を進めながら柔軟に対応していくことがますます重要になってくるものと考えられる．

　福岡都市圏では，人口増加や経済成長といった地域のポジティブな変化が強調され，地域の成長につながる積極的な投資が必要である一方で，将来的な「縮小社会」の到来を見据えた計画的かつ抑制的な財政運営が求められる．このようなアンビバレントな行政経営をそれぞれの市町がどのように実現していくかが，今後の都市圏全体としての持続的な成長のカギになるのではないだろうか．

第Ⅲ部　社会・文化編

付記

本稿の作成にあたっては,日本学術振興会科学研究費助成事業（課題番号：19K01175）の助成を活用した.

参考文献

市町村自治研究会監修（2023）:『全訂2版 全国市町村名変遷総覧』日本加除出版.

福岡県企画・地域振興部市町村支援課編（2018）:『福岡県市町村合併史〜平成の合併の記録〜』福岡県.

福岡市編（1990）:『福岡市史第九巻　昭和編続編（一)』福岡市.

美谷　薫（2022）:地理学における地域の諸概念と「行政区域」研究,『自治総研』527，30-69.

あ　と　が　き

　福岡地理学会は福岡県における地理学・地理教育の進歩と普及，ならびに会員相互の親睦を図ることを目的として，1949年11月12日に設立された由緒のある学会です．福岡県内の地理学と地理教育に携わる大学，高等学校関係者を中心として組織・運営がなされ，主に夏期と冬期に開催する例会での研究発表と意見交換を通じて会員相互に研鑽を積み重ねてきました．広い研究分野と研究地域の課題を理解するために，肩肘の張らない討論のできることが本会の大きな特徴と言えるでしょう．所属する会員が研究対象としている地域は福岡県のみならず，国内はもとより世界各地へと広がっています．研究領域も自然地理学・人文地理学・地誌学の枠を超えた隣接分野へと広がりつつあります．

　私が本会へ入会したのは2002年のこと．例会での研究発表を行った後で「発表者は招待だから」と懇親会へ招かれて感化されたことを憶えています．以来，繁く発表の機会を頂くとともに，近隣の多くの地理学関係者らとの親交を深めることができました．他所者の私にとって打ち解けた雰囲気の漂う福岡地理学会は，任地である福岡市と同様に非常に居心地の良い場となっていったのです．ただし学会の事務局は輪番で廻ってきます．かようなフリーライダーを享受する平穏な日々は，当然ながらいつまでも続くはずはありません．2020年1月の例会，いつも穏やかな磯会長と黒木委員長（当時）より粛然とお呼び出しを受け，青天霹靂の如く次期委員長を要請されてしまうのです．戦場への赤紙の様な託宣に戦々恐々しつつも観念し，「何とか2年間穏便にやり過ごそう…」と詮方なく受諾してしまいました．

　しかしながら，その直後に発生した新型コロナ禍で状況は一転します．就任が翌年へ1年延期になるとともに，遠方への転任にも拘わらず任期を延長して未曽有の社会的混乱に懸命に対応する黒木委員長の姿をみて，私のネガティブ思考に何か先輩たちの苦労に報いねばという気持ちが芽生えたのだと思います．そうした矢先に「特別会計（将来構想用の資金）」としてまとまった金額がプールされている事実を知り，これまでお骨折りを頂いた先輩方への報恩という形で，2022年1月の臨時総会にて学会編纂本の構想を提起させて頂きました．本会の設立が1949年であることも判り（その後に会則へも明記），逆算して2024年が75年の節目に当たることも縁由だった気がします．当初は大風呂敷の画餅事案でしたが，会員への呼びかけに対して，い

の一番に阿部先生から力強いお声掛けを頂き大変に勇気づけられました．同時に，頼れる会長の磯先生からも協働のご内諾を頂き，拙い思いつきに過ぎなかった劃策は実現に向けて確実に動き出したのでした．

　偶然にも，構想時に企図していた三部構成に我々三名の専門領域はぴたりと填まり，各部での独立採算的な編集をとる方向で一致できたことは非常に幸運でした．執筆者も磯先生，阿部先生からのお呼びかけで有り難いことに予想を遥かに上回る多くの方々にお集まり頂けました．実は出版如何に関わらず，この集まりを母体に学会下部組織として三つの研究部会を設置して，会員の研究活動のモチベーションが高まればと考えていました（例会は夏・冬，部会は秋・春）．当時はコロナ禍の影響もあって例会での発表者が減少する傾向にあり，出版は目標であるとともに，停滞する学会活動への賦活策でもあったのです．その後，阿部先生のご尽力により花書院さんに非常に良い条件で出版をお引き受け頂いたことで準備は整い，2022 年 7 月の総会での審議に臨んで何とか承認を頂くことができ編纂本の発刊が正式に決まりました．最後に磯先生は画竜点睛で本書のタイトルをご考案くださり，こうして今日の上梓を迎えることができましたことは何よりの喜びであり，皆様方のお蔭と深く感謝いたしております．

　本来はこの場を借りて福岡地理学会 75 年の歴史を回顧することを想定しておりました．そのために座談会を開くなど手を尽くして記録を探してみましたが，現状では残念ながら 20 年ほどしか遡ることができずに叶いませんでした．これまで本会を支えてくださった多くの諸先輩には大変申し訳なく悔いの残るところですが，及ばずながら本書を捧げることができましたならば幸甚の至りです．併せて名誉会員制度を昨年度より設置致しましたので，ご献身くださった先輩方のお名前が判明した暁にはこちらへ登録をさせて頂く所存です．先輩たちの雄志を引き継ぎ，我々は本会を 100 年，150 年と盛況に永続させていくべく精進いたしたいと心得ております．少子高齢化の時局にある中で福岡地理学会も福岡都市圏と同様に，今後も益々発展していくことを願ってやみません．本会会員の皆様方には研究・教育の発展のために，例会等での発表や討論の機会を積極的にご活用頂ければ大変有り難いと存じます．また，地理学や本会に興味を持たれる方々におかれましては，新規のご参加ならびにご加入を心からお待ちいたしております．

　　2024 年 11 月吉日　　　　　　　　　　　　　　芳　賀　博　文

索　引

＜あ行＞

Aso-4 火砕流　2, 3, 4
甘水取水場　44, 45
アンケート震度　32
生の松原　55, 56
移住・起業者　150, 156, 158, 159, 160
移住促進　144
伊都菜彩　154, 155, 156
イノベーション人材　150, 159, 160, 161
岩田屋　136
インナーシティ　198
インバウンド　100
受入インフラ　189, 190, 192
牛頸浄水場　48
海の中道　3, 31, 45, 60
永住　177
SfM　30
沿岸州　9, 10
円錐表面　120

＜か行＞

海水準の上昇　6, 7, 8, 11, 13
海水淡水化事業　46
かもめ族　102
軽い宗教　162
観光地　151, 152, 153, 154, 156, 163
観光まちづくり　149, 150, 151, 156, 160
関係人口　144
寛容性　150, 159, 160, 161
技術・人文知識・国際業務　176
北九州工業地帯　132
北九州市　131
九州豪雨　27
九州探題　134

九州北部豪雨　34
給水制限　43, 44
行政需要　201, 211, 212, 213
京都駅ビル　103
クリエイティブ産業　91, 92
元寇　134
広域中心都市　66, 72, 132, 133
航空法　117, 122
洪水堆積物　7, 8, 9
高速バス　66, 68, 69, 71, 75
交通結節点　66, 75
高等教育機関　176
後背地　66, 73, 75, 76
後氷期　6
交流人口　144
鴻臚館　134
国家戦略特別区域　120

＜さ行＞

最終間氷期　2, 3
最終氷期　2, 4, 6
歳出　206, 207, 208, 210, 211, 212
財政構造　201, 206, 207, 209, 212
歳入　206, 207, 208, 210, 211
在留資格　176
砂丘　16, 19, 21, 23, 25, 26
札仙広福　66, 72
札幌駅ビル　105
CSV アドレスマッチングサービス　32
JR 九州　67, 68, 71, 129
JR 山陽新幹線　141
JR 博多シティ　126, 128
JR 博多南駅　141
自然災害伝承碑　37

217

持続可能性　143, 145

市町村の再編成　201, 202, 204, 205, 206

市民社会　191

社会的インフラ　189

宗教空間　163

出入国管理局　184

商業集積　96, 97

小氷期　11, 13

縄文海進　7

昭和28年災害　20, 21

昭和38年災害　21, 22

昭和48年災害　22, 23

昭和の大合併　202, 203, 204, 206

植生遷移　51

庶民の地理学　190

神功皇后　55, 172

人口移動　66, 72

神社　163

新天町商店街　136

水害　19, 20, 21, 23, 24, 25, 26

政令指定都市　131, 132

袖の湊　134

ソラリア計画　106

＜た行＞

大都市近郊　151, 152

大名・今泉地区　108

高木神社　36

高さ制限　117

高島宗一郎　119

大宰府　134

太宰府天満宮　165

ダム効果　113

地域おこし協力隊　144

地域外人材　149, 150, 151, 154, 156, 160, 161

地域の魅力発信　144

筑後大堰　47, 48

地方中枢都市　91

中山間地域　140

中世温暖期　11, 13

沖積低地　16, 17, 19, 20, 25, 26

地理的近接性　95

鎮西探題　134

天神凹地　32

天神BBB　122, 128

天神ビジネスセンター　125

天神ビッグバン　102, 119, 120, 126, 128, 132

天神明治通りまちづくり協議会　120

天神流通戦争　108

都市集積　92

都心部機能更新誘導策　128

土地利用　16, 17, 19, 23

＜な行＞

内発的発展　145

那珂川市　140

名古屋駅ビル　103

名島城　135

西鉄　68, 69, 70, 71, 72, 106, 129

飲む機能　113

＜は行＞

博多駅　66, 68, 75, 110, 117, 125, 128

博多コネクティッド　125, 126, 128

博多部　110, 135

博多まちづくり推進協議会　127

筥崎宮　54, 164

場所　189

パワースポット　162

ビザ取得の柔軟化　184

福岡空港　117

福岡県西方沖地震　31

218

福岡市節水推進条例　48
福岡地区水道企業団　45, 46, 47
福岡導水　47, 48
福岡藩　56, 135
福岡部　135
双子都市　134
仏教寺院　163
フロリダ　149, 150
平成の大合併　205, 206
ベッドタウン　106, 141
宝満宮竈門神社　172
香港国際空港　117

＜ま行＞

MICE　99
埋没樹木　38
曲淵ダム　44, 45, 49
マツ枯れ　51, 52, 58
水城　134
水資源機構筑後川局　48

ミスマッチ　180, 182
南畑地域　143
宮地嶽神社　170
宗像大社　167
室見取水場　44, 45
明治通り　120

＜や行＞

屋根のある公開空地　128
吉塚市場　190, 198

＜ら行＞

留学経験者の就業継続意志　186
留学生の定着　176
レクリエーション　53, 60, 152
六町筋　135

＜わ行＞

渡辺通り　136
渡辺與八郎　136

執筆者紹介 （五十音順、＊は編著者）

＊阿部　康久（あべ　やすひさ）……………………………………… 担当：第14章
九州大学大学院比較社会文化研究院准教授
専門分野：中国地域研究・経済地理学
主な著作：溝口常俊・阿部康久編（2012）：『歴史と環境』花書院.
　　　　　阿部康久・土屋　純・山元貴継編（2022）：『論文から学ぶ地域調査』ナカ
　　　　　ニシヤ出版.

石黒　正紀（いしぐろ　まさのり）……………………………… 担当：コラム1
福岡教育大学名誉教授
専門分野：人口地理学
主な著作：石黒正紀（2006）：戦後における九州地方の人口構造変化. 『福岡教育大
　　　　　学紀要』55, 1-7.
　　　　　石黒正紀（2007）：九州のとらえ方. 『地理』52（2）, 39-45.

石丸　哲史（いしまる　てつじ）……………………………………… 担当：第7章
福岡教育大学教育学部教授
専門分野：経済地理学
主な著作：石丸哲史（2000）：『サービス経済化と都市』大明堂.
　　　　　石丸哲史（2022）：地方圏におけるソーシャルビジネスの地域的特性. 『福
　　　　　岡教育大学紀要』71, 1-15.

＊磯　　望（いそ　のぞみ）……………………………………………… 担当：第1章
西南学院大学名誉教授
専門分野：地形学・第四紀学・活断層研究
主な著作：磯　望・下山正一・大庭泰時・池崎譲二・小林　茂・佐伯弘次（1998）：博
　　　　　多遺跡群をめぐる環境変化—弥生時代から近代まで，博多はどう変わっ
　　　　　たか—, 所収　小林　茂・磯　望・佐伯弘次・高倉洋彰編『福岡平野の古環
　　　　　境と遺跡立地—環境としての遺跡との共存のために—』九州大学出版会,
　　　　　69-112.
　　　　　磯　望（2001）：地形, 所収　太宰府市史編集委員会編『太宰府市史　環境
　　　　　資料編』太宰府市, 7-31.

岡　　祐輔（おか　ゆうすけ）…………………………………………… 担当：第 12 章
福岡大学経済学部准教授
専門分野：経済地理学
主な著作：岡 祐輔（2023）：『地域の寛容性に着目した観光地におけるイノベーショ
　　　　　ン人材の定住要因─』九州大学博士論文.

加藤　要一（かとう　よういち）…………………………………………… 担当：第 9 章
九州産業大学経済学部教授
専門分野：地域経済学
主な著作：芳賀博文・加藤要一（2020）：九州の鉄道会社による都市開発─JR 九州
　　　　　と西日本鉄道の駅ビル事業─,『産業経営研究所報』52，29-42.
　　　　　芳賀博文・加藤要一（2022）：九州の鉄道会社と都心再開発─西日本鉄道
　　　　　と JR 九州の事例─,『産業経営研究所報』54，1-22.

黒木　貴一（くろき　たかひと）…………………………………………… 担当：第 3 章
関西大学文学部教授
専門分野：地形学
主な著作：小岩直人・黒木貴一（2020）：台地編：失われゆく平坦面で行われる多様
　　　　　な人間活動，所収 西城 潔ほか編『地形でとらえる環境と暮らし』古今書
　　　　　院，14-37.
　　　　　黒木貴一・楮原京子（2020）：火山・地震編：変動帯ならではの地形と人
　　　　　の営み，所収 西城 潔ほか編『地形でとらえる環境と暮らし』古今書院，
　　　　　49-71.

KORNATOWSKI GEERHARDT（こるなとうすき　ひぇらるど）
……………………………………………………………………………… 担当：第 15 章
九州大学大学院比較社会文化研究院准教授
専門分野：都市社会地理学
主な著作：コルナトウスキ ヒェラルド・陸 麗君（2022）：『外国人・寮付き派遣労働
　　　　　者の地域生活を支える社会的インフラ─コミュニティハブ概念の構築─』
　　　　　大阪市立大学都市研究プラザ.
　　　　　Mizuuchi T., Kornatowski G., Fukumoto T.（2023）: *Diversity of Urban*
　　　　　Inclusivity: Perspectives Beyond Gentrification in Advanced City-Regions,
　　　　　Singapore: Springer.

近藤　祐磨（こんどう　ゆうま）……………………………………… 担当：第5章
福岡大学人文学部講師

専門分野：社会地理学

主な著作：近藤祐磨（2021）：福岡県における海岸林保全活動のネットワーク形成と
　　　　　空間スケール戦略，『地理学評論』94（5），291-312.

宗　　建郎（そう　たつろう）……………………………………… 担当：第2章
志學館大学人間関係学部教授

専門分野：都市地理学

主な著作：宗 建郎（2014）：災害記録に見る福岡市の都市問題―福岡近代水害史年
　　　　　表―，『市史研究ふくおか』9，33-48.

田代　雅彦（たしろ　まさひこ）……………………………………… 担当：第6章
九州産業大学地域共創学部教授

専門分野：観光地理学

主な著作：田代雅彦（2018）：観光資源と観光地，所収 千 相哲編著『九州観光学―
　　　　　九州の観光を読み解く―』晃洋書房，28-46.
　　　　　田代雅彦（2024）：九州の地理的特性，所収 宗像 優・末松 剛・大方優子
　　　　　編著『改訂版　九州地域学』晃洋書房，1-15.

＊芳賀　博文（はが　ひろぶみ）…………… 担当：第10章、コラム2、あとがき
九州産業大学経済学部教授

専門分野：都市地理学

主な著作：芳賀博文・宗像 優編（2013）：『21世紀の都市と都市圏』九州大学出版会.
　　　　　芳賀博文（2024）：超高層建築の立地と用途の変容，所収 阿部和俊編『日
　　　　　本の都市地理学研究』古今書院，168-179.

藤村　健一（ふじむら　けんいち）……………………………………… 担当：第13章
福岡大学人文学部准教授

専門分野：文化地理学・宗教地理学

主な著作：藤村健一（2005）：宗教施設と社会集団との相互関係とその変化―福井県
　　　　　嶺北の寺院・道場の事例から―，『地理学評論』78（6），369-386.
　　　　　藤村健一（2016）：京都の拝観寺院の性格をめぐる諸問題とその歴史的経
　　　　　緯―とりわけ古都税紛争に着目して―，『立命館文学』645，64-79.

美谷　　薫（みたに　かおる）……………………………………………　担当：第 16 章
大分大学経済学部准教授

専門分野：行政地理学

主な著作：美谷 薫（2003）：千葉県市原市における都市経営の展開と公共投資の配分，
　　　　　『地理学評論』76（5），231-248.
　　　　　神谷浩夫・梶田 真・佐藤正志・栗島英明・美谷 薫編著（2012）：『地方行
　　　　　財政の地域的文脈』古今書院.

山下　　功（やました　いさお）……………………………………………　担当：第 4 章
三潴高校（元）

専門分野：地理教育

主な著作：山下 功（1992）：自然・地理，所収『八女市史上巻』八女市，3-138.
　　　　　山下 功（2012）：『自然と文化―人々の暮らしを訪ねて』自費出版.

與倉　　豊（よくら　ゆたか）……………………………………………　担当：第 8 章
九州大学大学院経済学研究院教授

専門分野：経済地理学

主な著作：與倉 豊（2017）：『産業集積のネットワークとイノベーション』古今書院.
　　　　　Yokura, Y.（2021）: *Regional Innovation and Networks in Japan*, Singapore:
　　　　　Springer.

寄藤　晶子（よりふじ　あきこ）……………………………………………　担当：第 11 章
福岡女学院大学人文学部准教授（元）

専門分野：文化地理学・社会地理学

主な著作：寄藤晶子（2005）：愛知県常滑市における"ギャンブル空間"の形成，『人
　　　　　文地理』57（2），1-22.
　　　　　寄藤晶子（2024）：社会的危機に抗うローカルメディアの実践―有線放送、
　　　　　農協機関誌、有線テレビをめぐって，所収 西村雄郎・岩崎信彦編著『地
　　　　　方社会の危機に抗する〈地域生活文化圏〉の形成と展開』東信堂，692-
　　　　　714.

地理学視点の福岡
―都市圏成長の背景―

阿部康久・磯 望・芳賀博文 編著

2024 年 11 月 20 日　初刷発行

発　　　行　　有限会社 花書院

〒 810-0012
福岡市中央区白金 2−9−2
TEL 092-523-0287
FAX 092-524-4411

印刷・製本　　城島印刷株式会社

Ⓒ 2024 Printed in Japan
定価はカバーに表示してあります。
万一、落丁・乱丁本がございましたら、弊社あてにご郵送下さい。
送料弊社負担にてお取り替え致します。